U0915239

国家社会科学基金青年项目（22CGL024）

贫困治理与乡村振兴系列丛书

数字化赋能乡村产业融合发展研究

陈武 李燕萍 著

图书在版编目（CIP）数据

数字化赋能乡村产业融合发展研究／陈武，李燕萍著．—北京：中国社会科学出版社，2023.4

（相对贫困治理与乡村振兴系列丛书）

ISBN 978－7－5227－1791－3

Ⅰ.①数… Ⅱ.①陈…②李… Ⅲ.①乡村—农业产业—产业发展—研究—中国 Ⅳ.①F323

中国国家版本馆 CIP 数据核字(2023)第 065100 号

出 版 人　赵剑英
责任编辑　孔继萍
责任校对　李　莉
责任印制　郝美娜

出　　版　中国社会科学出版社
社　　址　北京鼓楼西大街甲 158 号
邮　　编　100720
网　　址　http://www.csspw.cn
发 行 部　010－84083685
门 市 部　010－84029450
经　　销　新华书店及其他书店

印　　刷　北京君升印刷有限公司
装　　订　廊坊市广阳区广增装订厂
版　　次　2023 年 4 月第 1 版
印　　次　2023 年 4 月第 1 次印刷

开　　本　710×1000　1/16
印　　张　15.5
插　　页　2
字　　数　254 千字
定　　价　98.00 元

凡购买中国社会科学出版社图书，如有质量问题请与本社营销中心联系调换
电话:010－84083683
版权所有　侵权必究

编委会名单

（排名不分先后）

主　编

李晓园

成　员

李晓园　江西师范大学二级教授、博士生导师

张立荣　华中师范大学二级教授、博士生导师

李燕萍　武汉大学二级教授、博士生导师

朱天义　江西师范大学副教授、硕士生导师

陈　武　江西师范大学副教授、硕士生导师

滕玉华　江西师范大学副教授、硕士生导师

胡　翔　湖北大学副教授、硕士生导师

推荐序

“十三五”时期，我国完成了消除绝对贫困的艰巨任务，创造了彪炳史册的人间奇迹，但是相对贫困仍然存在，全面建设社会主义现代化国家，最艰巨最繁重的任务在农村，实现共同富裕的重点和难点在农村，乡村振兴是全面建设社会主义现代化国家，实现共同富裕的必经之路。当前，农产品阶段性供过于求与供给不足并存，农民适应生产力发展与激烈市场竞争所需能力不足，农民和农村内生发展动力亟待跃迁，农村基础设施与民生领域欠账较多，城乡之间要素流动不畅，农村环境与生态亟待优化，乡村治理体系与治理能力亟待强化等依然严重制约乡村振兴的顺利实施。《相对贫困治理与乡村振兴系列丛书》直面相对贫困治理与乡村振兴中的问题，从县域政府治理、产业融合发展、居民生活亲环境行为等方面展开大量社会调查研究，揭示数字技术赋能相对贫困治理与产业发展的作用机理，探索提升乡村治理能力现代化、乡村产业持续发展和乡村人居环境持续改善的行动路径。研究成果具有重要的学术价值和实践意义。

县域政府是直接面向乡村的基层政府，是相对贫困治理与实施乡村振兴的核心力量，负有重要的领导、组织、服务与监管职能。数字技术正成为激活县域政府有效治理的新动能，为政府推动农村产业价值链重构和乡村人居环境治理质量提升，扎实推进共同富裕提供有力的新技术手段。《乡村振兴中的数字技术治理逻辑》一书从数字技术治理角度解构中国特色反贫困理论，系统梳理我国反贫困的历史演进、政策特征，并通过典型案例解析，总结地方脱贫攻坚经验与模式；基于扎根理论，构建数字技术赋能乡村振兴的作用机理，并进行实证检验，探究乡村振兴中数字技术治理的理论与实践逻辑。

产业兴旺是乡村振兴的基础，是实现基层治理能力现代化的“牛鼻子”。随着国家系列政策不断释放，各类开发主体纷纷进场，康养、文旅、田园小镇，田园综合体、现代农业产业园等名目众多，政府面临着如何打造乡村产业振兴样板、企业如何解决获取土地最大化收益及管控投资风险等问题。普通农民群众又当如何迎接乡村振兴这一政策机遇？《数字化赋能乡村产业融合发展研究》一书为各类主体从宏观逻辑理解我国农业农村的发展规律提供了系统思路。该书着重从政策、市场、技术三个层面分析“十四五”时期乡村产业发展的现实条件与困境，采用扎根理论方法探索数字化赋能乡村产业融合发展的作用机理，并结合鲜活的实践案例提出数字技术赋能乡村产业生产、加工和流通过程管理的“可视数字环”和连接三产参与主体的“可视数字桥”，提出乡村中小微企业数字化成长与乡村产业融合发展的未来研究框架。

据农业农村部发布的《中国乡村振兴产业融合发展报告（2022）》，全国乡村产业融合发展势头良好，产业规模初具，农业产业链和多种功能不断延伸延展，产业融合主体规模不断壮大。然而，受多种因素影响，欠发达地区县域政府培育的农业产业项目只有少数能正常对接市场，其他产业项目多处于封闭、停滞和同质化状态，是何原因导致欠发达地区县域政府培育农业产业的行动出现如此迥异的结果？《乡村农业产业培育中县域政府的行动逻辑》独辟蹊径，从政府系统与社会系统协同互动的角度构建分析框架，为解释上述疑惑提供了“对症良方”。该书从“情境—过程”分析视角，分别从欠发达地区县域政府培育农业经营主体、促进农业产业技术革新和建设农业市场流通体系三个方面论述了欠发达地区农业产业培育的内在逻辑关系，不仅为优化欠发达地区县域政府培育农业产业的行动策略提供理论工具，而且为规避乡村振兴战略实施中的政策执行偏差、拓新县域政府培育农业产业行动研究提供新分析范式。

乡村振兴，人才是关键。壮大乡村振兴发展人才队伍是突破“农村空心化”、撬动沉睡资源、推动特色产业发展的重要途径，中共十八大以来，我国开始加快探索依托创业孵化平台载体吸引和培育扎根乡村发展人才的新路子，创业孵化平台载体如雨后春笋般涌现于全国农村地区，形成了“繁荣”与“过剩”发展并存的局面，如何促进创业孵化平台载体从量变走向质变？《创业孵化平台组织研究》一书以“创业孵化平台组织构建机理与培育效果评价”为主线，探索出独特的创业孵化平台组织竞争力结构与培育路径，并设计出一套科学客观的发展质量评价指标体系，为推动创业孵化平台组织高质量发展和创新创业人才培育提供了新思路。

生态宜居是乡村振兴战略的总要求之一。农村居民是农村人居环境治理的主体，引导农村居民在生活中实施亲环境行为是推进生态宜居美丽乡村的关键。然而，当前公众在绿色消费、减少污染产生和分类投放垃圾等行为领域的积极性处于较低水平。《农村居民生活亲环境行为的发生机制研究》一书以国家生态文明试验区（江西）为案例，以农村居民为研究对象，从组态视角、行为主动视角、生产与生活环境政策交互视角对农村居民的生活亲环境行为的生成机制进行深入研究，揭示农村居民生活亲环境行为的发生机制，并提出相关建议。

时代在变迁，破解乡村发展困局当需引入新思维，开发新工具。总体而言，该丛书文献调研深入全面，立题指导思想明确，研究设计合理，研究方法适当，研究过程严谨，研究结论具有较强的科学性、针对性和较好的创新性，丰富了具有中国特色的乡村振兴理论体系。该丛书不仅可为优化乡村振兴战略相关政策提供理论分析工具，而且也将为读者从多学科、多方法视域理解中国乡村振兴理论与实践提供重要启示。

厦门大学公共政策研究院教授、院长

2023 年 2 月 23 日

总　序

"大国小农"的基本国情农情一直是横亘在我国推进农业农村现代化、建设世界农业强国的一座大山，中国共产党矢志不渝地探索引领农业农村走向富强之路。《井冈山土地法》的颁布拉开了中国农业农村改革发展的序幕，历经几代人长期的艰苦奋斗，农业农村改革和现代化发展迈上了全新台阶，特别是2020年我国脱贫攻坚战取得了全面胜利，完成了消除绝对贫困的艰巨任务。当前，乡村振兴战略扎实推进，广大乡村正实现从"吃得饱"到"吃得好"，从"满足量"到"提升质"的飞跃，乡村"硬件""软件"持续提升。

以云计算、人工智能、生命科学等为代表的第四次工业革命深刻影响着人类发展。农业农村各个领域随着新技术革命的持续推进发生着颠覆性变革，呈现出新业态、新模式、新产业、新服务、新产品、新职业、新农人等乡村发展新图景，诸多乡村振兴理论与实践问题也亟待新的诠释与理论指导。《相对贫困治理与乡村振兴系列丛书》以此为出发点，深入探讨政府、居民、技术等多元化主体或要素与乡村振兴互融、互生、互嵌、互促的理论机理，以期为读者把握数字技术治理与乡村振兴规律，前瞻性地分析乡村振兴中的问题，提出更优的解决方案以供借鉴和启示。

乡村振兴是乡村的全面振兴，产业兴旺、生态宜居、乡风文明、治理有效和生活富裕是乡村振兴的总要求。其中产业兴旺是乡村振兴的基石，生态宜居是提高乡村发展质量的保证，乡风文明是乡村振兴的精神支持，治理有效是乡村振兴的基础，生活富裕则是乡村振兴的根本目标。本丛书不追求面面俱到，着重从实现产业兴旺、生态宜居、治理有效三方面，选取某一典型问题深入研究，探讨政府、居民、技术等多元化主体或要素与乡村振兴互融、互生、互嵌、互促的理论与实践方面的重点问题。本丛书共包括《乡村振兴中的数字技术治理逻辑》《乡村农业产业培育中县域政府的行动逻辑》《数字化赋能乡村产业融合发展研究》《农村居民生活亲环境行为的发生机制研究》《创业孵化平台组织研究》五册，主要研究内容为：一是聚焦治理有效，研究数字技术赋能地方政府相对贫困治理，促进乡村振兴的行动逻辑。着重探究地方政府相对贫困治理与乡村振兴中的数字技术治理的现实逻辑、理论逻辑与实践逻辑，揭示数字化赋能政府相对贫困治理与乡村振兴的作用机制，信实呈现数字技术赋能地方政府相对贫困治理与乡村振兴的经验与模式。二是围绕产业兴旺，研究政府、数字技术与乡村产业发展关系。一方面，从“情境—过程”分析视角解析县域政府培育农业产业的行动逻辑。另一方面，在全面把握我国乡村产业政策演变、现实条件与困境的基础上，对比世界发达农业国家经验，深刻揭示数字技术对乡村产业融合发展的赋能关系，试图丰富和拓展技术与乡村产业融合的内在规律。三是专注生态宜居，研究农村居民亲环境行为发生规律。综合实施地点、组态、行为主动和生产与生活环境政策交互视角，全面解析农村居民“公”“私”领域节能行为“正向一致”和“负向一致”发生机制，心理因素联动对农村居民“公”领域亲环境行为的影响，农村居民生活自愿亲环境行为的发生机制和组态路径。提出建设生态宜居美丽乡村的前瞻对策。

各分册具有共同的逻辑框架。首先，溯源乡村振兴相关思想与理论，以时间为轴，系统地、完整地追溯和回顾乡村贫困治理、产业发展、政府治理、居民行为、创业孵化平台组织相关理论体系、政策体系，探讨相关理论或政策体系的演变，为后续进行案例剖析、理论解析奠定理论基础。其次，系统开展田野调查，综合运用访谈、问卷、座谈、现场考察、网络资料等方法系统性收集研究素材，力求基于科学、客观、真实的数据素材，采用科学契合的方法还原乡村振兴实践。再次，建构创新性的理论框架，基于理论思想溯源和田野调查，构建数字技术治理逻辑框架、基层政府农业产业培育行动逻辑框架、数字化赋能产业融合理论框架、农村居民生活亲环境行为理论框架、创业孵化平台组织培育与评价理论框架，丰富和发展乡村振兴理论体系。最后，构建前瞻性的政策工具箱，科学理论的价值在于指导实践，本丛书基于理论研究，从提升县域政府数字治理效能、促进乡村产业高质量发展、科学培育与评价创业孵化平台组织、养成居民生活自愿亲环境行为等方面提出相关政策建议，为促进乡村振兴提供理论指导和建议参考。

本丛书遵循马克思主义理论与实践相统一的基本原则，以新时代中国特色社会主义思想为指引，以植根乡村、振兴乡村为使命，基于公共管理、工商管理、应用经济、社会心理学等多学科视角，融合扎根理论、案例研究、比较分析、对比分析、数理统计等多种方法，围绕地方政府治理、产业发展、创业孵化和人居环境优化等内容展开研究，既丰富了具有中国特色的乡村振兴理论体系，也可促进国际乡村发展研究交流互鉴，呈现学科交叉、方法融合、理论互鉴等研究特色。

本丛书试图进行以下创新：一是构建数字技术赋能政府治理与乡村发展理论模型。数字乡村建设正在如火如荼地开展，数字技术已广泛嵌入乡村各个方面并引发深度变革。本丛书紧密结合乡村数字技术情境，构建乡村振兴数字技术治理模型（数字技术与相对贫困治理，数字经济与乡村创业）、数字化赋能乡村产业融合发展作用机理模型，探索乡村振兴中的数字技术治理规律，是对技术与乡村发展关系理论的深化。二是整合多学科理论与方法，构建县级政府促进乡村振兴行为理论框架。县级政府数量众多，是乡村振兴的重要执行主体和直接面向乡村的领导者。本丛书以县级政府为核心研究对象，构建了欠发达地区县级政府培育农业行动策略理论框架，丰富和发展了县级政府与农业经营主体培育、农业产业技术革新、农业市场流通体系建设方面的公共管理理论。三是基于心理与组织行为理论，从微观视角构建农村居民生活自愿亲环境行为理论框架。居民是乡村的主人，也是乡村振兴的主力军，激活他们的自愿行为对促进乡村振兴具有十分重要的现实意义。本丛书以居民生活自愿亲环境行为为对象，发现生产命令型政策、生产技术指导型政策、生活经济型政策和生活服务型政策对农村居民生活自愿亲环境行为存在差异化影响，为激励乡村居民自觉优化人居环境提供政策参考。四是基于资源依赖等理论，构建了创业孵化平台组织培育与评价理论框架。创业孵化平台组织是乡村初创企业诞生的重要载体，更是培育和壮大乡村企业规模与人才队伍的关键利器。本丛书以创业孵化平台组织为对象，发现了创业孵化平台组织实现自我成长与发展的培育路径，并为创新性地评价创业孵化平台组织发展成效提供了科学评价指标体系。

实现共同富裕的重点难点在农村，全面推进乡村振兴是新时代建设社会主义现代化国家的重要任务。这套丛书凝结了七位老中青学者深耕乡村发展研究的感悟与思考，期待其出版，为相关政府部门健全乡村振兴政策，推进乡村治理能力现代化提供助力；为社会大众深度认知乡村、热爱乡村、扎根乡村、建设乡村提供行动指引；为企业、社会组织积极参与乡村振兴建设提供路径参考；为广大学界同行研究乡村振兴理论与实践提供启示。

“路漫漫其修远兮，吾将上下而求索”，我们将“并天下之谋，兼天下之智”，围绕推动乡村振兴、实现共同富裕而展开更深入的研究，推出更高质量的研究成果，也热切期盼广大专家学者与实践界的同志们提出宝贵意见和建议。

2023 年 2 月 23 日

前　言

乡村产业兴旺既是实现乡村振兴的基石，也是实现共同富裕的保障，更是解决农村一切问题的前提。乡村产业振兴是一项综合性、复杂性和多方协作的系统性工程，在国家经济发展战略体系中处于非常重要的地位，需要全社会的共同参与才能实现全面振兴。

党和政府历来十分重视农业农村发展。中国共产党成立不久后，于1928年在其创建的第一个农村革命根据地制定和实施了中国第一个土地法——《井冈山土地法》，正式翻开了中国农业农村改革的崭新篇章，随着土地改革的完成，农村产业生产力获得极大解放。中华人民共和国成立后不久，我国于1951年开始通过发展农业集体化来提升农业产值，颁布了《关于农业生产互助合作的决议（草案）》，推动农业机械化发展被提上日程，冀此解决逐渐扩大的农村贫富差距问题，使农业农村发展朝着共同富裕的道路前进。1978年，中共十一届三中全会作出了实行改革开放的历史性决策，并于1979年颁布了改革开放以来第一项农业发展政策——《关于加快农业发展若干问题的决定》，启动了农业农村改革和现代化发展的新征程，从聚焦农业发展到关注乡村全产业发展，实现了乡村产业经营主体多元化的转变。1992年，中共十四大确立了建立社会主义市场经济体制目标，中国乡村产业也随之进入全产业协同发展时期，产业经营主体进入社会主义市场化发展阶段，支撑农业农村发展的技术体系开始向信息化过渡。2017年，中共十九大报告指出中国特色社会主义进入了新时代，明确提出实施乡村振兴战略，构建现代农业产业体系、生产体系、经营体系，完善农业支持保护制度，发展多种形式适度规模经营，培育新型农业经营主体，健全农业社会化服务体系，实现小农户和现代农业发展有机衔接。2018年，颁布了改革开放以来第20个、新世纪以来第15

个指导“三农”工作的中央一号文件——《中共中央国务院关于实施乡村振兴战略的意见》，2019 颁布《数字乡村发展战略纲要》，2021 年出台我国第一部以乡村振兴命名的法律——《中华人民共和国乡村振兴促进法》，驱动新时代乡村产业迈向了以共同富裕核心，面向数字经济的产业数字化融合发展的振兴新道路。

面对新时代、新形势、新任务，我国乡村产业振兴须向第一、第二、第三产业深度融合发展转变，加快推进数字中国建设、数字乡村建设和发展乡村数字经济。党的十八大以来，党中央高度重视发展数字经济，将其上升为国家战略，党的十九大将数字经济延伸至农业农村，提出要加快乡村产业数字化进程，进一步解放和发展数字化生产力，建设数字乡村。国务院《关于促进乡村产业振兴的指导意见》提出力争用 5—10 年时间，农村第一、第二、第三产业融合发展增加值占县域生产总值的比重实现较大幅度提高，乡村产业振兴取得重要进展。2022 年中央一号文件提出实施“数商兴农”工程，推进电子商务进乡村，持续推进农村第一、第二、第三产业融合发展。值此之际，探究数字化赋能乡村产业融合发展机制问题具有非常重要的现实意义与理论意义。

本书是国家社会科学基金青年项目“创业集聚平台促进乡村特色产业高质量发展的路径与政策研究”（22CGL024）的阶段性成果。主要运用文献研究、案例研究、扎根理论、政策研究、社会网络分析，从乡村产业政策演变、世界发达农业国家乡村产业发展横向比较、数字化赋能机制、工业互联网平台赋能、乡村中小微企业数字化转型等方面对数字化赋能乡村产业融合发展议题展开探究。

本书的学术价值主要体现在沿着“土地改革—农业集体化—农业发展—乡村产业共同发展—产业融合”的历史主线科学划分了我国乡村产业振兴政策演化与变迁脉络；从政策、市场、技术三个层面归纳分析了驱动“十四五”时期乡村产业发展的现实条件与困境；基于世界发达农业国家乡村产业发展经验的横向比较，构建了国外乡村振兴经验逻辑框架；采用扎根理论方法归纳、提炼了通过产业融合数据资源供给、产业融合数据生产能力、产业融合数据关联能力、产业融合主体蜂巢化的数字化赋能乡村产业融合发展的作用机制，并结合来自我国东部、中部、西部、东北部的五个数字化赋能乡村产业发展案例，提出了数字技术赋能乡村产业生产、加工和流通过程管理的“可视数字环”和连接三产参与主体的“可视数字桥”。最后，分别以工业互联网为代表的数字技术和以乡村中小微企业为代表的产业主体构建了乡村中小微企业数字化成长与乡村产业融合发展的未来研究框架，为丰富和拓展数字化赋能产业融合理论提供参考框架。

本书的应用价值主要体现在帮助各类社会群体更好地理解我国农业农村的发展规律和历史成就，进而增强对农业农村的自信心和认同感；有助于农户、企业等参与者深刻认识数字生产能力对提升乡村产业发展效益的重要作用，进而有利于扩大数字技术向更多乡村产业领域地推广和应用，促进农业农村现代化水平不断提升；为政府、社会组织、企业等参与乡村数字生态系统建设和培育乡村中小微企业数据价值创造能力提供政策建议和行动指南，进一步提升数字化赋能乡村产业融合发展效益。

感谢江西师范大学李晓园教授、季凯文研究员、滕玉华副教授、朱天义博士在本书撰写过程中提出的大量真知灼见，使本书充满了智慧的光芒。感谢江西师范大学商学院硕士研究生张雪琴、曾舒、张天一、袁欢、许俊辉和江西经济发展研究院硕士研究生张志平、张茂森为本书所作的大量资料收集整理，认真仔细的校对和排版工作。

本书在写作过程中参阅了大量的中外文献，正是这些学者的科学研究和知识积累为完成本书的撰写工作带来了巨大帮助，在此，谨向所有被引文献的学者们表示衷心感谢。

由于作者有限的知识、能力和水平，书中难免存在纰漏，敬请各位专家、读者给予批评指正，共同探讨数字化与乡村产业振兴议题，为推进数字中国建设、数字乡村建设和乡村产业振兴共同努力。

2022 年 7 月 30 日于南昌瑶湖

目　　录

第一章

导 论

一 研究缘由

（一）乡村产业振兴是实现共同富裕的必由之路

共同富裕是全体人民共同富裕，是人民群众物质生活和精神生活都富裕，促进共同富裕，最艰巨最繁重的任务仍然在农村（习近平，2021）。乡村产业兴旺既是实现乡村振兴的基石，也是实现共同富裕的保障，更是解决农村一切问题的前提。

据《全国乡村产业发展规划（2020—2025年）》，可知2019年规模以上农产品加工企业吸纳了3000多万人员就业，休闲农业营业收入超过8500亿元，接待游客32亿人次，农村网络销售额达1.7万亿元，各类涉农电商超过3万家，有9万多家农业产业化龙头企业，87万家家庭农场和220万家农民合作社，带动1.25亿农户进入大市场，返乡入乡创业创新人数突破850万人，其中80%以上从事农村产业融合项目，已经建成十多万个“乡字号”“土字号”乡土特色品牌。由此，可见乡村产业振兴意义重大且是乡村振兴的首要事情，产业振兴能够带动科技、资本、人才、政策等各类资源要素向农村集聚，形成产业集聚效应，挖掘更多人文与自然资源的多功能价值，催生更多新型农村产业业态，以此畅通城乡要素流动并形成优势互补，激活小农户与大市场有效衔接的路径，实现农民就近就业和产业链价值增值收益留在农村，最终提升农民收入。此外，乡村产业振兴将驱动农业生产体系、经营体系、产业体系更加现代化，工业化思想和现代服务理念地引入将引导农民价值理念体系重塑，这意味着乡村产业振兴可以从物质和精神两个方面促进农民生活实现质的飞跃，最终达到共同富裕目标。

（二）乡村产业数字化是数字乡村建设的核心内容

2019 年 5 月，中共中央办公厅、国务院办公厅印发了《数字乡村发展战略纲要》（以下简称《纲要》），《纲要》认为源自农民现代信息技能的提高而内生的农业农村现代化发展和转型进程，既是乡村振兴的战略方向，也是建设数字中国的重要内容。《纲要》提出推进农业数字化转型，加快推广云计算、大数据、物联网、人工智能在农业生产经营管理中的运用，促进新一代信息技术与种植业、种业、畜牧业、渔业、农产品加工业全面深度融合应用，打造科技农业、智慧农业、品牌农业。中央网信办、农业农村部、国家发展改革委、工业和信息化部、国家乡村振兴局联合印发《2022 年数字乡村发展工作要点》明确提出加快构建引领乡村产业振兴的数字经济体系，到 2022 年底，农村地区互联网普及率超过 60%，农业生产信息化水平稳步提升，农产品电商网络零售额突破 4300 亿元。《数字乡村发展行动计划（2022—2025 年）》部署了 8 个方面的重点行动。一是数字基础设施升级行动，二是智慧农业创新发展行动，三是新业态新模式发展行动，四是数字治理能力提升行动，五是乡村网络文化振兴行动，六是智慧绿色乡村打造行动，七是公共服务效能提升行动，八是网络帮扶拓展深化行动。到 2025 年，数字乡村发展取得重要进展，乡村 4G 深化普及、5G 创新应用，农业生产经营数字化转型明显加快，智慧农业建设取得初步成效。

结合上述文件，可知乡村产业数字化是数字乡村建设的核心内容，乡村产业数字化就是采用云计算等数字技术将乡村产业发展要素和过程全面数字化和模型化，将独立分散的生产要素和环节、过程通过数字形成有机连接，以此解决乡村产业发展质量不高、效益低、科技水平低、农业面源污染、产业要素活力弱、产业链被锁定在价值低端等影响乡村产业高质量发展的难题。乡村产业数字化发展过程将带动乡村数字基础设施、数字企业、数字人才、数字工厂、数字政府、数字物流、数字治理、数字旅游、数字消费、数字医疗等系列数字乡村建设活动。

（三）数字化赋能是实现乡村产业融合发展的根本路径

产业融合发展是实现乡村产业振兴的关键路径之一，数字化赋能是推动乡村产业融合发展的关键技术手段。所谓数字化赋能是通过信息技术使社会具备包容性更强的能力（Makinen，2006），对乡村产业融合发展而言，数字化赋能是采用云计算、大数据等新一代信息技术将乡村产业从种养到加工、流通，再到消费者全过程进行数字化和模型化，促使异质分布的数据资源实现深度整合、优化与重构，驱动农户、企业等产业全链条中的主体生成个性化数据能力以释放数据价值（陈武等，2022）。

传统通过延伸产业链等促进乡村产业融合方式往往存在要素活力弱、融合层次浅、效率低等问题，而数字技术可实现各类生产要素赋能、产品赋能、组织赋能、技术赋能、人才赋能等，使农户、企业与各类要素之间的连接更加紧密，乡村产业融合发展的系统化、协同化、网络化、智能化、生态化水平显著提升，为订单农业、创意农业等的发展提供技术支撑。未来，数字化赋能将是推动乡村产业融合走向高质量发展的根本路径。

（四）数字化赋能乡村产业融合发展的理论体系亟待建构

乡村产业融合发展的研究主要聚焦在四个方面：一是探讨乡村产业融合发展的内涵。主要借鉴工业领域的产业融合理论，从产业边界、融合过程、广义、中观、狭义等多个角度结合乡村产业情境界定乡村产业融合内涵，但目前尚未形成统一的定义。二是揭示乡村产业融合发展的模式。从现有研究来看，乡村产业融合发展模式可谓纷繁复杂，从产业融合主体、产业类型、开发模式、利益联结机制、产业融合动因、主体被产业融合带动、内在结构、互联网技术在产业融合中的作用等诸多视角对乡村三产融合模式进行划分，提出“1+2”模式、“1+2+3”模式、初级融合模式、自发融合模式、龙头企业带动型、产业间交叉性融合、新技术渗透、三资活化模式、农业内部有机融合、市场融合、工商资本带动型、农业内部产业整合、产业间延伸等系列模式（姜天龙、舒坤良，2020）。三是研究乡村产业融合发展的难点与突破路径，从乡村产业融合内涵模糊、产业公地培育不足、产业融合深度不足、共生融合系统运行不畅、农业功能开发浅、农村基础设施不足、人才和资金等关键要素支撑弱等角度研究乡村产业融合发展的难点（胡海、庄天慧，2020）。并结合上述难点问题，从政策供给、利益分配、新型市场主体培育、产业公地培育、农业多功能性拓展、强化基础设施建设、农业从业人员培养等方面提出促进乡村产业融合发展的潜在突破路径。四是探究驱动乡村产业融合的因素。提出技术创新、主体利益驱动、市场需求和政府政策分别是驱动乡村产业融合的引擎、内源动力、外在诱因和外部保障（赵霞等，2017）。

但是上述研究多停留在理论分析和简单经验案例描述分析层面，脉络繁杂且尚未建成严谨的理论体系。究其原因可能是新技术在农业领域大规模应用的产业实践时间短且仍然存在较多短板，正如北京大学新农村发展研究院发布的《县域数字乡村指数（2020）》报告指出，县域乡村数字基础设施发展水平相对较高且乡村经济数字化发展存在短板的事实未发生改变。乡村数字基础设施的增长主要来源于数字金融基础设施；乡村经济数字化的发展主要体现在数字化生产、数字化供应链和数字化营销方面；乡村治理数字化的发展主要来源于支付宝政务业务使用和微信公众服务平台覆盖率的增加；乡村生活数字化的发展主要体现在数字消费、数字医疗和数字旅游的增长。数字乡村建设仍面临各领域发展不充分、区域发展不平衡，政府职能与市场作用不清、试点项目难推广，成本分担、收益分享、激励约束、人才培育等方面的支撑机制不完善等诸多问题与挑战（黄季焜，2021）

为此，在当前建设数字乡村和发展数字经济背景下，探索构建数字化赋能乡村产业融合发展的理论体系尤为迫切，一方面，《中华人民共和国乡村振兴促进法》等系列政策文件均明确要求加快促进农村第一、第二、第三产业融合发展，推动建立现代农业体系，发展数字农业和智慧农业。另一方面，数字技术革命将为农村产业融合发展注入新动能，为新业态、新模式、新产品的涌现提供技术支撑。故学术界需要在未来一段时期构建数字化赋能乡村产业融合发展理论体系，为指导乡村产业振兴夯实理论基础。

综上，围绕实现共同富裕这个背景，聚焦乡村产业振兴这个基石，以乡村产业数字化和融合发展为切入点，探究数字化赋能乡村产业融合发展的作用机制、模式等具有重要的现实意义和理论意义，也是本书研究的落脚点。

二　研究主要内容

本书研究技术路线如图 1 – 1 所示。

主要内容如下：

本书主要运用文献研究、案例研究、扎根理论、政策研究、社会网络分析，从乡村产业政策、国内外乡村产业发展经验比较、工业互联网平

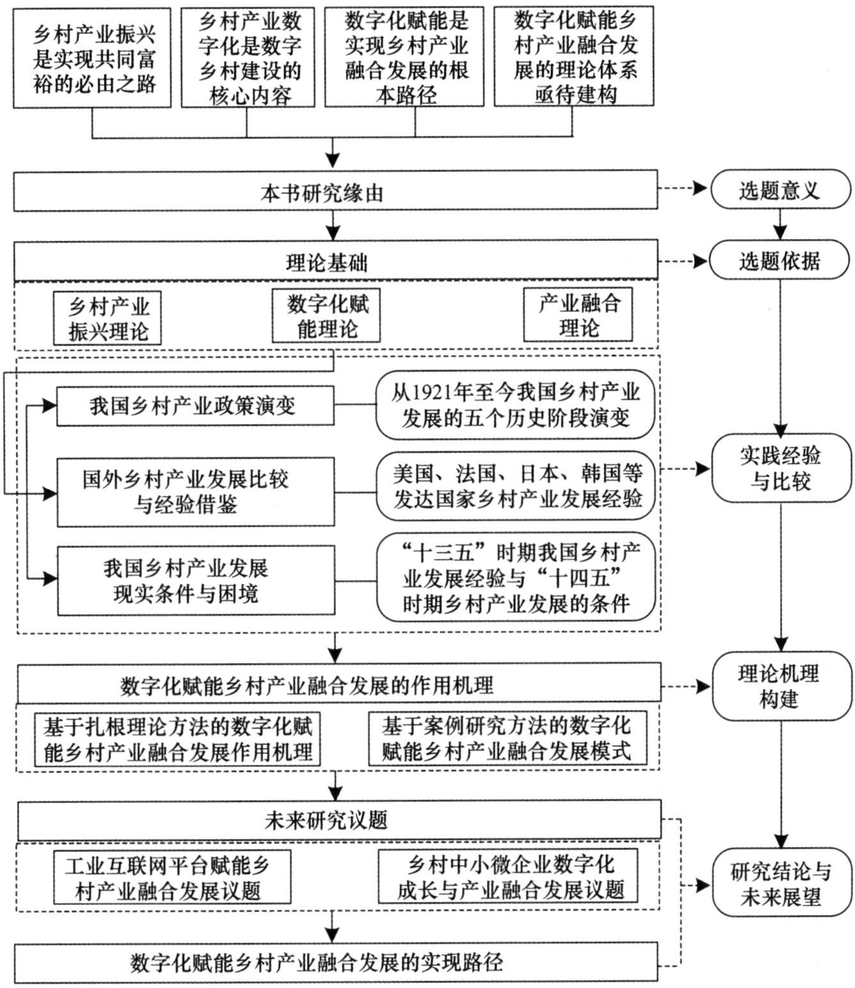

图1－1　本书研究技术路线

台、乡村中小微企业数字化转型等方面探究数字化赋能乡村产业融合发展问题。本书一共分为十一章，具体内容如下：

第一章是关于研究数字化赋能乡村产业融合发展的时代背景和理论背景。此章认为乡村产业振兴是实现共同富裕的必由之路，数字化赋能是实现乡村产业融合发展的根本路径，乡村产业数字化是数字乡村建设的核心内容，数字化赋能乡村产业融合发展的理论体系亟待建构。

第二章是关于数字化赋能与乡村产业振兴的理论基础，为主体研究提供理论依据。此章认为乡村产业振兴概念的提出是时代所需，也是乡村政策发展的延续。乡村产业振兴具有要素配置合理性、利益联结紧密性、参与主体多元性特征；与乡村振兴相关的理论包括马克思主义指导下的农业合作理论、产业合作理论，习近平总书记对我国乡村发展长期以来的实践总结基础上提出的乡村产业振兴理论，以及西方学者基于乡村产业发展实践提出的比较优势理论、规模经济理论、交易成本理论等西方乡村产业振兴理论。进入数字经济时代以来，数字技术正在催生乡村产业发展的新业态、新模式、新产品等，数字赋能乡村产业振兴的相关理论体系正成为当前及今后一段时期学术界研究的热点。

第三章是关于我国乡村产业振兴政策框架与演化脉络。这章旨在梳理我国乡村产业振兴政策的演进历程和变迁脉络，是从政策历史变迁角度解析核心研究内容。主要研究发现有：截至 2022 年，依据我国乡村产业发展过程及国家乡村重大发展战略，我国乡村产业振兴政策演变可划分为五个阶段，分别是建党后以土地改革为主的乡村产业振兴政策萌芽阶段（1921—1950 年），中华人民共和国成立初期以农业集体化为主的乡村产业振兴政策探索阶段（1951—1977 年），改革开放初期以农业发展为主的乡村产业振兴政策调整阶段（1978—1992 年），社会主义市场经济体制下以乡村产业共同发展为主的乡村产业振兴政策发展阶段（1993—2016 年），以产业融合为主的乡村产业振兴政策新时期（2017 年至今）。随着不同阶段乡村产业振兴政策的演变，政策呈现出乡村各产业主体从共同发展向融合发展演变，产业经营主体从单一向新型多元主体演变和科学技术支撑从机械化向数字化演变的变迁脉络。

第四章是关于我国乡村产业振兴的现实条件与困境。此章即是对“十四五”时期我国乡村产业振兴具备的条件和潜在困境进行系统性分析，也为后续理论研究奠定乡村产业实践背景。此章得出以下结论：一是“十三五”时期盘活了乡村产业发展的资源要素，形成了系列乡村品牌，且特色农业产业持续壮大效益显著。二是“十四五”时期拉动、引领和促进乡村产业发展的市场驱动力、政策推动力和技术支撑力日益增强。三是“十四五”时期乡村产业面临数字化基础设施薄弱与数字人才匮乏，乡村三产融合深度、衔接密度和数字化水平均较低，资金投入与技术供给不足制约乡村产业现代化提档增速，农民保守意识与信息贫困双重叠加阻碍乡村产业开放共享，营商环境仍待持续优化等困境。

第五章是关于国外乡村产业振兴的经验与启示。此章在案例、对策建议方面起到中外对比研究的作用。此章归纳分析了美国、法国、日本、韩国、西班牙五个农业富裕国家乡村产业振兴经验。得出以下结论：第一，美国模式以现代化、规模化大农场为主要特征；法国模式以深加工、生态化提升农业价值为主要特征；日本模式形成了“造村运动”和“一村一品”并实现了六次产业化；韩国形成了“新村运动”为典型的全面发展模式；西班牙形成了创意观赏农业的世界典范。第二，发达农业国家乡村产业振兴经验对我国推进乡村产业振兴提供如下启示：以立体式法律体系为根本推动乡村产业发展，以阶梯式职业农民培育体系为基础激活乡村产业要素活力和以网络化信息技术体系为支撑提升乡村产业增加值。

第六章是关于乡村产业融合发展的内涵与模式。此章是指导后续研究的理论框架。此章归纳了产业融合和乡村产业融合的内涵、模式。得出的主要结论有：第一，产业融合包含技术和边界两类核心要素，是基于共同技术变革推动下的产业边界重构的过程。基于此，乡村产业融合是以发展农业多功能性为目标的产业横向与纵向互为渗透融合的过程。第二，从产业融合主体、产业类型、利益联结机制、产业融合动因等视角可将乡村产业融合模式划分为拓展开发模式、合作融合模式、“1 +2”模式、“1 +3”模式、“1 +2 +3”模式、初级融合模式、高级融合模式、自发融合模式、扶持融合模式等。

第七章是关于数字化赋能乡村产业融合发展的作用机理。此章是研究的核心内容，构筑了本书的理论框架。采用扎根理论方法，基于43 篇来自网络、期刊、报纸方面的原始资料，归纳、提炼并构建了数字化赋能乡村产业融合的作用机理理论框架。得出以下结论，数字化赋能乡村产业数字化融合发展，主要通过产业融合数据资源供给、产业融合数据生产能力、产业融合数据关联能力、产业融合主体蜂巢化产生作用。具体而言，数字技术助推乡村产业专业化、信息化、集约化和绿色化，进而实现数据资源优化供给；数字技术助推各类主体蜂巢化进而驱动乡村产业融合实现效率、结构和机制变革；数字技术催生产业链主体形成数据生产与数据关联能力，进而增强乡村产业融合的技术关联与产品关联，最终赋能乡村产业数字化融合发展。

第八章是数字化赋能乡村产业融合发展的案例与模式。此章是从案例视角构建本书理论框架。以浙江德清县、陕西眉县、河南鹤壁市、四川大邑县、海尔工业互联网赋能山东金乡和辽宁丹东东港五个数字化赋能乡村产业发展案例，归纳、分析了数字化赋能乡村产业融合发展的模式，研究发现：数字技术能够搭建农业生产全过程管理“可视数字环”，架构起农产品加工流通全过程管理“可视数字环”和构建三产参与主体之间互联互通互动的“可视数字桥”。数字赋能乡村产业融合发展过程，本质是通过将第一、第二、第三产业中的生产要素、生产过程和生产经验全面数据化和模型化，以此形成虚拟化的生产过程并将抽象、模糊的农业生产经验转化为直观、可复制的具象化数据，并以数字化方式全面建立起第一、第二、第三产业参与主体之间的立体化蜂巢结构，以此提升农户和企业均衡个性化和大规模生产能力，实现数字技术在农业链条每一环的渗透应用。

第九章是关于工业互联网平台赋能乡村产业融合发展未来议题。此章是从工业互联网平台角度探讨数字化赋能乡村产业融合发展的研究议题。此章以关键词共现和社会网络分析方法展开研究，得到以下结论：（1）工业互联网平台及其赋能的本质是将工业场景资源全面数字化、模型化，并通过数字化连接物理世界与虚拟世界，促进异质分布数据资源的深度整合、优化与重构，驱动平台和用户生成个性化数据能力以释放数据价值，具有系统性、互动性和个性化特征。（2）工业互联网平台研究的理论视角有组织行为、平台、产业、经济学等，呈现碎片化现象且以成熟理论衍生方式为主。（3）从“IoT→IIoT→IIoT 平台”演化过程受到技术、组织和环境三类因素影响，未来可能分化出政府主导型、市场主导型、政府与企业共建型三条成长路径，并将从独立分散形态向互融、互促、共生的联合生态体方向发展。（4）工业互联网平台驱动高质量发展、制造业服务化、价值共创、商业模式创新和智能制造，遵循“数据资源行动—数据能力生成—数据价值实现”的赋能逻辑，但赋能过程存在差异，高质量发展侧重生产资料变化对生产过程的影响，价值共创关注生态体之间的智能协同，商业模式着眼个性化定制与产品、服务开发模式，制造业服务化聚焦交易、产品、用户层面的服务集成，智能制造注重制造设备的虚实融合。工业互联网平台作为未来数字乡村建设和推进乡村产业融合发展的数字引擎，未来需要探究赋能乡村产业融合发展的工业互联网平台类型；工业互联网平台赋能乡村产业融合发展的作用机理、路径组态、生态化治理机制，以及工业互联网平台与用户的交互赋能机制等议题。

第十章是关于乡村中小微企业数字化成长与产业融合发展未来议题。此章是从作为乡村产业融合主体的中小微企业数字化成长角度探讨乡村产业融合发展议题。此章运用关键词共现和社会网络分析方法展开研究，主要结论有：(1) 中小微企业数字化成长的因素包括内部环境驱动力（技术创新、知识资本、企业家精神、企业网络）和外部环境驱动力（数字化转型、融资约束与银企关系、产业集群、国际化）。(2) 驱动中小微企业成长的动力系统是多元要素组合下产生的复杂现象，是“个体—技术—组织—环境”相互交织的结果，为此，企业在通向成长的道路上，应敏锐地结合个体、组织、技术特质，主动从不确定性环境中寻找机会。(3) 作为中小微企业的“掌门人”，其企业家导向和企业家精神与企业成长相生相克，企业家应主动培育契合时代发展的企业家精神，并将其融入技术创新管理和企业管理实践中，以此弥补企业先天劣势和增强基础优势，推动企业持续成长。(4) 中小微企业应重视与特定技术相适应的管理能力开发，如知识管理与网络管理，作为以技术创新为核心导向的企业，“量身定制”的管理与技术的融合才能促使技术创新不断实现价值增值。未来，随着数字乡村、乡村振兴、农业农村现代化等系列乡村发展战略实施，揭示驱动乡村中小微企业数字化成长的复杂因果机理、触发条件与桥接结构；乡村中小微企业数字化创新能力的形成与演化规律；乡村中小微企业知识管理与数字网络构建；诱发乡村中小微企业所有者形成企业家精神的前因；乡村中小微企业数字化成长驱动产业融合发展的作用机理等研究议题将成为引领乡村产业振兴，加快乡村走向共同富裕的关键性问题。

第十一章是关于数字化赋能乡村产业融合发展的实现路径。此章是基于第 2 章至第 10 章研究结论的基础上，设计促进数字化赋能乡村产业融合发展的实现路径。本书提出政策、技术和教育三条路径：(1) 政策路径重在引导农业发展方向，改变社会对农业农村的认知和吸引社会资本走向农村。主要包括通过优化农业法律体系确立农业与工业的同等地位，以完善的法律体系塑造新时代农民主体地位，以完善的法律体系引导全社会参与数字乡村建设三条举措。(2) 技术路径聚焦形成交互赋能的数字技术生态体系。主要包括构建促进数字化赋能乡村产业融合发展的多元技术投入体系，完善促进数字化赋能乡村产业融合发展的技术生态体系，优化促进数字化赋能乡村产业融合发展的技术治理体系三条举措。（3）教育路径侧重培育高数字素养的人才和创建产业数字发展环境。主要包括开发培育农村居民数字素养的阶梯式数字教育体系，构建提升农村居民群体数字生产能力的立体式培训体系，建设增强农村居民适应数字生活的数字场景教育认知环境三条举措。

三 研究基本思路与方法

（一）基本思路

本书以习近平新时代中国特色社会主义思想为指引，着眼于乡村共同富裕这个目标，立足于数字化赋能乡村产业融合发展机理，在借鉴国内相关研究成果，国外乡村产业振兴发展经验，系统总结我国乡村产业发展政策和典型数字化赋能乡村产业融合发展案例基础上，重点探索数字化赋能乡村产业融合发展作用机理与典型模式，并结合乡村产业情境架构未来研究议题。

（二）主要研究方法

本书主要采用以下研究方法：

1. 文献研究法。一方面通过搜集、整理、分析乡村振兴、数字化赋能等方面的学术文献全面梳理数字化赋能乡村产业振兴的理论基础，并以此为基础提出工业互联网等赋能乡村产业融合发展的未来议题；另一方面对我国乡村产业振兴的相关政策进行整理、分析，全面把握我国乡村产业振兴的政策框架与演化脉络，并分析“十四五”时期我国乡村产业振兴具备的现实条件和面临的现实困境。

2. 扎根理论。采用扎根理论方法对搜集的网络资料展开分析，提炼、归纳并构建数字化赋能乡村产业融合发展的作用机理。

3. 案例研究法。采用多案例研究方法，对浙江德清县数字“鱼菜共生”、海尔工业互联网赋能乡村产业融合发展等典型案例展开分析，以此构建数字化赋能乡村产业融合发展的模式。

4. 社会网络分析。以兼具工具功能和关系论思维的社会网络分析方法探究工业互联网平台研究主题和乡村中小微企业数字化成长研究主题之间的脉络关系。

四　研究的重点、难点和创新之处

（一）重点和难点

1. 重点。运用扎根理论方法构建数字化赋能乡村产业融合发展作用机理，并从典型案例中归纳构建数字化赋能乡村产业融合发展模式。以工业互联网平台为代表的数字化赋能平台和乡村中小微企业数字化成长为切入点提出未来数字化赋能乡村产业融合发展的议题。

2. 难点。数字乡村建设和乡村产业数字化正处于变革中，目前尚未形成数字赋能理论体系及其与乡村产业融合发展相关的理论研究，为此，如何保障选取案例的典型性和代表性以提升本书所建构理论的可靠性和科学性是一大难点。

（二）创新之处

1. 基于历史溯源方式科学划分了我国乡村产业振兴政策演化脉络，并对世界发达农业国家展开横向对比分析，是对乡村产业政策理论研究的丰富和发展。

2. 采用综合性方法构建并验证了数字化赋能乡村产业融合发展机理理论框架，是对数字化赋能理论和乡村产业融合理论体系的重要拓展。

五　研究成果价值

（一）理论价值

1. 科学划分了我国乡村产业振兴政策演化与变迁脉络

沿着“土地改革—农业集体化—农业发展—乡村产业共同发展—产业融合”的历史主线将我国乡村产业振兴政策演变划分为五个阶段，并提出了产业主体从共同发展走向融合发展，产业经营主体从单一向新型多元主体演变和科学技术支撑从机械化向数字化演变的政策变迁脉络。进一步丰富我国乡村产业振兴政策理论研究体系。

2. 系统归纳分析了我国乡村产业振兴的现实条件与困境

在分析“十三五”乡村产业发展经验与成就的基础上，从政策、市场、技术三个层面归纳分析了驱动“十四五”时期乡村产业发展的拉动力、引领力和支撑力，同时从数字基础设施、产业融合、数字人才、技术供给、营商环境等角度剖析了阻碍乡村产业高质量发展的现实困境。为后续乡村产业理论研究奠定产业实践情境基础。

3. 从横向角度对国外农业发达国家展开系统对比分析

从农业政策体系、职业农民培育体系和信息技术体系对美国规模化大农场模式、法国农业价值提升模式、日本“造村运动”、韩国“新村运动”、西班牙创意观赏农业展开对比分析，并构建了国外乡村振兴经验逻辑框架，以此为基础提出了加快我国乡村产业振兴的经验启示。进一步拓展了乡村产业振兴国家层面的横向对比理论研究。

4. 构建了数字化赋能乡村产业融合发展机理理论框架

采用扎根理论方法归纳、提炼了通过产业融合数据资源供给、产业融合数据生产能力、产业融合数据关联能力、产业融合主体蜂巢化的数字化赋能乡村产业融合发展的作用机理。并基于浙江德清县、陕西眉县、河南鹤壁市、四川大邑县、海尔工业互联网赋能山东金乡和辽宁丹东东港五个数字化赋能乡村产业发展案例，发现了数字技术赋能乡村产业生产、加工和流通过程管理的“可视数字环”和连接三产参与主体的“可视数字桥”。丰富和发展了数字化赋能乡村产业振兴理论。

5. 从工业互联网和乡村中小微企业视角设计乡村产业融合发展未来框架

以工业互联网为代表的数字技术和以乡村中小微企业为代表的产业主体为切入点，一方面，基于“数据资源行动—数据能力生成—数据价值实现”赋能逻辑，从赋能作用机理、路径组态、生态化治理机制、交互赋能机制方面构建了工业互联网平台赋能乡村产业融合发展的未来研究框架。另一方面，从驱动乡村中小微企业数字化成长的复杂因果机理、触发条件与桥接结构，数字化创新能力的形成与演化规律，知识管理与数字网络构建等方面构建了乡村中小微企业数字化成长与乡村产业融合发展的未来研究框架。为丰富和拓展数字化赋能产业融合理论提供参考框架。

（二）应用价值

1. 有助于社会更好地了解我国乡村产业振兴政策的演化规律

本书按照特定的乡村产业振兴政策主题将其划分为五个阶段，并从产业主体变迁和科学技术变革角度分析了我国乡村产业振兴政策演化脉络，有助于农户、企业等各类社会主体详细地了解我国乡村产业振兴的演化规律，也可更进一步理解我国农业农村的发展规律和历史成就，进而增强对农业农村的自信心和认同感。

2. 为政府决策部门完善优化乡村产业政策体系提供参考

本书在对比分析农业发达国家乡村产业振兴经验的基础上，结合我国“十三五”时期乡村产业振兴经验，提出构建立体式乡村产业振兴法律体系对培育职业农民和强化农业农村科技支撑体系具有重要的引导和保障作用，对促进乡村振兴所需的人才、组织、文化、生态、产业提供法律地位、全面职业化的人才和全新的数据生产要素。可为相关政府部门进一步完善和优化乡村产业振兴政策体系提供有益参考。

3. 帮助农户、企业等参与者深刻认识数字技术对乡村产业融合发展的重要作用

本书系统刻画了数字技术贯穿乡村产业生产、农产品加工流通、多主体互动的可视化数字赋能过程，有助于农户、企业等参与者理解数字技术对乡村产业融合发展的赋能过程，并深刻认识数字生产能力对提升乡村产业发展效益的重要作用，进而有利于扩大数字技术向更多乡村产业领域地推广和应用，促进农业农村现代化水平不断提升。

4. 为促进数字化赋能乡村产业融合发展提供行动指南

本书既从典型案例角度剖析了数字化赋能乡村产业融合发展的过程，又从工业互联网和乡村中小微企业为代表的典型数字技术与乡村产业关键参与主体角度提出了乡村产业数字生态系统治理策略和促进乡村中小微企业数字化成长策略，为政府、社会组织、企业等参与乡村数字生态系统建设和培育乡村中小微企业数据价值创造能力提供行动指南，进一步提升数字化赋能乡村产业融合发展效益。

第二章

数字化赋能与乡村产业振兴的理论基础

第一节　乡村产业振兴概念的提出

一　乡村产业振兴概念提出的政策沿革

我国乡村建设经历了社会主义新农村建设和脱贫攻坚两个阶段，这两个阶段的发展规划和思想纲领为乡村产业振兴奠定基础，乡村产业振兴概念的提出是国家政策的延续。

2005 年 10 月 8 日，中国共产党十六届五中全会通过了《中共中央关于制定国民经济和社会发展第十一个五年规划的建议》，提出要按照“生产发展、生活宽裕、乡风文明、村容整洁、管理民主”的要求，扎实推进社会主义新农村建设，其目的在于“加快改变农村经济社会发展滞后的局面”，即通过农村生产力和生产关系的综合改革，提高农民的生活质量，改善农民的生活环境，实现农村经济发展（叶敬忠，2018）。社会主义新农村建设的思想是产业振兴概念的理论基础，其内涵的相似性在于两者都强调要通过对农村生产力和生产关系的系统调整，提升农民生活质量，加快农村经济建设。

随着脱贫攻坚战略的推进实施，我国农村开发思想开始由笼统的经济发展转为具象化的精准扶贫。2011 年，中共中央、国务院印发《中国农村扶贫开发纲要（2011—2020 年）》，将产业扶贫作为农村专项建设工作的重要内容，并明确了产业扶贫的发展路径和实现措施。2015 年 11 月，中共中央、国务院颁发《关于打赢脱贫攻坚战的决定》，指出

"发展特色产业脱贫是重要的精准扶贫方略"。2016年11月,《"十三五"脱贫攻坚规划》对产业发展脱贫的重要内容进行阐释,以指导各地产业扶贫工作(刘明月等,2021)。全面脱贫攻坚时期的"产业扶贫"思想是产业振兴的时序前提和空间基础,产业振兴能为产业扶贫提供持续的政策保障。

总体而言,产业振兴概念的提出发源于社会主义新农村建设理念,形成于全面脱贫攻坚时期,脱胎于乡村振兴战略实施阶段,社会主义新农村建设理念和产业扶贫概念为产业振兴奠定坚实的政策基础,是点与面、前期与后期、阶段性和长期性的关系(何龙斌,2020)。

二 提出乡村产业振兴概念是时代所需

乡村产业振兴概念的提出是当下加快建设农业农村现代化的时代需求。在脱贫攻坚时期,政府为了更快地帮助贫困户增收,通常采用资源倾斜、政府补贴、制度保障等方式,以国家行政力量保障扶贫产业的快速发展。但这种政府行为往往不具备可持续性,产业选择在一定程度上忽视了市场规律,同质化现象较为严重,其原因有以下两方面。一方面扶贫资金具有一定的期限性,为了在规定的时间内将扶贫资金使用完毕,部分产业扶贫项目会带有低效化、短期性、市场论证不充分等缺点(邢成举,2020),影响产业项目的可持续发展。另一方面,以习近平总书记首次提出"精准扶贫"的2013年作为脱贫攻坚的起始年,至2020年实现脱贫攻坚战役的决定性胜利,脱贫攻坚任务的期限仅为7年。产业发展时间紧、任务重,导致政府会优先选择部分短平快、立竿见影的产业发展。刘明月等(2021)发现种植和养殖业占到了产业扶贫项目的98%以上,其中种植业以木耳、茶叶、菌菇等效益高、难度低的经济作物为主,养殖业以鸡、鸭、猪等出栏快、难度低的禽畜为主。基于此,当前农村产业发展产生了同质化水平高、可持续性低、行政色彩浓等特点。在此背景下,产业振兴战略的提出旨在解决乡村产业的可持续发展问题。产业振兴战略延续时间长,调动了政府、农村合作社、龙头企业、新乡贤、乡村致富带头人、农户等多方主体的参与,加深了产业发展的市场化程度,能有效推动农村产业转型升级。

综上所述,乡村产业振兴概念的提出既带有政策延续的必然性,又兼具产业发展的迫切性，是推动乡村振兴、实现共同富裕的应有之义和应尽之举。

第二节 乡村产业振兴的内涵与特征

一 乡村产业振兴的内涵

乡村产业振兴就是以自然资源为依托、以科学技术为引领、以市场为导向，立足要素禀赋，充分挖掘区位优势和资源优势，推动传统农业向现代农业转变，促进第一、第二、第三产业有机融合，最终实现资源配置高效畅通、产业结构优化合理、产业发展绿色化、规模化、集约化的目标（吴春来，2021；安晓明，2020）。

乡村振兴战略是党的十九大作出的重大战略部署，其中产业振兴作为五大振兴之首，是推动乡村振兴战略有效实施的首要和关键。产业是发展的基石，产业兴旺是解决一切农村问题的前提。产业振兴并不简单的等同于发展现代农业，其内涵应当是围绕现代农业的发展，推动第一、第二、第三产业的融合，从而构建起完备的乡村产业体系，实现农村的全面发展。因此，产业振兴需立足农情，贯彻绿色发展理念，从增产转为提质，通过专业化分工提升效率，通过产业融合提高效益，发展乡村新产业、新形态，建设现代化产业经济体系。

二 乡村产业振兴的特征

（一）要素配置合理性

长久以来，第一产业是农村的支柱产业，初级加工产品是农业生产的主要形式，城乡之间的产业发展严重不平衡，农村产业发展严重滞后，城乡经济水平的差异产生的虹吸效应使得农村的生产要素向城市单一流动，从而进一步削弱了农村的产业发展，产生了“强者愈强、弱者愈弱”的马太效应。为此，在产业振兴战略实施过程中，资源要素的协同利用是关键。一是促进资本城乡流动。产业振兴战略通过调整产业结构为生产要素在城乡之间的双向流动搭建了桥梁。在产业振兴战略的引导下，劳动力、资金、技术等生产要素开始有序向农村流动，城乡之间的产业关系更加互补，要素的自由流动提高了资源配置的效率，促进了第一、第二、第三产业的深度融合。二是激活人才要素。产业振兴战略针对农村产业发展对知识更全、技术更精、素质更高的人才需求，通过农村致富带头人、经营管理拔尖人才、党员示范先锋的带动，培育了一大批新型农民、职业农民，促进了人力资本下沉农村，激发乡村人才潜力（董翀，2021）。三是促进土地要素合理配置。产业振兴战略以“生态宜居”为纲，以因地制宜为目标，以土地资源承载力为要求，宜粮则粮、宜林则林、宜牧则牧，形成了与生态环境容量相适应的合理化产业布局，构建了比较优势充分发挥的区域供给结构，有效解决了农村土地资源利用破碎、分散的问题，提高了土地要素的集约化和利用率（吴海峰，2018）。

（二）利益联结紧密性

在产业振兴战略的带动下，第一、第二、第三产业渐趋融合，参与其中的各个经营主体的利益关系随之转变，从原先单一的主导关系转变为协作、共生的交融关系，产生了同担风险、共享利益的利益共同体。调查数据显示，72.6%的脱贫户与龙头企业、合作社等新型农业经营主体建立了紧密的利益联结关系（郭俊华、卢京宇，2021）。当前“新型经营主体+农户+合作社”“龙头企业+基地+农户”等农业产业化合作形式，改变了传统农业中生产者和销售者之间单一的利益关系，通过股份合作、新型订单等形式将农户与经营主体有机连接，农民参与到生产、加工、销售的各个阶段中，形成了更加紧密的利益联结关系。随着产业振兴战略的接续推进，未来必将产生更多的参与主体，利益联结机制必然呈现从单一向复合、从分散到密切的转变。

（三）参与主体多元化

在产业扶贫时代，由于时间紧、任务重，政府对产业项目的参与度过高，部分扶贫产业严重依赖政府支持，可持续性差（刘明月、汪三贵，2020）。而产业振兴战略充分发挥了市场机制的作用，调整了政府与市场的关系，将原先政府主导的产业发展路径演变为市场主导、政府指引、社会组织力量共同参与的新型产业发展格局。截至2020年12月，全国832个已摘帽贫困县的县级以上带贫龙头企业达1.44万家，平均每县17家，农民合作社数量达到71.9万家，平均每县864家（郭俊华、卢京宇，2021）。除了合作社、龙头企业等传统参与产业主体外，金融、互联网企业等高新技术主体也参与其中。普惠金融通过为农户提供适合经营主体的利率优惠政策和金融产品，将金融要素嵌入乡村产业链中（周林洁、傅帅雄，2022）。互联网企业以网络信息为媒介，通过城乡互动的方式，打通了农产品与消费者之间的产销渠道（蓝海涛、周振，2018）。总体而言，在产业振兴战略的带动下，各类经营主体参与乡村产业发展过程中，形成了组织化、专业化、社会化相结合的新型农业经营主体体系（郭俊华、卢京宇，2021）。

第三节　数字化赋能的内涵与特征

一　数字化赋能内涵

究其本源，数字化赋能由“授权赋能”这一概念发展延伸而来。20世纪80年代，“授权赋能”这一理论分别在心理学和管理学领域的相关研究之中被提及。学术界普遍认为是Follett最早提出了“授权赋能”这一概念，认为授权赋能是通过对个人的授权来提升组织的效率（Eylon，1988）。Mainiero（1986）在其研究中将授权赋能定义为一种为激发组织成员的主动行为而采取的一系列权力下放和委托下属的管理行为。学者Zimmerman（1990）、Spreitzer（2007）等人从不同视角将授权赋能划分为心理赋能和组织赋能两个层面。组织赋能是从组织管理视角，以实现对员工的激励为目标，将权力分散至个人。心理赋能是从心理机制出发，根据员工个人的不同动机状态，如意义、竞争力、自主以及影响力来对其进行影响赋能（李虹等，2018）。（王彦苏等，2021）在有关平台赋能演化的研究中提出将授权赋能划分为三个维度——结构赋能、领导赋能、心理赋能，建立了三层次分析框架。而后，有关授权赋能的研究不断深入，更多的学者提出了赋能这一概念，并逐渐取代了授权赋能。Makinen（2006）提出数字化赋能并不单纯指个人使用数字化技术的结果，而是从更加宏观的社会层面来定义，指通过信息技术使社会具备包容性更强的能力。Lenka（2017）等学者提出数字化能力对于企业而言具有显著的影响，其能够通过一定机制实现企业价值共创。

从宏观层面看，中共十九届五中全会明确提出要“加快数字化发展”。国家《“十四五”规划和二〇三五年远景目标的建议》直接提出了建设“数字中国”的要求，强调“以数字化转型整体驱动生产方式、生活方式和治理方式变革”。显然，数字化发展逐渐成为加快国家治理体系和治理能力现代化进程的重要助推手段。

从微观层面看，对于各个产业而言，融合数字化技术有助于企业摆脱单一供给，并深度挖掘用户需求，探索多元的业务场景。因而数字化赋能也日渐成为产业转型发展的重要动力。进入数字经济时代，企业生产者借助数据分析处理技术，可以实时掌握用户的需求动态，并根据需求的变化，实现产品供给的精准匹配（李震，2022）。

在以往学者提出的有关数字化赋能内涵的基础上，刘宁（2022）认为数字化赋能的内涵主要涵盖两个方面：一是强调数字技术的应用；二是注重赋能对象能力的提升。

二　数字化赋能方式

（一）技术赋能

由数字化赋能细分而来的“技术赋能”即通过数字技术向行动主体赋予特定的能力或者创造必要的条件，激发行动主体自身的能力去实现既定目标（郁建兴，2022）。技术赋能是指灵活运用信息化技术，提升企业的技术能力，从而使企业的经营能力由弱变强。其中所涉及的核心技术包括物联网、云计算、大数据和人工智能、信息安全等。在此基础上，以物联网为端口，负责完成数据的发送和接收；并以云计算为基础，通过可编程基础设施、先进的流程与方法、服务体系结构，实现办公协同、产品研发、生产运输、销售服务等流程的高效运行；利用大数据、人工智能进行数据的直接或间接转化，是实现数字创意价值的重要途径；在安全技术的支持下，安全业务越来越复杂，越来越多的碎片化，使用专业化的安全云计算将是一个非常经济的选择。

数字技术是数字经济的基础，通过技术赋能，让数字经济与产业充分融合，有助于加速实体经济的转型升级，助力经济发展（田秀娟等，2022）。并且通过数据、场景、计算和连接性技术的组合，对产业内供需关系、内容和结构的把控将更具前瞻性和理性。但是在这一过程中，必须保证技术赋能的精准度，精确到赋能的主客体，技术类型、赋能渠道等各个方面（吴旭红等，2022）。

（二）市场赋能

市场赋能旨在帮助企业在原有基础上探索更优质的商业机会以及拓展新的商业市场，提升其业务能力。通过大数据分析、精准营销、线上线下融合，能够有效瞄准更细分的用户群体、开拓新的用户市场、促进不同地区间的一体化发展。事实上，信息不对称和传递不完全等现象普遍存在于当前不同产业的市场之中，这一现象会影响市场在资源配置中作用的发挥，甚至会引发更多的高交易风险等问题，阻碍市场交易顺利进行（李震，2022）。Paul 和 Gavin（1999）指出信息通信技术是推动数字经济发展的重要力量，它可以促进信息的融通，改善交易制度和信用体系，规避因信息不对称而导致市场失灵，充分提升全要素生产率。

同时为适应市场发展，越来越多的企业利用数字化技术，对数据进行商业分析及应用，打造新的商业模式（胡强等，2022）。数字化时代，市场进入壁垒不断降低，也催生了一批如共享经济、O2O 平台等新型商业经营模式，大大刺激了消费者更多的需求。通过数字化赋能，各市场主体之间进行资源互换，实现供需的精准匹配，实现了多方主体的价值共创（刘启雷等，2022）。

（三）人才赋能

学术界对于“数字化人才”及“人才赋能”的研究涉及甚少。人才是科技创新的根本源泉，人才赋能即通过培养数字化人才提升企业实力。当前数字化方面人才短缺，严重制约了企业的创新发展。李震（2022）指出数字化人才是指在大数据技术领域内具有一定数字化知识与运用能力的专业技术人才，数字化人才是数字化赋能各产业不可缺失的“主力军”。李中斌等（2019）学者在其研究中提出了人才赋能系统（TPES）这一概念，人才赋能系统能够发掘每个人独特的人格特质，通过不断的赋能予人，让个体不断地优化定位，成就自我，其核心在于了解并发掘人的发展潜质。

三 数字化赋能特征

（一）信息共享

数字化赋能从根本上改变了产业传统的信息交会模式，促使产业从单一获取或输送信息转变为信息共享模式。传统产业在供应链协同管理方面存在多种弊端，例如效率低下、数据衔接不当，因而导致数据孤岛现象。

然而通过数字化赋能，通过强大的数据技术支撑，借助工业互联网平台的优势，能够很大程度上优化供应链管理，为产业发展降低成本、提高效益（冯楠等，2022）。同时结合区块链，能够实现数据接口与多方平台的有效对接，打破不同区域的信息壁垒，实现产业间数据的互换往来，保障信息链的一致性和可溯源性（陈长，2022）。任丽涛和钟淑萍（2022）探究了数字时代背景下高校创新生态的信息共享策略，提出基于数字技术，建立数字学习组织并将信息共享作为创新生态群的核心元素。可见，信息共享既是数字化带来的必然结果，又能够为数字化赋能的过程产生可观的助益。

（二）多领域、地区应用

近年来，对于数字化赋能研究的重点开始细化并转移到各产业之中。数字化赋能适用于不同领域，赵凌云和胡中波（2022）探讨了数字化赋能教师队伍高质量建设的路径与策略，整合信息技术与教育融合，从而推进“数字校园建设”。黄璜（2022）提出数字化赋能治理协同，运用数字技术构建信息传递通道，促进数字政府建设，构建全新的政府形态，达到提升治理能力的目的。吴旭红等（2022）研究发现数字化赋能带来的治理服务创新，有助于解决当前人口老龄化背景下所面临的“银发鸿沟”问题，通过双向赋能，实现养老产业与科技的共同发展，从根源上解决养老这一难题。郁建兴（2022）提出数字化发展有助于推动现有应急管理机制的创新，通过数据技术建立起更有弹性的高效应急管理体系。

在经济落后区域，数字化赋能的优势越发显著，例如，在印度、非洲、中东等地区，数字化赋能都大有作为。2015 年印度政府提出并实施了“数字印度”计划，通过加强数字基础设施建设、普及智能通信、建立公共分配系统、公民身份证系统等措施有效提升了国家治理效率。客观来看，印度的数字化赋能正是通过通信基础设施建设和对国民数字素养的有意培养而实现的（Iyenger 等，2017）。

第四节　乡村产业振兴的理论基础

一　马克思主义对乡村产业振兴的重要论述

（一）产业融合理论

产业融合理论是指不同行业、不同产业之间相互渗透、交叉、共融，最终产生新产业、新形态的动态演进过程。马克思关于产业部门的理论，指出了产业部门之间融合协调发展的本质问题。生产资料和消费资料生产的两大部类之间和各产业部门之间必须保持平衡协调的关系，才能实现价值补偿和实物替代，形成社会平均利润率，保证社会再生产顺利进行。资本追求价值增值的根本属性，决定了资本会自动从利润率低的部门转向利润率高的部门。因此，乡村产业振兴战略的实施，可以吸引更多的资本进入乡村产业部门，盘活发展要素，使乡村产业发展更加高效、协调、可持续。产业振兴战略能有效地促进第一、第二、第三产业融合，延长产业链，提升农业经济效应。

（二）农业合作理论

马克思和恩格斯认为受到资本主义生产方式的影响，一部分农民将会转变成为资产阶级，另一部分则逐渐沦为了被剥削的对象，因此，农业产业必然会走向合作，只有合作才能抵御资本主义的压迫，而最典型的路径就是成立农村合作社。农村合作社可以通过扩大再生产的方式，不断提升资本要素，从而抵御资本主义的冲击。列宁在《论粮食税》一文中明确指出，农村合作社具有充分的社会属性，合作社的成立以生产资料公有制和无产阶级掌握政权为基础，能把原先分散的小农经济联合起来，从而过渡到社会主义大生产。总体而言，成立农村合作社是马克思主义关于农业合作理论的中心思想。

将农业合作理论应用于产业振兴中，合作社模式已经成为我国乡村产业发展的主要模式，呈现合作内涵由注重理念到回归现实，合作范围由相对封闭走向开放包容，合作形态由单一集中转向多元共存的理论特点和实践特征（王耀德、马玲兵，2021）。

二　习近平总书记关于乡村振兴战略的重要论述

2019 年第 11 期《求是》杂志发表习近平总书记文章《把乡村振兴战略作为新时代“三农”工作总抓手》，文章明确提出，坚持把实施乡村振兴战略作为新时代“三农”工作总抓手。“总抓手”的战略定位，意味着乡村振兴必须要坚持“五位一体”的战略布局，推动经济、政治、文化、社会和生态全面提升，构建多元一体、动态均衡的乡村发展体系。乡村振兴战略的实施，既要考虑全局，又要有的放矢，其中产业振兴是推动乡村整体发展的关键。习近平总书记指出，推进农业现代化，要突出抓好加快建设现代农业产业体系、现代农业生产体系、现代农业经营体系三个重点。可见，建设现代化农业产业体系是实现农业产业现代化、推动乡村产业高质量振兴的重要着力点。这需要大力整合资源要素，推动三产融合发展，带动多元主体参与，发展农村新产业、新业态。产业振兴是建设现代化农业产业体系的必由之路，是推动乡村振兴战略高效实施的应有之义和必要保证。

总之，习近平总书记关于乡村振兴战略的重要论述是以习近平同志为核心的党中央对我国乡村发展长期以来的实践总结和理论创新，是新时代下推动乡村产业振兴的方向引领和理论基石，构建了符合中国乡村产业发展的思想、原则和路径。

三　西方乡村产业振兴理论

（一）比较优势理论

比较优势理论由大卫·李嘉图在《政治经济学及赋税原理》一书中提出。比较优势理论认为不同国家的产品生产技术存在相对差别，技术水平高则其相对生产成本就低，属于“优势”，技术水平低则其相对生产成本就高，属于“劣势”。因此，在开展国际贸易时，应当大力出口“比较优势”产品，进口“比较劣势”产品。通过专业化的分工，双方都能提高生产效率，实现生产效益的最大化。受李嘉图思想的影响，赫克歇尔和俄林提出了要素禀赋说（H－O 理论），其理论核心在于“靠山吃山、靠水吃水”，即各个国家应当充分评估本国的生产要素，利用相对充裕的生产要素进行大规模生产并出口，反之则大量进口本国贫瘠的生产要素产品。

将比较优势理论应用于产业振兴，产业发展规划应当充分利用自然资源优势。自然资源是第一产业与第二、第三产业最明显的优势，乡村产业发展应当将自然资源禀赋的比较优势转化为产业发展优势，着重发展绿色产业、打造区域特色产业。

（二）规模经济理论

规模经济理论是指在特定时间内，企业产品绝对量的上升，会造成单位价格的下降，即企业可以通过扩大生产规模的方式削减成本，从而提升经营利润。马歇尔在《经济学原理》一书中指出，工业领域是大规模生产效益的典型代表，其特点在于工厂能够通过专门的生产、销售、管理、技术等压低成本，增强市场占有率，从而提高利润。马克思在《资本论》中也指出，大规模的生产和协作是社会劳动生产力提高的前提，是近代工业发展的必由之路。科斯则从交易成本的视角延伸了规模经济理论的内涵，他认为企业的起源是单个的劳动者为了更好地利用他们的比较优势而进行的生产合作，通过联合，劳动者可以共享生产资源，并在企业内部进行交易，从而削弱了外部交易成本，抵挡市场风险，进而提升个人利润。

将规模经济理论应用到乡村产业振兴，典型的例子是农业合作社。农业合作社通过土地流转的形式，将原先分散的土地联合，获得了土地的集中经营权，通过现代化的企业经营管理方式，降低了生产成本、劳动成本和交易成本，进而提升了土地的产出效益，使农民进一步增收。为此，当前促进产业振兴，应当发展壮大村集体经济，把小农户和现代农业发展充分衔接，提升规模化、组织化程度，帮助农民增收。

（三）产业融合理论

当前农业方面较为流行的产业融合理论是日本农业专家今村奈良臣提出的“六次产业”理论。他认为六次产业 = 第一产业 + 第二产业 + 第三产业，农业应当是三产的集合，农业不仅包括传统的农林牧副渔第一产业，还包括加工、生产等第二产业以及旅游、服务等第三产业。农业发展应当整合产业资源，拓宽产业链，提升农业的附加值。随后他将六次产业修改为三产相乘，即六次产业 = 第一产业 × 第二产业 × 第三产业。第一产业为传统农业，第二产业是在传统农业基础上进行初级加工的产业，第三产业是提供生活服务的产业，第四产业是利用技术革新和信息知识进行生产的产业，第五产业是从事文化娱乐获得的产业，第六产业是依托第四产业的技术创新、利用第一产业的自然资源、改造第二三产业的生产服务、融合第五产业的娱乐文化而形成的新兴产业。“六次产业”概念的提出也是六次产业理论与传统三次产业论理论的根本区别。

借鉴产业融合理论，乡村产业振兴可以尝试纵向、横向和立体融合三条路径（雷明等，2022）。纵向融合即将产业链前伸或后移，如由单一农产品种植延伸至农产品加工乃至销售。横向融合即依托原有产业，发展其他伴生产业，如在农产品种植业的基础上，发展观光旅游、休闲农业等。立体融合即通过技术创新，融合数字经济提升产业竞争力，如利用互联网直播技术开展农产品销售等。

（四）交易成本理论

交易成本理论，是由诺贝尔经济学奖得主科斯提出。科斯把交易成本定义为“获得准确的市场信息所付出的成本以及谈判和订立契约的费用”。科斯认为组织的本质就是“作为价格机制的替代物”，因此组织存在的逻辑就是为了节约市场交易费用。而组织本身就存在管理协调成本，当组织扩大时，其内部的管理协调成本也会随之上升，从而阻碍组织规模的扩大，所以组织无法无限制的扩张，因此，组织的最佳边界位于市场交易成本与组织运作成本的均衡点上。威廉姆森在科斯的基础上扩展和深化了组织边界和规模的理论框架，他认为资产专用性、不确定性和交易频率三个因素决定了组织的边界和规模，而这三个因素都涉及交易成本的变化，组织为了降低交易成本，会更倾向于选择纵向一体化。

在产业振兴过程中，第一、第二、第三产业的融合发展体现了交易成本理论的内涵。产业融合的本质是交易成本内部化（李治、王东阳，2017），产业融合实现了多个企业主体向同一企业主体的转变，充分发挥了规模经济效益，提升了资源供给率和使用率，实现了资源的最优配置，极大地节约了交易成本，推动了产业纵向一体化。

（五）农业多功能性理论

“农业多功能性”一词诞生于20世纪80年代日本的“稻米文化”。日本对大米赋予了文化的含义，将其作为一种“信仰”，由此产生了各种与稻米相关的“神灵”。随后，1992年召开的联合国世界与环境发展大会，正式确立了“农业多功能性”一词，写入了《21世纪章程》之中。1996年世界粮食首脑会议通过的《罗马宣言和行动计划》明确指出要发挥农业多功能的作用，推动乡村的可持续发展。2000年1月，联合国粮农组织发起了“发挥农业作用”（ROA）项目，提出了“通过对农业的合理管理，能够充分发挥农业在环境保护、治理贫困、人口保障等方面的积极作用”。此后学者将农业多功能性的发挥总结为经济、社会、生态、文化四个层面。经济层面包括粮食供给、农民增收、产业发展等；社会层面包括农业科技推广、农民社会保障；生态层面包含土地涵养、生态修复、生物多样性保护等；文化层面包含文化传承、区域形象塑造、民俗活动等（周立等，2020；尹成杰，2007）。

将农业多功能性理论运用于产业振兴中，产业振兴需要充分发挥农业的多功能性作用。传统农业产业仅仅发挥了农业的经济功能，追求高投入、高产量、工业化的“一元”农业极大地限制了产业发展空间，不利于农业产业附加值提升（王昕坤，2007）。为此，乡村产业的发展需要充分推动三产融合，优化产业链中的资源配置，提升产业价值增值。

第五节　数字化赋能与乡村产业振兴

一　数字化赋能乡村产业振兴的提出

进入新时代以来，我国围绕数字农业出台了相关政策，国家“十四五”规划、2021 年《中华人民共和国乡村振兴促进法》等法律法规更是将数字化赋能乡村农业置于乡村振兴的国家重大战略地位。习近平总书记提出推进城乡融合发展、推进乡村“五个振兴”、发展多种形式适度规模经营、推进农村农业现代化发展等。实施乡村振兴战略的总目标是要促进农业农村现代化，但当前农业农村现代化依然属于国家发展进程中的一块重大短板（姜长云，2018）。王丹和刘祖云（2020）从外源性和内源性两个角度探讨了技术赋能乡村振兴的内外融合发展模式，并指出技术赋能是乡村振兴的关键变量，必须通过技术赋能为乡村振兴助力。目前来看，我国乡村产业发展存在巨大的数字赋能空间，数字技术能够为乡村振兴提供有效地支撑和持续发展动力（秦秋霞等，2022）。

《中国数字经济发展白皮书（2020 年）》中提出“数字经济是以数字化的知识和信息作为关键生产要素，以数字技术为核心驱动力量，以现代信息网络为重要载体，通过数字技术与实体经济深度融合，不断提高经济社会的数字化、网络化、智能化水平，加速重构经济发展与治理模式的新兴经济形态①”。

秦秋霞等（2022）提出数字化赋能乡村产业振兴是指以物联网、大数据、人工智能、区块链等新型数字化基础设施为软硬件基础，以数据化的知识和信息为关键生产要素，以数字技术创新为核心驱动力，以现代互联网信息平台为重要载体，通过数字技术与农业农村发展深度融合，实现乡村生产科学化、治理可视化、生活智能化和服务便捷化，促进乡村产业

---

① 中国信息通信研究院：《中国数字经济发展白皮书（2020 年）》，2020 年，第 1 页。

发展。数字经济对于促进产业转型升级、解决乡村发展困境，实现乡村经济发展具有重要作用。

二　数字化赋能乡村产业振兴难点

（一）农业农村数字人才的结构性短缺

现阶段，乡村普遍存在“空心化”现象，虽有许多农村青年响应国家号召回到农村建设家乡，但乡村的人力资源面临着开发不足的困境，农村青年人口外流数量仍然较大。乡村产业数字化发展处于起步阶段，对于数字人才吸引力不足，导致数字化赋能乡村产业人才短缺（罗千峰等，2022）。薛楠等（2022）指出在当前“大国小农”的国情之下，我国农村中缺乏同时具备高数字素养和优秀生产经营能力的技能型农民，因而我国农业始终无法突破当前瓶颈。农村人口受教育水平低，高技能知识分子普遍外流，制约了乡村数字化人才的培养，乡村现有的信息化专业人才存在缺口，使人才问题成为数字化赋能乡村产业发展的瓶颈。因此，乡村产业数字化发展只能在本土人才外流和难以吸引外来优质数字化人才的夹缝中艰难发展。

（二）数字化赋能长效机制不健全

从产业体系来看，相对于数字化赋能的其他领域，数字化技术与乡村产业两者的融合程度远远不够。与其他行业相比，数字技术在乡村产业领域的应用还比较落后，产业发展不平衡，数字技术应用不足等问题比较突出，使得数字化赋能对乡村产业拓展的效益无法完全发挥（罗千峰等，2022）。在当前的乡村产业中，作为主体产业的农业在生产过程中具有复杂性和不定性特点，因而数据采集、管理、运营都面临较大的难度，使得数字化赋能乡村农业的长效机制未得到完善。

（三）乡村数据孤岛现象、数字鸿沟差异突出

据中国互联网络信息中心最新公布的《第 49 次中国互联网络发展状况统计报告》，截至 2021 年 12 月，我国网民规模达 10.32 亿，城镇网民规模为 7.48 亿人，城镇地区互联网普及率达到 81.3%，占网民整体的 72.5%；农村网民规模已达 2.84 亿，农村地区互联网普及率为 57.6%，占网民整体的 27.5%。网民规模的占比差距远远超过了城镇与农村人口

的占比差距①。另外，农村信息化基础设施建设还比较落后，农村信息资源的整合共享机制还处在构建起步阶段，导致当前乡村地区的大数据采集分析能力较弱。

由此可见，乡村数字化受众及基础设施各方面远远落后城镇，巨大的数字鸿沟不仅制约乡村产业数字化进程，也增加了产业经济运行负担（陈琳琳等，2022）。

三 数字化赋能乡村产业振兴路径

数字经济背景下，农业产业集群的升级发展是实现乡村振兴的关键。已有研究表明，数字化技术已经逐渐向农村经济、社会等方面渗透、融合，成为激发农业农村发展活力，推进乡村产业振兴发展的重要手段（隋映辉，2018）。

（一）产业数字化

产业数字化，即借助数字技术对农业的产销管理全过程进行赋能重塑，开发乡村经济的新业态。张在一和毛学峰（2020）指出“互联网+”赋能农业的过程涉及产前、产中、产后三个环节的方方面面，当数据精确性和信息可获取性得到提高，信息收集成本降低，让数字技术贯穿整个产业过程，有助于农业从工业化模式向服务化发展方式转变。秦秋霞等（2022）提出数字化赋能乡村产业，应当充分利用数字技术，进行资源整合、信息共享和要素互联，以实现乡村农业生产、经营、服务数字化，突破当前农业发展面临的困境，激发乡村生产力。研发适用于农村产业的数字化技术，借助数字化信息优势来提升乡村产业竞争力。

（二）构建产业平台

Cusumano 和 Gawer（2003）认为产业平台是能够为其他企业提供互补服务、技术并提升创收能力的基础。产业平台的核心是通过赋能，吸引对象参与，从而实现互利共赢的目的。“赋能”是产业平台与传统交易平台的关键区别，通过数字化平台构建乡村产业平台，在保留传统交易平台销量基础的同时，能够帮助乡村产业提升运营水平，大大缩减生产成本

① 中国互联网络信息中心：《第 49 次中国互联网络发展状况统计报告》，2022 年，第 17—20 页。

(薛楠等，2022)。通过建立线上信息平台，产业链中各主体如农户、批发商、经销商等连接起来，使得在售农产品的相关市场信息能够迅速、准确地传递到各节点，增加了农产品供给的透明度，实现农产品的精准化供应，有效提高交易效率（张在一、毛学峰，2020）。

（三）乡村产业品牌建设

数字经济时代，互联网的扁平化在很大程度上降低了市场的准入门槛。在众多同类产品的交易市场中，品牌作为区分产品优劣的标志，能够让产品在激烈竞争中脱颖而出。农产品拥有品牌，才能大大提升其在市场的关注度与认可度。因此，如何提高品牌推广效果，是推动农业产业发展，实现跨越式发展的关键所在。互联网能够借助其营销优势为农产品减少传播成本及品牌建立成本，帮助其激发产业活力（张在一、毛学峰，2020）。

（四）乡村产业多元化发展

王瑞峰和李爽（2022）指出数字化技术与“三农”深度融合，催生新业态、新模式，能够助推乡村产业多元化发展，催生出如休闲农业、创意农业、乡村旅游、农村电商等新型乡村产业，拓展潜在市场。杨江华和刘亚辉（2022）提出利用数字化技术延伸农业产业链条，推进农村三产融合发展，进而实现价值链的全方位升级，不断激活乡村产业新业态。数字化是农业经济发展的加速器，充分利用数字化赋能带来的规模效应和资源集聚效应，推动乡村相关产业链融合与优化，实现产业多元化发展。

第三章

我国乡村产业振兴政策框架与演化脉络

第一节　乡村产业振兴政策范畴

一　乡村产业振兴政策内涵

乡村产业振兴政策是政府制定的用以指导和规范乡村产业振兴的政策。结合对乡村产业振兴的界定，著者认为，乡村产业振兴政策是指为了引导和促进农民、农民合作社、企业、政府在“因地制宜、突出特色、市场导向、政府支持，融合发展、联农带农、绿色引领、创新驱动”的原则指导下，以农业供给侧结构性改革为主线，实现乡村产业体系健全完备，绿色发展模式更加成熟，乡村就业结构更加优化，农民增收渠道持续拓宽，产业扶贫作用进一步凸显而制定颁布的一系列法律法规、行政命令、部门规章、会议决议、计划规划和策略方案的总和。从总体上说，乡村产业振兴政策是政府引导和促进乡村产业振兴实践发展的总行动准则与遵循，对于促进乡村产业振兴实践的发展进步具有十分重要的意义。

二　乡村产业振兴政策形态

从上述乡村产业振兴政策的界定可以发现，乡村产业振兴政策涉及领域较为广泛，作用对象众多，表现形式多样。结合我国乡村产业振兴政策实施情况，我们可以将乡村产业振兴政策的形态归为下述几个方面。

（一）乡村产业振兴法律法规

法律法规是指中华人民共和国现行有效的法律、行政法规等规范性文件，针对乡村产业振兴，我国目前已颁布《中华人民共和国乡村振兴促进法》，通过立法为全面实施乡村振兴战略提供法律依据，同时促进产业全面升级、乡村全面进步、农民全面发展，对加快农业农村现代化，全面建设社会主义现代化国家有极其重要的作用。

（二）乡村产业振兴部门规章

部门规章是国务院所属的各部、委员会根据法律和行政法规制定的规范性文件。乡村产业振兴相关部门规章主要由农业农村部、林业部、国家科学技术委员会等部门制定，如国家农委《关于积极发展农村多种经营的报告》、农业农村部关于印发《“十一五”时期全国农业信息体系建设规划》的通知等。这些部门规章引导了乡村产业振兴政策主客体的正常活动，为实现乡村产业振兴起到了规范作用。

（三）乡村产业振兴战略规划

战略规划是指对重大的、全局性的、基本的、未来的目标、方针、任务的谋划。乡村产业振兴战略规划具体可指国家制定的乡村振兴战略，这是一个具有总体性、全局性、纲领性文件，为实现乡村产业振兴这一目标提供了宏观方向，为实现总体问题提供解决方案，旨在解决好“三农”发展过程中各种目标之间的联系与协调。

（四）乡村产业振兴其他政策

在以上三大类乡村产业振兴政策以外，还存在大量由中共中央、国务院等政府机关发布的各类形式文件，如中共中央办公厅和国务院办公厅印发的《数字乡村发展战略纲要》、国务院《关于促进乡村产业振兴的指导意见》等，由于这些文件均对乡村产业振兴实践具有指导和规范意义，本书将此类文件均纳入乡村产业振兴政策体系的范畴之内。这类政策在颁布部门、主要内容、规范措施等方面均存在差异，因此具有一定的互补性。

第二节　我国乡村产业振兴政策演进历程

我国乡村产业振兴政策地演变是连续且不断升级的。本书根据我国乡村产业发展过程及国家重大发展战略，将乡村产业振兴政策大致分为五个阶段，如图 3－1 所示。

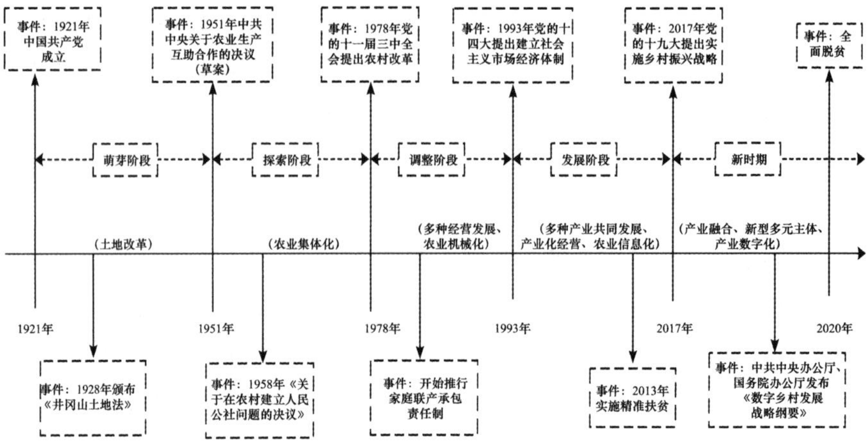

图3-1　乡村产业振兴政策演进历程

一　萌芽阶段（1921—1950年）：建党后以土地改革为主的乡村产业振兴

1921年，中共第一次全国代表大会讨论并通过《中国共产党纲领》，宣告了中国共产党正式成立，《纲领》重点提出没收土地归社会公有的主张，体现了党在农业革命问题上对土地的重视。1925年，《中国共产党告农民书》明确提出，解除农民困苦的根本办法是实行“耕地农有”，将所有的耕地归农民所有，保障农业发展。1927年，中共“八七会议”在革命紧急关头及时向党和全国人民指明了土地改革作为正确方向。1928年，在中国共产党创建的第一个农村革命根据地，毛泽东同志在总结土地革命经验基础上，主持制定了第一个土地法——《井冈山土地法》，规定没收一切土地归政府所有，均分给劳动者并强制劳动（除老幼疾病没有耕种能力，或服公务者外），禁止土地交易。1931年，中共苏区中央局发出《土地问题与反富农策略》的通告，进一步深化土地改革思想，形成依靠贫农、雇农，联合中农，限制富农，变封建土地所有制为农民土地所有制的土地革命基本路线。抗日战争时期，1937年，中国共产党为了促成抗日民族统一战线的建立，在洛川会议通过《抗日救国十大纲领》，决定以“减租减息”作为解决农民土地问题的基本政策。抗日战争结束后，1947年中共中央工作委员会制定《中国土地法大纲》，要求在解放区深入开展土地制度改革运动，没收地主土地分配给农民，充分调动农民的生产积极性。1949 年，中华人民共和国成立，农民迎来解放，乡村产业发展进入新的历史时期。1950 年，《中华人民共和国土地改革法》正式公布施行，至 1952 年底，土地改革在中国大陆基本完成，极大地解放了农村生产力，提高了农民生产积极性，促进了乡村产业的发展。

在这一阶段，中国共产党聚焦土地改革提出多项政策，如表 3－1 所示。这些政策调动了农民生产积极性，促进了农业生产，并为实现农业集体化创造了有利条件。

表 3－1 1921—1950 年中国主要乡村产业振兴政策文件及主要内容

颁发时间（年）	政策名称	文件主要内容	制定部门
1921	《中国共产党纲领》	消灭资本家私有制，没收机器、土地、厂房和半成品等生产资料，归社会公有	中国共产党
1925	《中国共产党告农民书》	解除农民的困苦，根本是要实行“耕地农有”的办法，就是谁耕种的田地归谁自己所有，不向地主缴纳租课	中国共产党
1928	《井冈山土地法》	没收一切土地归苏维埃政府所有，禁止一切土地买卖	中国共产党
1931	《土地问题与反富农策略》	必须使广大农民在革命中取得了他们唯一热望的土地所有权，才能加强他们对土地革命和全国苏维埃胜利的热烈情绪，才能使土地革命更加深入	中共苏区中央局
1937	《抗日救国十大纲领》	改良人民生活、废除苛捐什税、减租减息、调节粮食、赈济灾荒	中国共产党
1950	《中华人民共和国土地改革法》	废除封建性及半封建性剥削的土地制度，实行耕者有其田的土地制度	中央人民政府委员会

资料来源：作者整理。

二 探索阶段（1951—1977 年）：中华人民共和国成立初期以农业集体化为主的乡村产业振兴

随着土地改革顺利进行，农村贫富差距也逐渐扩大，共同富裕的社会主义道路这一党的一贯主张受到冲击。为妥善应对这一问题，我国推动农业集体化，通过引导农民从私人生产向集体生产转变，以提高农业产值。1951 年，中共中央制定了《关于农业生产互助合作的决议（草案）》，开始推动农民互助合作发展。1953 年，该决议由中共中央正式通过，提出在互助运动发展程度不同的地区推广三种不同形式的农业生产合作组织，包括试办初级形式的农业合作社，开始明确走社会主义集体化道路。同年，中共中央发布《对各大区缩减农业增产和互助合作发展的五年计划数字的指示》，总结了当时农民互助合作具体情况，要求各地进一步推进农业合作化。1955 年，中国共产党第七届中央委员会第六次全体会议（扩大）通过《关于农业合作化问题的决议》，再次肯定了农业合作化的积极作用，要求到 1958 年春在全国大多数地方基本上普及初级农业生产合作，实现半社会主义集体化。此后，农业合作化运动急速发展，仅 3 个月左右的时间在全国基本实现了农业合作化，在全国范围内建立起了农业初级和高级合作社。

1958 年，中共中央《关于在农村建立人民公社的决议》，决定把各地成立不久的高级农业生产合作社，普遍升级为大规模的、政社合一的人民公社，不到半年，全国 74 万个农业生产合作社合并成 2.6 万多个人民公社，全国农村基本上实现了人民公社化。过快的集体化运动带来的问题不断显现，全国农林牧渔业总产值连续两年下降，如图 3－2 所示，为此，中共中央开始纠正人民公社化运动中的错误。1960 年，中央发出《关于农村人民公社当前政策问题的紧急指示信》，提出十二条具体政策，以纠正错误。1962 年，中国共产党第八届中央委员会第十次全体会议通过《农村人民公社工作条例》，提出农民公社实行各尽所能、按劳分配、多劳多得、不劳动者不得食的原则，推动人民公社这一在高级农业生产合作社的基础上联合组成政社合一组织向好发展。

在这一阶段，科学技术的进步为乡村产业发展提供了巨大推力，相关政策也给予了巨大支持。1959 年，毛泽东同志就农业发展问题，在《党内通信》中提出“农业的根本出路在于机械化”。1966 年，第一次全国农业机械化会议在武汉召开，提出在 1980 年基本实现农业机械化。1971 年，国务院《关于加速实现农业机械化问题的报告》中肯定了在农业集体化基础上完成农业机械化，助力实现农业现代化。1977 年，中共中央转发国务院《关于一九八〇年基本上实现农业机械化的报告》，中央在通

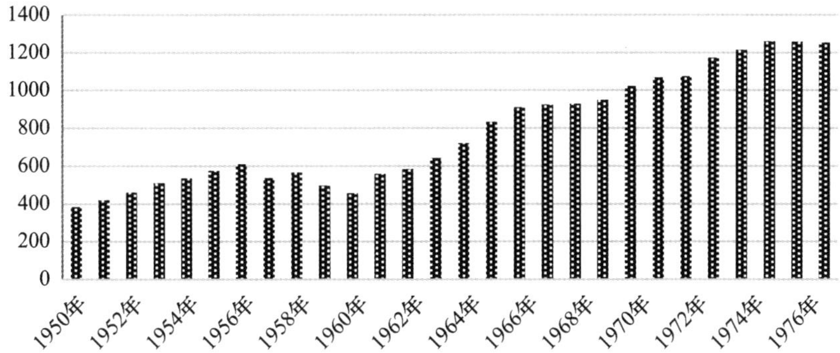

图3－2 1950—1977年全国农林牧渔业总产值（亿元）

资料来源：国家统计局。

知中指出，国务院和各省、市、自治区要迅速把农业机械化领导小组建立健全起来，进一步修订和落实农业机械化规划，保证在1980年基本上实现农业机械化。

在这一时期，农业集体化是我国乡村政策的主要方向及特点，如表3－2所示，国家出台一系列政策鼓励农村从私人生产向集体生产转变，大力推进农业合作化，全国农村均成立了人民公社，并且重视科技成果在农业上的转化，这为我国乡村管理及农业集体化事业发展提供丰富的经验。

表3－2 1951—1977年中国主要乡村产业振兴政策文件及主要内容

颁发时间（年）	政策名称	文件主要内容	制定部门
1951	《关于农业生产互助合作的决议（草案）》	根据生产发展的需要和可能，按照积极发展、稳步前进的方针和自愿互利的原则，采取典型示范、逐步推广的方法，引导个体农民沿着互助合作的道路前进	中共中央
1953	《对各大区缩减农业增产和互助合作发展的五年计划数字的指示》	农业增产主要靠农民群众积极性与互助合作，靠兴修水利与若干新式农具和初步的技术改良	中共中央
1955	《关于农业合作化问题的决议》	农村的出路只有多数人联合起来，采取共同劳动、集体经营的方式	中共中央

续表

颁发时间（年）	政策名称	文件主要内容	制定部门
1956	《关于对私营工商业、手工业、私营运输业社会主义改造中若干问题的指示》	私营工商业、手工业、私营运输业由资本主义的、个体的生产经营制度转变为公私合营的、合作化的生产经营制度	国务院
1958	《关于在农村建立人民公社问题的决议》	要求全国各地尽快地将小社并大社，转为人民公社	中共中央
1960	《关于农村人民公社当前政策问题的紧急指示信》	人民公社实行三级所有，队为基础；允许社员经营少量的自留地和家庭副业；从各方面节约劳动力，加强农业生产第一线	中共中央
1962	《农村人民公社工作条例》	尽可能地从各方面支援人民公社集体经济，发展农业生产，逐步进行农业技术改革，用几个五年计划的时间，在农业集体化的基础上，实现农业的机械化和电气化	中共中央
1966	《关于逐步实现农业机械化的设想》	努力在五年、七年、十年的时间内，在全省基本上实现农业机械化和部分的化学化、电力化	湖北省委
1971	《关于加速实现农业机械化问题的报告》	在农业集体化的基础上实现农业机械化	国务院
1977	《关于一九八〇年基本上实现农业机械化的报告》	办好“五小”工业，以贫下中农为主体，建设一支又红又专的农业机械化队伍	国务院

资料来源：作者整理。

三 调整阶段（1978—1992 年）：改革开放初期以农业发展为主的乡村产业振兴

1978 年，十一届三中全会作出了实行改革开放的历史性决策，启动了农村改革的新进程。大会提出，要提高全国人民生活水平，必须发展农业这一国民经济基础。1979 年召开的中共十一届四中全会指出我国进入了实现社会主义现代化的全新历史时期，且首要任务是尽快发展落后的农业，逐步实现农业现代化，在此次大会上，中共中央作出了《关于加快农业发展若干问题的决定》。作为改革开放以来第一项发展农业的政策，该决定明确要坚持以农业为基础，贯彻执行“农林牧副渔同时并举”“以粮为纲，全面发展，因地制宜，适当集中”的方针，这奠定了党中央在改革开放初期重点发展乡村第一产业，同时要均衡其他产业的发展。1981 年《关于积极发展农村多种经营的报告》、1982 年《全国农村工作会议纪要》、1983 年《关于当前农村经济政策的若干问题》均强调要重点发展农业，同时因地制宜地发展农、林、牧、副、渔等各业，并且要保持农业与工业的平衡。1984 年中共中央发布《关于一九八四年农村工作的通知》，提出在保持重点发展农业的基础上开始有所转变，提出抓生产还需抓流通，不否定农民将精力投入加工业、服务业等第二、第三产业中。自此，我国开始重视乡村第二、第三产业的发展。我国第七个五年计划（1986—1990 年）提出，要立足于农业、重点发展农产品加工业以及农产品的储藏、包装、运输、供销等产前产后服务业。《把农村改革引向深入》提出要扩大农产品加工市场。国务院发布《关于发展高产优质高效农业的决定》，明确鼓励农民有组织地参与流通，加快发展农村第三产业。

为实现以农业为基础的多种经营发展，我国政策鼓励的经营主体也在不断变化。以农民为主体的人民公社、生产大队等集体在 1979 年属于被政策关注的对象，《关于加快农业发展若干问题的决定》提出在组织内要按劳按质分配，坚决纠正平均主义。1980 年，中共中央印发《关于进一步加强和完善农业生产责任制的几个问题》的通知，肯定了集体化的方向，但也明确了人民公社存在不足，首次肯定了以土地公有为基础，在生产队领导下实行的“包产到户、包干到户”制度，让农民以家庭为单位发展生产，解决温饱。1986 年中共中央、国务院发布《关于一九八六年农村工作的部署》，认可乡镇企业发展带来的巨大收益，制定政策鼓励农民参与到乡镇企业经营中，还提出了个体经营在一定的限度内是被鼓励的，打破了过往对个体经营的偏见。1988 年国家工商行政管理局、农业部发布《关于做好农村个体工商户、个人合伙和私营企业管理工作几个问题的通知》，明确个体经营以及企业经营的积极作用，同时制定了相关政策进行规范。《中华人民共和国国民经济和社会发展十年规划和第八个五年计划纲要》中鼓励健全集体和农民个体统分结合的双层经营体制，把集体统一经营和个体分散经营结合起来，宜统则统，宜分则分，统分结合。

此外，发展科学技术促进乡村产业现代化发展也是政策重点。农业机械部发布的《关于全国农机工作会议的报告》提出要因地制宜，积极开展农业机械化，助力实现农业现代化。1987 年农牧渔业部、财政部首次针对乡村产业提出“丰收计划”，推进农牧渔业现有的科研成果及先进技术运用到生产中，实现高产、优质、低耗、高效。国务院发布的《关于依靠科技进步振兴农业加强农业科技成果推广工作的决定》，国家教育委员会、国家科学技术委员会、农业部、林业部发布的《关于进一步组织高等学校科技力量为振兴农业作贡献的决定》等相关政策文件，具体阐述了科技对产业发展的贡献，为推动乡村产业现代化营造了良好政策环境。

在这一时期，我国制定了一系列以农业发展为主的乡村产业振兴政策，如表 3 - 3 所示。这些政策体现了改革开放初期我国从专注于农业发展到关注乡村全产业发展的演化，鼓励产业经营主体从公有集体逐渐转向以公有集体为主、乡镇企业为辅的多种经营主体并存的转变。这些变化为我国乡村产业振兴政策的后续发展打好了坚实的地基。

表 3 - 3　1978—1992 年中国主要乡村产业振兴政策文件及主要内容

颁发时间（年）	政策名称	文件主要内容	制定部门
1978	《中国共产党第十一届中央委员会第三次全体会议公报》	讨论了农业问题，认为农业这个国民经济的基础就整体来说还十分薄弱，只有大力恢复和加快发展农业生产，才能提高全国人民的生活水平	中共中央
1979	《关于加快农业发展若干问题的决定》	坚持以农业为基础，保持农业与工业的平衡。集中力量抓好农业技术改造，发展农业生产力。贯彻执行“农林牧副渔同时并举”“以粮为纲，全面发展，因地制宜，适当集中”的方针。积极地有计划地开展农业机械化的工作，农业机械化必须服从生产的需要，从实际情况出发。农业区域化、专业化生产，宜农则农，或者以一业为主，搞好多种经营，根据经济合理的原则，努力建设现代化的农畜产品加工工业	中共中央

续表

颁发时间（年）	政策名称	文件主要内容	制定部门
1980	《关于进一步加强和完善农业生产责任制的几个问题》	进一步加强和完善农业生产责任制，在采取因地制宜、分类指导的方针指导下，各地农民群众创造了多种多样的责任制形式，使建立和健全农业生产责任制的工作进入了新的发展时期	中共中央
1980	《关于全国农机工作会议的报告》	农业机械化的问题，应当想得宽一点，不仅要想到粮食生产，还要想到如何装备农、林、牧、副、渔各业和社队企业，要真正从生产的需要出发，因地制宜，分别轻重缓急，讲求经济效果	农业机械部
1981	《关于积极发展农村多种经营的报告》	农业同林业、牧业、渔业和其他副业，粮食生产同经济作物生产，彼此既有相互制约的一面，又有相互依赖、相互促进的一面。只要保持合理的生产结构，建立良好的大农业生态体系，就能取得综合发展的效果	国家农委
1982	《全国农村工作会议纪要》	因地制宜制定全面发展农、林、牧、副、渔、工、商的规划，有计划地作好劳动力的安排，并选择相应的生产责任制形式。按农、林、牧、副、渔全面发展的要求建立合理的生产结构，获得综合经济效益，并增加农业经济的内部积累	中共中央
1983	《当前农村经济政策的若干问题》	发展小型、多用、质优、价廉的农业机械要坚持计划经济为主，市场调节为辅的方针，逐步增加对农业的投资，发动群众造林、护林，绿化祖国，增加植被，建设生态屏障	中共中央

续表

颁发时间（年）	政策名称	文件主要内容	制定部门
1984	《关于一九八四年农村工作的通知》	继续稳定和完善联产承包责任制，帮助农民在家庭经营的基础上扩大生产规模，提高经济效益。加强社会服务，促进农村商品生产的发展，抓生产必须抓流通	中共中央
1986	《关于一九八六年农村工作的部署》	坚定不移地把发展国民经济以农业为基础作为一个长期的战略方针。个体经济是社会主义经济的必要补充，允许其存在和发展	中共中央、国务院
1987	《把农村改革引向深入》	深入农村改革，改革统购派购制度，扩大农产品市场；搞活农村金融，开拓生产要素市场；完善分散经营和统一经营相结合的双层经营体制，稳定家庭联产承包制；发展多种形式的经济联合；对农村各类自营专业户、个体经营者实行长期稳定的方针；调整产业结构，促进农业劳动力的转移	中共中央
1987	《关于当前农业机械化问题的报告》	为增强农业后劲，加强农业的物质技术基础，保障农业生产持续稳定增长，必须采取生物措施与工程措施相结合，进一步发展农业机械化	农牧渔业部、国家机械委、水利电力部、林业部
1988	《关于做好农村个体工商户、个人合伙和私营企业管理工作几个问题的通知》	农村个体工商户、个人合伙、私营企业以及乡镇集体企业在调整农村产业结构、安置剩余劳动力、积累资金、实现农民脱贫致富方面，发挥了积极的作用	国家工商行政管理局、农业部
1991	《关于进一步组织高等学校科技力量为振兴农业作贡献的决定》	农业现代化要依靠农业系统的生产、科技、教育等各个部门和各类人员的努力奋斗。高等学校要根据各自特点将科技兴农工作落到实处	国家教育委员会、国家科学技术委员会、农业部、林业部

续表

颁发时间（年）	政策名称	文件主要内容	制定部门
1991	《中华人民共和国国民经济和社会发展十年规划和第八个五年计划纲要》	进一步发展林业、畜牧业、水产业。继续引导和促进农村乡镇企业健康发展，全面振兴农村经济。大力抓好科技、教育兴农，逐步把农业生产体系转移到先进技术基础上来	全国人民代表大会
1992	《关于发展高产优质高效农业的决定》	农业在国民经济中基础地位需继续加强，要进一步把农产品推向市场，继续调整和不断优化农业生产结构，鼓励农民有组织地参与流通，加快发展农村第三产业，依靠科技进步发展高产优质高效农业	国务院

资料来源：作者整理。

四　发展阶段（1993—2016 年）：社会主义市场经济体制下以乡村产业共同发展为主的乡村产业振兴

中共十四大提出建立社会主义市场经济体制，中国经济体制开始逐步转型，市场机制成为主要模式。与此相适应，乡村产业的发展也逐渐向市场化配置的方向转变。这一时期，乡村产业相关政策对农业的关注不减，如表 3 -4 所示。1993 年中共中央发布《关于建立社会主义市场经济体制若干问题的决定》，提出要实现基本农产品稳定增长的前提下，加快乡镇企业和其他非农产业的发展。中共中央、国务院发布《关于做好二〇〇〇年农业和农村工作的意见》，明确要保证粮食生产数量、着力提升农产品质量。对农产品加工、销售等第二、第三产业的关注不断提升，各产业协同发展初见雏形。1994 年《国家八七扶贫攻坚计划》提出要兴办贸工农一体化、产加销一条龙的扶贫经济实体。2002 年国务院办公厅印发《关于促进农产品加工业发展的意见》，鼓励农产品加工企业发展产业化经营，支持农产品加工骨干企业实行优质农产品基地建设、科研开发、生产加工、营销服务一体化经营。多元乡村产业不断涌现，2006 年中共中央、国务院发布《关于积极发展现代农业扎实推进社会主义新农村建设的若干意见》，提出发展乡村物流产业，以适应现代农业要求。2014年中共中央办公厅、国务院办公厅印发《关于创新机制扎实推进农村扶贫开发工作的意见》，围绕“美丽乡村”建设，依托贫困地区优势旅游资源，发挥精品景区的辐射作用，扩展发展休闲农业、乡村旅游产业。同时，中央及各部门也针对乡村各产业发展提出了具体政策，为中国乡村产业发展营造了良好的政策环境。

政策鼓励的经营主体也随之不断扩展。1996年“九五”计划明确要推进农业产业化发展，发展贸工农一体化经营。中共中央、国务院发布的《关于一九九七年农业和农村工作的意见》提出要培育能进行农产品深度加工，为农民提供系列化服务和带动千家万户发展商品生产的龙头企业，以龙头企业带动贸工农一体化。国家体改委、林业部等部门关于印发《全国农业产业化综合改革试点指导意见》的通知也提到要培育和扶持“龙头”企业。鼓励和引导国有农业企业、农村集体经济组织和实体、各类不同所有制形式的工商企业担当“龙头”企业角色。2006年，中共中央、国务院《关于积极发展现代农业扎实推进社会主义新农村建设的若干意见》针对适应现代农业发展要求，提出要积极发展种养专业大户、农民专业合作组织、龙头企业和集体经济组织等各类经营主体。2012年中共中央、国务院发布《关于加快发展现代农业进一步增强农村发展活力的若干意见》，提出要创建农业产业化示范基地，促进龙头企业集群发展，同时发展多种形式的新型农民合作组织。

科技支撑依然是乡村产业振兴政策关注的重点，而信息化更是为乡村产业带来跨越式发展的不竭动力。2001年农业部提出《“十五”农村市场信息服务行动计划》，充分肯定了农业信息化带来的巨大发展，计划建立起覆盖全国省、市、县、大多数乡镇以及有条件的农业产业化龙头企业、农产品批发市场、中介组织和经营大户的农村市场信息服务网络，进一步扩大农业信息化。2006年，农业部关于印发《“十一五”时期全国农业信息体系建设规划》，进一步深化了农业信息化的意义，强调农业信息化是建设现代农业、引导产业结构调整、增加农民收入的一项重要举措，是促进农业和农村经济可持续发展、建设社会主义新农村的必然要求。2014年中共中央、国务院印发《关于全面深化农村改革加快推进农业现代化的若干意见》，提出信息化不仅有利于农业生产，还有利于农产品的精深加工，更有利于通过电商加速农产品流通，对乡村全产业均能带来巨大的收益。

综上所述，在这一时期，中国乡村产业发展已经进入乡村全产业蓬勃、协同发展时期。乡村产业的经营实现了社会主义市场化，政策鼓励以龙头企业、农民合作社为主的经营主体进入市场交易，激发了乡村产业发展活力。产业发展科技支撑政策由工业化、技术化向信息化过渡，使科技发展带来的收益不局限于乡村第一产业。

表3-4 1993—2016年中国主要乡村产业振兴政策文件及主要内容

颁发时间（年）	政策名称	文件主要内容	制定部门
1993	《关于建立社会主义市场经济体制若干问题的决定》	加快乡镇企业和其他非农产业的发展，要促进农业专业化、商品化、社会化	中共中央
1994	《国家八七扶贫攻坚计划》	依托资源优势，按照市场需求，开发有竞争力的名特稀优产品。坚持兴办贸工农一体化、产加销一条龙的扶贫经济实体。在发展公有制经济的同时，放手发展个体经济、私营经济和股份合作制经济	国务院
1996	《关于“九五”时期和今年农村工作的主要任务和政策措施》	积极发展多种经营和乡镇企业，促进农村经济的全面繁荣。推进农业产业化，发展贸工农一体化经营。实施科教兴农战略，转变增长方式，促进农业走高产、优质、低耗、高效的发展道路	中共中央、国务院
1997	《关于一九九七年农业和农村工作的意见》	继续加强农业的基础地位，发展农业产业化经营，培育龙头企业。加强科技推广，提高农业综合生产能力	中共中央、国务院
1998	《全国农业产业化综合改革试点指导意见》	大力发展贸工农一体化经营，积极推进农业产业化。培育和扶持“龙头”企业。鼓励和引导国有农业企业、农村集体经济组织和实体、各类不同所有制形式的工商企业担当“龙头”企业角色	国家体改委、林业部等部门

续表

颁发时间（年）	政策名称	文件主要内容	制定部门
2001	《“十五”农村市场信息服务行动计划》	建立起覆盖全国省、市、县、大多数乡镇以及有条件的农业产业化龙头企业、农产品批发市场、中介组织和经营大户的农村市场信息服务网络；进一步发挥各级新闻媒体、农业社会化服务组织和农业广播电视学校的作用，加大农村市场信息的传播力度	农业部
2002	《关于促进农产品加工业发展的意见》	鼓励农产品加工企业发展产业化经营，与农民建立稳定的合同关系和利益联结机制，形成真正的利益共同体。支持农产品加工骨干企业实行优质农产品基地建设、科研开发、生产加工、营销服务一体化经营。支持科技成果转化和推广先进适用的农产品加工技术	国务院办公厅
2006	《关于积极发展现代农业扎实推进社会主义新农村建设的若干意见》	立足当地自然和人文优势，培育特色主导产品。发展适应现代农业要求的物流产业。积极发展种养专业大户、农民专业合作组织、龙头企业和集体经济组织等各类适应现代农业发展要求的经营主体	中共中央、国务院
2006	《“十一五”时期全国农业信息体系建设规划》	建立并完善农业和农村经济监测预警、市场监管、市场与科技信息服务三大信息应用系统。建设国家和省级农业数据中心，调整布设信息采集监测点，完善共享机制，提高农业信息资源开发利用水平	农业部
2012	《关于加快发展现代农业进一步增强农村发展活力的若干意见》	强化农业物质技术装备，提高农产品流通效率，完善农产品市场调控，发展多种形式的新型农民合作组织，培育壮大龙头企业，培育发展多元服务主体	中共中央、国务院

续表

颁发时间（年）	政策名称	文件主要内容	制定部门
2014	《关于创新机制扎实推进农村扶贫开发工作的意见》	支持贫困地区产业发展。鼓励龙头企业带动，农民参与，推进科技特派员行动，推动科技应用，发展特色产业。发展休闲农业、乡村旅游产业，围绕美丽乡村建设，依托贫困地区优势旅游资源，发挥精品景区的辐射作用，带动农户脱贫致富	中共中央办公厅、国务院办公厅
2014	《关于全面深化农村改革加快推进农业现代化的若干意见》	构建新型农业经营体系，发展多种形式规模经营，扶持发展新型农业经营主体	中共中央、国务院
2016	《全国农业现代化规划（2016—2020年）》	到2020年，全国农业现代化取得明显进展，国家粮食安全得到有效保障，农产品供给体系质量和效率显著提高，农业国际竞争力进一步增强，农民生活达到全面小康水平，美丽宜居乡村建设迈上新台阶。粮经饲统筹、农林牧渔结合、种养加一体、三产融合的现代农业产业体系基本构建	国务院

资料来源：作者整理。

五　新时期（2017年至今）：以数字技术促进三产融合为主的乡村产业振兴

面对世界经济复苏乏力、局部冲突和动荡频发、全球性问题加剧的外部环境，中国特色社会主义进入新时代，如何在全面建成小康社会决胜阶段，解决好“三农”问题成为关键课题。2017年以来我国出台了乡村产业振兴系列政策，如表3－5所示。

2017年，党的十九大报告明确指出，实施乡村振兴战略，着力解决“三农”问题。报告中强调以产业兴旺作为要求，构建现代农业产业体系、生产体系、经营体系，完善农业支持保护制度，发展多种形式适度规模经营，培育新型农业经营主体，健全农业社会化服务体系，实现小农户和现代农业发展有机衔接。促进农村第一、第二、第三产业融合发展，支持和鼓励农民就业创业，拓宽增收渠道。乡村振兴战略的目标重点是解决农业农村农民这一关系国计民生的根本性问题，目前我国发展不平衡不充分问题在乡村最为突出。而实现乡村振兴的前提、基础是实现产业振兴。

新形势下，我国乡村产业振兴政策也进一步完善。2019 年，国务院发布《关于促进乡村产业振兴的指导意见》，提出围绕农村第一、第二、第三产业融合发展，充分挖掘乡村多种功能和价值，聚焦重点产业，聚集资源要素，强化创新引领，突出集群成链，延长产业链、提升价值链，培育发展新动能，加快构建现代农业产业体系、生产体系和经营体系，推动形成城乡融合发展格局，为农业农村现代化奠定坚实基础。并提出力争用 5—10 年时间，农村第一、第二、第三产业融合发展增加值占县域生产总值的比重实现较大幅度提高，乡村产业振兴取得重要进展。乡村产业体系健全完备，农业供给侧结构性改革成效明显，绿色发展模式更加成熟，乡村就业结构更加优化，农民增收渠道持续拓宽，产业扶贫作用进一步凸显。该《意见》首次明确提出衡量产业振兴的标准，并为我国乡村产业振兴指明了具体道路和方向。2019 年 5 月，中共中央办公厅、国务院办公厅发布《数字乡村发展战略纲要》，纲要提出新一代技术为全球经济和产业形态带来了巨大的变革，要加快乡村产业数字化进程，进一步解放和发展数字化生产力，建设数字乡村。

2020 年，中共中央、国务院发布《关于抓好“三农”领域重点工作确保如期实现全面小康的意见》，提出要重点培育新型农业经营主体，培育农业产业化联合体，通过订单农业等方式，将小农户融入农业产业链，分享产业链收益。加强农业关键核心技术攻关，部署一批重大科技项目，抢占科技制高点。加强农业生物技术研发，大力实施种业自主创新工程。

2021 年，中共中央、国务院发布《关于全面推进乡村振兴加快农业农村现代化的意见》，明确了要提高农产品质量和食品安全水平，实现农民收入增长继续快于城镇居民，持续巩固脱贫攻坚成果。推进农村第一、第二、第三产业融合，在各地打造各具特色的乡村全产业链，健全农民分享产业化增值机制。发展新型经营主体，培育龙头企业标准化生产。实施数字乡村建设发展工程，加强乡村数字化建设。这进一步充实了乡村产业振兴政策体系的内容。

新时期乡村产业振兴政策，将促进三产融合、新型经营主体构建摆在更加突出的位置，同时特别强调数字化技术对乡村产业振兴的重要作用。在这一阶段，我国出台了第一部以乡村振兴命名的法律——《中华人民共和国乡村振兴促进法》，明确提出增强农村集体所有制经济发展活力，促进集体资产保值增值，确保农民受益。推进农业结构调整，发展优势特色产业，保障粮食和重要农产品有效供给和质量安全。

表3－5　　2017年以来中国主要乡村产业振兴政策文件及主要内容

颁发时间（年）	政策名称	文件主要内容	制定部门
2017	《决胜全面建成小康社会　夺取新时代中国特色社会主义伟大胜利》	构建现代农业产业体系、生产体系、经营体系，完善农业支持保护制度，发展多种形式适度规模经营，培育新型农业经营主体，健全农业社会化服务体系，实现小农户和现代农业发展有机衔接。促进农村第一、第二、第三产业融合发展，支持和鼓励农民就业创业，拓宽增收渠道	中共中央
2018	《关于实施乡村振兴战略的意见》	深入实施藏粮于地、藏粮于技战略，夯实农业生产能力基础。制定和实施国家质量兴农战略规划。大力开发农业多种功能，延长产业链、提升价值链、完善利益链，构建农村第一、第二、第三产业融合发展体系。优化资源配置，着力节本增效，构建农业对外开放新格局。统筹兼顾培育新型农业经营主体和扶持小农户，采取有针对性的措施，促进小农户和现代农业发展有机衔接	中共中央、国务院

续表

颁发时间（年）	政策名称	文件主要内容	制定部门
2019	《数字乡村发展战略纲要》	数字乡村是伴随网络化、信息化和数字化在农业农村经济社会发展中的应用，以及源自农民现代信息技能的提高而内生的农业农村现代化发展和转型进程	中共中央办公厅、国务院办公厅
2019	《数字农业农村发展规划（2019—2025年）》	建设农业自然资源、重要农业种植资源、农村集体资产、农村宅基地大数据、健全农户和新型农业经营主体大数据。加快种植业信息化、畜牧业智能化、渔业智慧化、种业数字化、新业态多元化。推进管理服务数字化转型。加强国家农业农村大数据中心建设工程、农业农村天空地一体化观测体系建设工程、国家数字农业农村创新工程实施	农业农村部、中央网络安全和信息化委员会办公室
2019	《关于促进乡村产业振兴的指导意见》	突出优势特色，培育壮大乡村产业。科学合理布局，优化乡村产业空间结构。促进产业融合发展，增强乡村产业聚合力。推进质量兴农绿色兴农，增强乡村产业持续增长力。推动创新创业升级，增强乡村产业发展新动能。完善政策措施，优化乡村产业发展环境	国务院
2020	《关于抓好“三农”领域重点工作确保如期实现全面小康的意见》	发展富民乡村产业。支持各地立足资源优势打造各具特色的农业全产业链，建立健全农民分享产业链增值收益机制，形成有竞争力的产业集群，推动农村第一、第二、第三产业融合发展。培育农业产业化联合体，将小农户融入农业产业链。强化全过程农产品质量安全和食品安全监管。引导和鼓励工商资本下乡，切实保护好企业家合法权益。制定农业及相关产业统计分类并加强统计核算，全面准确反映全产业链价值	中共中央、国务院

续表

颁发时间（年）	政策名称	文件主要内容	制定部门
2020	《2020 年数字乡村发展工作要点》	农村信息基础设施建设加快推进，基本实现行政村光纤网络和 4G 普遍覆盖，农村互联网普及率明显提升。农村数字经济快速发展，农业农村数字化转型快速推进，遥感监测、物联网、大数据等信息技术在农业生产经营管理中广泛应用。乡村信息惠民便民不断深化，乡村数字普惠金融覆盖面进一步拓展	中央网信办等四部门
2021	《关于全面推进乡村振兴加快农业农村现代化的意见》	依托乡村特色优势资源，打造农业全产业链，把产业链主体留在县城。加快健全现代农业全产业链标准体系，推动新型农业经营主体按标生产，培育农业龙头企业标准“领跑者”。立足县域布局特色农产品产地初加工和精深加工，建设现代农业产业园、农业产业强镇、优势特色产业集群。开发休闲农业和乡村旅游精品线路，完善配套设施。推进农村第一、第二、第三产业融合发展示范园和科技示范园区建设	中共中央、国务院
2021	《中华人民共和国乡村振兴促进法》	增强农村集体所有制经济发展活力，促进集体资产保值增值，确保农民受益。推进农业结构调整，发展优势特色产业，保障粮食和重要农产品有效供给和质量安全	全国人大常委会
2022	《“十四五”推进农业农村现代化规划》	推进农业全产业链开发。顺应产业发展规律，开发农业多种功能和乡村多元价值，推动农业从种养环节向农产品加工流通等第二、第三产业延伸，健全产业链、打造供应链、提升价值链，提高农业综合效益	国务院

续表

颁发时间（年）	政策名称	文件主要内容	制定部门
2022	《关于做好2022年全面推进乡村振兴重点工作的意见》	持续推进农村第一、第二、第三产业融合发展，推进现代农业产业园和农业产业强镇建设，培育优势特色产业集群。大力发展县域富民产业。支持大中城市疏解产业向县域延伸，引导产业有序梯度转移。加强县域商业体系建设。实施县域商业建设行动，促进农村消费扩容提质升级。促进农民就地就近就业创业。落实各类农民工稳岗就业政策。推进农业农村绿色发展	中共中央、国务院
2022	《2022年数字乡村发展工作要点》	到2022年底，数字乡村建设取得新的更大进展。数字技术有力支撑农业基本盘更加稳固，脱贫攻坚成果进一步夯实。乡村数字基础设施建设持续推进，5G网络实现重点乡镇和部分重点行政村覆盖，农村地区互联网普及率超过60%。乡村数字经济加速发展，农业生产信息化水平稳步提升，农产品电商网络零售额突破4300亿元。乡村数字化治理体系不断完善，信息惠民服务持续深化，农民数字素养与技能有效提升，数字乡村试点建设初见成效	中央网信办、农业农村部、国家发展改革委、工业和信息化部、国家乡村振兴局

资料来源：作者整理。

第三节　我国乡村产业振兴政策变迁脉络

通过对新中国成立以来我国乡村产业振兴政策演进历程的回溯，可以发现，伴随着经济的发展和法治的进步，我国乡村产业振兴政策日益完善。通过对各阶段的政策进行具体分析，发现我国乡村产业振兴政策存在以下三条演化脉络。

一 产业经营主体从单一向新型多元主体演变

伴随着乡村产业发展主体的协同并进，产业经营主体也随之改变。从建党至改革开放初期，农村只有农民合作社、人民公社等公有制集体组织，农民吃“大锅饭”，生产欲望被压抑。随着农村改革开放的深入，产业经营主体也逐渐变得多元化。家庭联产承包责任制度下农民以家庭为单位联产承包，打破了单一的集体主体，实现农民以家庭作为经营主体，向集体经济组织承包土地等生产资料和生产任务，按照合同自主的生产和经营，既发挥集体的优越性，又发挥了个人的积极性，极大地提升了生产力。随着中国市场经济体制的不断建立和完善，龙头企业和农民合作组织作为经营主体脱颖而出，前者能与农户建立利益联结机制，带给农民利益；后者将农民组织化，提升市场竞争能力，增加农户收入。在新时代背景下，2014 年中共中央、国务院印发《关于全面深化农村改革加快推进农业现代化的若干意见》，提出要发展多元化新型农业经营主体，可以是家庭承包，可以成为专业大户，可以建立家庭农场，可以参与龙头企业，也可以参与农民合作组织等，各地可根据实际背景，通过对不同经营主体相互组合和再创新，发挥各自优势，选择最适合的经营主体。

二 乡村各产业主体从共同发展向融合发展演变

改革开放以前，乡村产业振兴政策涉及的产业主体基本只有农业，较少关注第二、第三产业的发展。改革开放初期，乡村产业振兴政策涉及的产业主体慢慢扩展至农业、加工业和商业，政策鼓励上述产业主体共同发展。如 1979 年《关于加快农业发展若干问题的决定》提出坚持以农业为基础，贯彻执行“农林牧副渔同时并举”的方针。到 1984 年，《关于一九八四年农村工作的通知》指出不能阻止农民流向第二、第三产业，乡村第一、第二、第三产业要共同发展。之后，1993 年中国推行社会主义市场经济体制，乡村产业主体发展有了全新的变化，《关于建立社会主义市场经济体制若干问题的决定》提出要促进农业专业化、商品化、社会化，加快非农产业的发展，1994 年《国家八七扶贫攻坚计划》提出兴办贸工农一体化乡镇企业，按照市场需要组织生产和加工，形成生产、加工和流通环节紧密相连的产业体系，第一、第二、第三产业分布在产业链一条龙上协同发展。此后，相当长的时间里，我国乡村各产业主体均以协同发展为主线。2014 年，李克强总理在中央农村会议上首次使用第一、第二、第三产业融合的提法，标志着我国产业各主体开始进入融合发展时代，其以农业为基本依托，通过产业链条延伸、产业融合、技术渗透、体制创新等方式，将资本、技术以及资源要素进行跨界集约化配置，拓宽农民增收渠道、构建现代农业产业体系，加快转变农业发展方式，达到第一、第二、第三产业全面融合不断深化的目标。

三　科学技术支撑从机械化向数字化演变

科学技术进步对乡村产业发展的作用日益增强，如图 3－3 所示。2019 年《求是》杂志发表的习近平总书记文章《把乡村振兴战略作为新时代“三农”工作总抓手》指出，全国主要农作物耕种收综合机械化水平已超过 65%，农业科技进步贡献率超过 57%。早在 1959 年，毛泽东同志提出“农业的根本出路在于机械化”，改革开放后，农业机械部在《关于全国农机工作会议的报告》中提出要因地制宜，积极开展农业机械化，助力实现农业现代化。1987 年的“丰收计划”，大力推进农牧渔业的科研成果及先进技术运用到生产中，在科技的助力下实现高产、优质、低耗、高效，国务院也推出一系列政策鼓励科研成果在农村产业领域有效转化，提升农村产业机械化程度。自 2001 年起，农业部提出“信息服务行动计划”，建立了体系完善的农村市场信息服务网络，并且继续推进农业信息化的进程。2019 年中共中央办公厅、国务院办公厅发布《数字乡村发展战略纲要》，提出要加快乡村产业数字化进程，建设“数字农村”，在农村建设的多方面强化数字化技术的重要功能，国家也大力开展数字乡村建设发展工程，进一步加强了乡村数字化建设。2022 年 4 月，国家五部门印发《2022 年数字乡村发展工作要点》，明确提出到 2022 年底，数字乡村建设取得新的更大进展。数字技术有力支撑农业基本盘更加稳固，脱贫攻坚成果进一步夯实。5G 网络实现重点乡镇和部分重点行政村覆盖，农村地区互联网普及率超过 60%。乡村数字经济加速发展，农业生产信息化水平稳步提升，农产品电商网络零售额突破 4300 亿元。农民数字素养与技能有效提升，数字乡村试点建设初见成效。

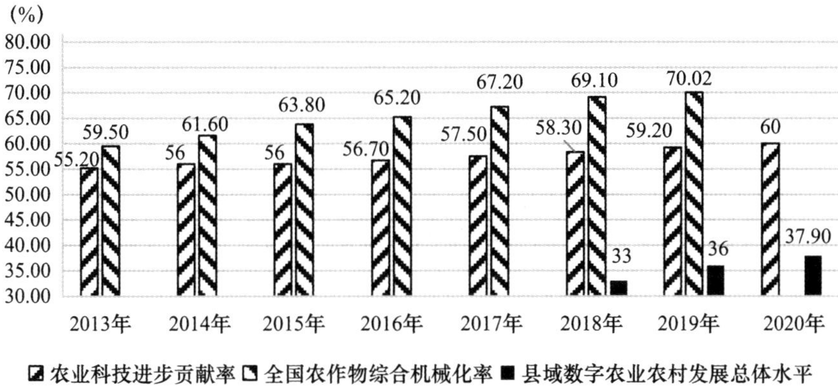

图 3－3　2013—2020 年全国主要科技贡献相关指标发展趋势

资料来源：国家统计局。

第四章

我国乡村产业振兴的现实条件与困境

中共十八大以来，我国农业农村发展取得历史性成就、发生历史性变革，农业供给侧结构性改革取得新进展，农村改革取得新突破，脱贫攻坚开创新局面，城乡发展一体化迈出新步伐。“十三五”期间，中央一号文件连续五年关注“三农问题”，对农业农村工作作出安排部署，持续加大农业基础设施建设投入力度，实施了一大批重大建设项目，带动第一产业固定资产投资明显增加。从2016年到2020年9月，第一产业固定资产投资累计达8.64万亿元，是“十二五”时期的1.66倍[①]，“十三五”以来，我国农业基础设施建设得到明显改善，物质技术装备条件实现加快提升。

习近平总书记在党的十九大报告中首次提出实施乡村振兴战略，并明确指出要按照“产业兴旺、生态宜居、乡风文明、治理有效、生活富裕”的二十字总方针，建立健全城乡融合发展体制机制和政策体系，加快推进农业农村现代化[②]。2018年，党中央、国务院印发《乡村振兴战略规划》，明确到2020年全面建成小康社会和2022年中共二十大召开时乡村振兴的总体目标和重点任务，为我国各地区各部门有序推进乡村振兴提供了重要依据。

乡村要振兴，产业是关键。“产业兴旺”是乡村振兴中最基础、最重要的一环，是解决农村一切问题的前提，也是实现我国农业农村现代化的

---

① 参见中华人民共和国农业农村部《农业现代化建设迈上新台阶　基础设施建设明显改善》，央视网，https://news.cctv.com/2020/10/27/ARTICSlCiDrC5sX7SMv3YVB2201027.shtml，2020年10月27日。

② 刘进军、韩建民：《明确乡村功能定位　科学实施乡村振兴战略》，人民网，http://theory.people.com.cn/n1/2018/0605/c40531-30035627.html，2018年6月5日。

核心关键。当前，我国在乡村产业发展方面已经取得不少成果，积累了许多经验，但我国经济社会发展中最明显的短板仍然在“三农”，现代化建设中最薄弱的环节仍然是农业农村，面对未来复杂多变的国内国外形势，乡村产业振兴依然面临一些困境与挑战。

第一节　“十三五”时期我国乡村产业发展经验总结

“十三五”期间，全国各地乡村产业发展态势良好，各地高度重视并扎实推进乡村产业发展，取得显著成效。“十三五”时期取得的经验成就为“十四五”时期加快推进乡村产业振兴奠定了良好基础。

一　通过盘活资源实现因地制宜发展乡村特色产业

“十三五”期间，全国各地聚焦当地重点产业，立足乡村特色资源，聚集各方面要素，构建现代乡村产业体系，乡村产业发展水平得到显著提升。全国各乡村通过当地特有资源探索出独具特色的发展路径，涌现出许多“全国美丽乡村”“全国乡村振兴样板村”和示范村。

浙江安吉县鲁家村通过土地流转实现资源变资本。鲁家村以家庭农场为依托发展特色产业，利用市场化运作形成产业联盟，建立共建共享利益分配机制，最终以“鲁家”品牌为纽带加强三产融合（周颖、蔡颖萍，2022）。浙江临安区山核桃特色产业云平台实现山核桃产业第一、第二、第三产业的全产业链数字化。在建设山核桃特色产业云平台的基础上，依托“淘宝第一村”的“白牛效应”，同时打造白牛电商小镇，全面推进以昌化镇白牛村为核心的集电商生产、电商游学、农业观光、休闲旅游等于一体的电商小镇建设。2015 年至 2017 年，白牛村共接待参观团队 2000 多批，累计 10 余万人次。“白牛模式”已在全国 30 多个县市复制推广（郑军南、刘亚辉，2021）。

江西樟树市坚持因地制宜、规划先行，扎实推进乡村振兴示范村镇创建工作。“十三五”时期樟树市以乡村振兴引领新时代农业农村发展，全力推进以集镇“十个一”、行政村“十个有”为重点的工程建设，开展乡村振兴示范村镇创建活动。2020 年完成行政村村庄规划编制 211 个，建成新农村点1377个、秀美示范村12个（熊诚诚等，2020）。

作为“国际旅游岛”，生态、环境与绿色是海南最大优势。海南省政府结合海南省城镇化发展规划，提出“大区小镇”的景区建设模式。保亭县什进村、白沙县罗帅村等美丽乡村建设项目的实施，为海南省美丽乡村建设探索出一条新道路。2019年，“大区小镇”旅业有限公司共安置解决什进村和周边村庄53名村民就业，依托旅游业、房地产开发行业在家门口及周边地区发展自主创业11人。2019年什进村人均收入突破2万元，比2009年增长900%（谢靖翔、朱海冰，2020）。

新疆喀什麦盖提县尕孜库勒乡以“村委会+养殖基地+合作社+农户”的发展模式，积极建立养殖合作社，引导农户增收致富。该乡积极调整家禽养殖结构，因地制宜，瞄准养殖特色种兔、鸽子、乌鸡等特色产业，积极引导农民规模化养殖，进一步激发广大群众增收致富的内生动力。2021年，在专业技术的保障下，麦盖提县尕孜库勒乡喀玛库勒村依托56万元项目资金，建立起3200平方米的农民专业合作社，为农户提供养殖场所的同时，促使特色养殖业向产业化发展，有效助力农民增收致富①。

“十三五”期间，乡村产业发展的刚性资源优势逐渐成为推动乡村产业发展的新动力和引擎。随着大数据、人工智能、物联网、云计算等技术的蓬勃发展，推动数字技术持续赋能产业发展，在促进乡村产业振兴过程中，因地制宜地挖掘数字技术的潜力与价值，使之与乡村产业振兴紧密结合，是当前以及未来实现乡村全面振兴的重要路径。

二　以品牌培育为突破口引领乡村产业战略式发展

2021年“双十一”，京东电商平台经营的百个国货品牌成交额增长超8倍，全国乡村新认证绿色、有机、地理标志产品2.6万个，百度国货搜索热度创近3年来最大涨幅（邱超奕、韩鑫，2021）。2018年，农业农村部发布《关于加快推进品牌强农的意见》，意见强调品牌强农是推进农业

① 买热古·买买提：《因地制宜发展特色产业全力推进乡村振兴》，麦盖提人民政府网，http：//www. mgt. gov. cn//mgtx/c107743/202110/0db21638892f4ebc9642c729cbe53588. shtml，2021年10月12日。

供给侧结构性改革的现实路径。我国企业正在逐步增强品牌意识，并打造出一大批知名度高、美誉度强、影响力大的优秀品牌。例如，河北省承德市隆化县通过培育农产品品牌，大力推动农业产业化、品牌化发展，结合自身实际创建了“承德山水”农产品区域公用品牌。截至 2020 年 7 月，隆化县有市级以上龙头企业 54 家（其中省级 12 家），获地理标志证明商标总数达 7 个，全县已认证绿色食品产品 13 个、有机食品 17 个。“隆化大米”被批准为国家地理标志保护产品，“隆化肉牛”被认定为国家地理标志证明商标，品牌引领发展已成为隆化未来农业产业发展的重要方式之一①。

“十三五”期间，农业产业化发展进一步加快，农业品牌发展逐步壮大，特别是伴随着我国区域公用品牌的不断成熟，越来越多的农业产品走上了市场化竞争、品牌竞争的新发展领域。“赣南脐橙”“宁夏枸杞”“寿光蔬菜”“洛川苹果”“盐池滩羊”“容县沙田柚”等老一代农业品牌正在不断扩大其影响力，带动和引领当地农业产业向更高品质、更强市场竞争力发展。“陆川猪”“三亚芒果”“茂名荔枝”“永修香米”“榆林马铃薯”“玉田供京蔬菜”等新锐品牌的出现，正不断促进我国农业产业向着优质高效、绿色有机、健康生态方向发展。

三　依托家庭农场持续推进特色农业产业高质量发展

2013 年以来，中央一号文件均对家庭农场培育发展工作作出部署。2020 年 5 月，全国家庭农场高质量发展工作推进会议对家庭农场培育发展重点工作进行再次推进。一系列家庭农场扶持政策措施相继出台。中共中央办公厅、国务院办公厅印发了《关于加快构建政策体系培育新型农业经营主体的意见》《关于促进小农户和现代农业发展有机衔接的意见》；中央农办、农业农村部等 11 部门和单位联合印发《关于实施家庭农场培育计划的指导意见》；农业农村部印发《新型农业经营主体和服务主体高质量发展规划（2020—2022 年）》。上述政策文件对家庭农场培育指明了方向，全国 31 个省（自治区、直辖市）全部下发了支持家庭农场发展的

---

① 陈宝云、葛济民、白向华：《擦亮优质农产品“地方名片”》，《河北日报》，2020 年 7 月 14 日第 10 版。

相关政策文件，对名录管理、指导扶持等都作出了制度安排。

“十三五”期间，我国家庭农场发展成效良好，家庭农场经营范围不断扩大，正向着多元化、规模化、标准化方向发展，全国各地通过鼓励引导农民根据农场自身特点、农产品特色来构建属于自己的农场经营发展模式，形成了一批粮经结合、种养结合的特色经营模式。家庭农场整体数量呈现快速增长态势，全国家庭农场数量从 2015 年的 34.3 万个增长到 2019 年年底的 85.3 万个，增长约 1.5 倍，截至 2020 年 6 月底，全国家庭农场数量已经突破 100 万个；适度规模经营稳步发展，2015 年至 2019 年家庭农场经营耕地由 4310.9 万亩增长到 9524.1 万亩，约增长 1.2 倍；经营水平不断提升，2019 年，拥有注册商标和通过农产品质量认证的家庭农场数量分别为 32645 个和 21002 个，分别较 2015 年增长 1.9 倍和 3 倍，各类家庭农场年销售农产品总值 2243.9 亿元，较 2015 年增长 78.1%，平均每个家庭农场 26.3 万元①。

第二节 “十四五”时期我国乡村产业振兴具备的现实条件

“十三五”时期农村产业的快速发展，为“十四五”时期进一步推进乡村产业振兴创造了良好条件，主要表现在乡村产业发展的政策推动力、市场驱动力、技术支撑力均显著增强。

一 拉动乡村产业发展的市场驱动力逐步增强

消费结构升级速度正在加快，城乡居民消费需求呈现个性化、多样化、高品质化特点，休闲观光、健康养生消费渐成趋势，乡村产业发展的市场空间巨大。

（一）农产品加工业成为乡村产业附加值的增值器

2019 年，我国发展规模以上农产品加工企业 8.1 万家，农产品加工

---

① 参见中华人民共和国农业农村部《农业现代化辉煌五年系列宣传之二十：家庭农场加快培育》，农业农村部门户网，http://www.jhs.moa.gov.cn/ghgl/202106/t20210615_6369594.htm，2021 年 6 月 15 日。

业营业收入超过22万亿元，农产品加工业成为农业农村现代化的重要支撑力量。2020年，我国农业及相关产业增加值为16.69万亿元，是当年农林牧渔业增加值的2.05倍，占GDP比重达到16.47%[①]。

“十四五”期间，农产品加工业将进一步壮大。2020年7月，农业农村部印发《全国乡村产业发展规划（2020—2025年）》，规划指出农产品加工业是提升农产品附加值的关键，也是构建农业产业链的核心，要通过统筹发展农产品初加工、精深加工和综合利用加工，完善产业结构，推进农产品加工业增值。2020年，农产品初加工加快推进，新增1.4万座初加工设施，新增初加工能力700万吨[②]，该规划为“十四五”时期继续深化发展乡村产业指明了方向。“直播助农”俨然成为地方政府在疫情下推动地方特色农产品销售的一种新尝试，生鲜电商成为促进农产品加工行业发展的关键渠道。

（二）乡村休闲旅游业等新型业态蓬勃发展

中共十八大以来，我国建设了一批产值超10亿元的特色产业镇（乡）和超1亿元的特色产业村，发掘了一批乡土特色工艺，创建了10万多个“乡字号”“土字号”乡土特色品牌，建设了一批休闲旅游精品景点和一批休闲旅游精品线路。“十三五”期间，乡村休闲旅游业和新兴服务业迅猛发展，仅2019年，我国休闲农业共接待游客32亿人次，营业收入超8500亿元，农林牧渔业及辅助性活动实现产值6500亿元，各类涉农电商超3万家，农村网络销售额达1.7万亿元，其中农产品网络销售额4000亿元[③]。

我国开始步入休闲经济快速增长期，休闲农业正逐步完善我国特色经济发展模式，由城市到乡村的乡村旅游正向休闲村庄旅游逐步推进。随着农村市场的开发，休闲旅游得到蓬勃发展。我国“十四五”规划和2035年远景目标纲要明确提出提高农业质量效益和竞争力。“十四五”期间，

---

① 国家统计局：《2020年全国农业及相关产业增加值达166900亿元占GDP16.47%》，中国政府网，http：//www.gov.cn/shuju/2022-01/12/content_5667778.htm，2022年1月12日。

② 乔金亮：《农业农村发展站在历史新起点》，新华网，http：//m.xinhuanet.com/2021-06/13/c_1127558952.htm，2021年6月13日。

③ 中华人民共和国农业农村部：《全国乡村产业发展规划（2020—2025年）》，中国政府网，http：//www.gov.cn/zhengce/zhengceku/2020-07/17/content_5527720.htm，2020年7月9日。

国家将着力构建现代乡村产业体系，以农产品加工为重点，以休闲农业为拓展，打造农业全产业链，让农民能够更多共享农业全产业链的增值收益。也将进一步推动“十四五”时期乡村特色产业、休闲旅游业及新型服务业的发展。

二　引领乡村产业发展的政策推动力持续增强

国务院《关于促进乡村产业振兴的指导意见》（2019）指出，乡村产业根植于县域，以农业农村资源为依托，以农民为主体，以农村第一、第二、第三产业融合发展为路径，地域特色鲜明、创新创业活跃、业态类型丰富、利益联结紧密，是提升农业、繁荣农村、富裕农民的产业。综合世界发达农业国家产业发展经验和我国乡村产业实践来看，产业政策体系在推动乡村产业发展过程中占据核心位置。

从我国乡村产业振兴政策演变历程来看，自 1928 年颁布《井冈山土地法》，到 2022 年中共中央国务院发布《关于做好 2022 年全面推进乡村振兴重点工作的意见》，可知我国乡村产业振兴政策分别经历了以土地改革为主线（1921—1950 年）、以农业集体化为主线（1951—1977 年）、以农业发展为主线（1978—1992 年）、以乡村产业共同发展为主线（1993—2016 年）、以产业融合为主线（2017 年至今）的政策演变且呈现逐步强化趋势。中共十九大报告将产业兴旺置于乡村振兴战略总要求的首位，强调解决“三农”问题的第一要务仍然是发展农村生产力。2021 年，我国第一部以乡村振兴命名的法律——《中华人民共和国乡村振兴促进法》的出台，标志着推动我国乡村产业发展的政策体系迈上新台阶。近年来，我国在持续加大农村“新基建”、新型农业经营主体培育、“三产”融合、数字乡村建设、发展现代乡村产业体系和经营体系、数字农业等促进农业农村现代化政策，这意味着引领乡村产业发展的政策红利正在持续增强。

三　促进乡村产业数字化转型的技术支撑力日益增强

大数据、云计算、人工智能等数字技术的发展和广泛赋能，正在重塑传统生产模式，使整个生产过程朝智能化、网络化、协同化、生态化方向演变。农业农村也将因数字技术迎来颠覆式发展，乡村产业数字化变革将成为农业农村数字化发展的重要组成部分。为此，2018 年、2019 年、

2020 年、2022 年中央一号文件提出实施数字乡村战略，持续推进数字乡村建设，把数字技术全面融入农业农村发展的全过程、各环节，让乡村产业、生态、治理、文化等方面实现数字化转型，推动乡村振兴取得新进展、农业农村现代化迈出新步伐。《数字乡村发展战略纲要》《数字农业农村发展规划（2019—2025 年）》等政策文件相继出台，这表明我国十分重视技术在农业农村发展中的应用。乡村发展实践已表明技术对乡村产业发展的贡献率日益提升，据商务部统计，2019 年全国农产品网络零售额达到 3975 亿元，比 2016 年增长了 1.5 倍。2021 年，全国农村网络零售额达 2.05 万亿元，其中农产品网络零售额达到了 4221 亿元。2021 年全国农村网商网店数量超过 1632 万家，同时吸引了一大批农民、大学生、退伍军人返乡创业[①]。2021 年，我国农村网民规模已达 2.84 亿，农村地区互联网普及率为 57.6%。2020 年底全国建成县级电商公共服务中心和物流配送中心 2120 个，村级电商服务站点 13.7 万个，基本实现快递网点乡镇全覆盖（陶涛等，2022）。可见，数字技术促使小农户与大市场以互联网平台相连接，实现了产品赋能，进而促进了乡村产业发展和农产品销售（何宇鹏、武舜臣，2019）。

为此，“十四五”时期，随着数字技术的深度发展，其在乡村产业领域中的应用场景也将拓展，乡村产业与数字技术的融合以及乡村产业链的数字化发展将成为乡村产业转型升级和带动农户增收的重要支撑力。

第三节　“十四五”时期我国乡村产业振兴面临的困境

脱贫攻坚目标任务如期完成后，“三农”工作重心历史性地转移到全面推进乡村振兴的新阶段。数字经济时代，乡村产业以数字经济为依托得到快速发展、取得了明显成效，但由于我国农村地区基础相对薄弱、人才流失问题严重、产业融合水平不高等原因，目前数字经济赋能乡村产业振

---

① 沈坤荣：《不断做大做强做优我国数字经济》，中国社会科学网，http：//www.cssn.cn/jjx/jjx_jjxp/202301/t20230110_5578822.shtml，2023 年 1 月 10 日。

兴仍要面临许多现实困境。

一 推动乡村产业数字化的基础设施薄弱且数字人才匮乏

数字经济推动乡村产业振兴的物质基础和前提是互联互通的网络化数字基础设施，包括对传统物理基础设施的数字化改造以及新型基础设施建设（完世伟、汤凯，2022）。长期以来，由于我国乡村自身条件限制，数字基础设施建设不平衡问题突出，技术水平偏低。例如，我国初级农产品中，果蔬、肉类、水产品冷链运输率分别仅为15%、57%、69%，远低于发达国家80%—90%的水平（傅娟、杨道玲，2021），特别是疫情防控期间，因交通管控导致物流时间过长，大量生鲜品腐坏。从乡村产业振兴的底层支撑来看，乡村数字基础设施仍有较大完善空间。除此之外，数字技术的应用和发展需要以完备的数字基础设施建设做支撑，农民获取农业信息的传播与发布存在落差性和滞后性（杨志萍，2022）。中国互联网络信息中心发布的《第47次中国互联网络发展状况统计报告》数据显示，截至2020年12月，我国城镇地区互联网普及率为79.8%，乡村地区互联网普及率是55.9%（肖若晨，2019），二者之间的差距虽略有缩小，但仍具有较大差距。我国乡村网络基础设施的建设还不足以支撑数字技术应用于乡村产业发展的市场环境，农业数据收集、归整、应用同乡村数字经济发展的衔接还存在较大差距（杨志萍，2022）。

乡村数字技术应用人才十分稀缺。数字技术在乡村振兴中的个人技术赋能主要指广大农民借助数字技术，通过知识学习、意识觉醒和技能掌握从而使得自身发展能力得以提高（郑军南、刘亚辉，2021）。受制于农村地区经济状况、待遇水平较低等因素，农村数字化人才相对缺乏，难以满足农村数字经济发展的需求。《第47次中国互联网络发展状况统计报告》显示，截至2020年12月，我国农村网民规模为3.09亿，占网民整体的31.3%；城镇网民规模为6.80亿，占网民整体的68.7%（高帆，2019）。目前我国乡村数字化人才队伍建设尚处于起步阶段，数字化人才资源一时还难以满足乡村产业数字化转型的巨大需求，人才缺乏仍是乡村产业融合发展最突出的问题。数字技术要真正广泛应用于产业发展，最重要的还是培养当地从业者充分掌握数字技术手段，使他们能够通过云平台和互联网真正做到智能化生产和网络化销售，从而实现产业发展的能级跃迁（沈费伟，2020）。乡村振兴所需的管理人才、经营人才、科技人才极为缺乏，尤其是做大电商产业、发展新型农业旅游等方面的专业人才，这使得乡村数字化转型升级陷入瓶颈，乡村人才队伍建设亟须进一步加强。

二　乡村三产融合深度、衔接密度和数字化水平均较低

数字经济推动乡村产业振兴并不是数字技术与乡村产业的简单叠加，而是二者的高效衔接，将数字技术贯穿于乡村产业发展全过程，从根本上推动乡村产业链深层变革（完世伟、汤凯，2022）。乡村产业数字化转型绝大部分还主要停留在生产环节，产业链其他环节的信息化程度还较低，尤其是在市场推广营运、物流等方面的应用还不够充分；虽然一些乡村产业内部的技术创新发展较快，但乡村各产业差别较大且缺乏统一的标准，部分产业封闭性较强，促进各产业间联动的关键技术研发和推广体系尚不完善，加大了数字技术与乡村产业融合的难度（周新德、周杨，2021）。

乡村产业振兴关键在融合。第一、第二、第三产业融合发展作为一种产业组织的新业态，能够拓宽产业组织的发展空间，升级产业布局，是实现乡村产业振兴的有效途径。但目前大多数乡村产业融合过程中，一产向后延伸不充分，多以供应原料为主，从产地到餐桌的链条不完善；二产连接两端不密切，农产品精深加工不够，副产物综合利用程度低，农产品加工转化率不高，与发达国家相比还有很大差距；三产发育不充分，农村生产生活服务水平不高，产业融合层次低，乡村价值功能开发不充分，农户和企业间的利益联结还不密切。第一、第二、第三产业融合程度不够，产业链条连接不充分，乡村产业转型升级依然任务艰巨。农业产业的融合包括顺向和逆向两个方向，顺向融合指以农业为基础，向农产品加工业、农村服务业发展融合，逆向融合指依托农村服务业或农产品加工业向农业融合。但是不管是顺向融合还是逆向融合，都以产业链延伸和价值链提升为基础，新型农业经营组织发育迟缓，先进技术要素扩散渗透力不强，涉农公共服务供给不足等问题导致一些地区的产业融合程度较低、融合层次较浅（浙江省地方统计调查队课题组，2021）。

目前，我国乡村地区普遍存在信息技术供给不足的现象，在运用新兴信息技术治理农业、实现农业现代化上依然存在数字化水平较低的问题，农业科技创新能力不强，科技成果转化不迅捷。据《2020 年全国县域数

字农业农村发展水平评价报告》显示，我国在 2019 年的农业生产数字化水平仅为 23.8%，且在不同地区、不同行业间存在显著的差距（周新德、周扬，2021）。乡村产业振兴基础仍不牢固，普遍存在生产规模小、科技含量低、经营成本高、经济效益差等问题。大部分乡村企业科技创新能力有待提高，尤其是农产品加工创新能力不足，工艺水平和发达国家相比有差距。产品供给仍以大路货为主，优质绿色农产品占比较低，休闲旅游普遍存在同质化现象，缺乏小众化、精准化、中高端产品与服务，品牌溢价有限。

三　资金投入与技术供给不足制约乡村产业现代化提档加速

推进数字经济与乡村产业融合发展，资金保障是基础，资金是产业融合发展的血液。浙江省地方统计调查课题组发布的数据显示，产业融合主要资金来源渠道为自有资金的占比 82%，银行贷款、政府补助、集体资金和集资等其他融资渠道占比依次为 58.1%、31.9%、18.7% 和 12.4%，相对较少。当问及推进产业融合发展最需要得到哪方面帮助时，选择"资金支持"的达 57.4%（浙江省地方统计调查队课题组，2021）。知识水平较低、专业知识和技术信息化等知识技术要素缺乏，也一定程度上对村民参与产业融合的热情形成负面影响。

从当前各级政府的投入情况来看，资金缺口比较大。各部门推动乡村振兴的政策措施仍有待进一步协调，条块项目和资金需要进一步整合。农业农村部信息中心数据显示，2019 年全国县域乡村产业数字化转型的财政投入仅占农林财政投入的 1%。乡村信息化建设年度财政投入不到 1 万元的县有 350 个，投入在 10 万元以下的县达 540 个（吴晓曦，2021）。而社会资本也多处于观望状态，源于乡村经济社会发展的软硬件条件不完善，加上乡村产业数字化转型的投入大、回报周期长，降低了社会资本投资的意愿和动力。同时，乡村振兴稳定的资金投入机制在很多乡村尚未建立，乡村振兴实施过度依赖财政专项资金，投入渠道有待拓宽，土地出让金、政府债务资金等用于乡村振兴的比例较低，金融资本和社会资本进入农业农村的意愿不强（周克清等，2019）。

技术方面，乡村产业数字化转型中，数字化信息技术的供给是基础和关键。乡村产业数字化转型必须依托物联网、云计算、大数据等数字技术与农产品生产、加工、物流、销售、服务等产业环节的充分融合才能得以实现。目前我国乡村产业数字化信息技术的供给还存在不足，物联网、人工智能、大数据在精准生产、病虫害预警、农产品智慧物流等方面的应用依然停留在较低级的水平（周新德、周杨，2021）。为此，如何保障各级政府的财政投入，不断提升农村数字技术发展，提升农村农业信息化和数字化水平，是推进数字经济与乡村产业融合发展的严峻现实问题。在数字技术赋能产业振兴的过程中，需要形成乡村产业发展的多主体参与机制，政府、企业、农户、社会组织和研究机构等应形成相互联系、相互监督、相互制约的网络化产业组织体系，需要利用现代技术创建各种信息共享和沟通交流平台，在进行乡村产业发展的决策时，广泛吸纳各种组织共同参与决策过程，最终形成“政府引导、企业主导、村民参与、其他组织共建”的乡村产业振兴格局。

四　农民保守意识与信息贫困双重叠加阻碍乡村产业开放共享

乡村产业发展过程中，一些农耕文化中易于满足、小富即安等传统小农思想仍然根植于广大农民心中（张宏略、李新艳，2015）。政府推动的农业产业创收知识科普、就业技能培训讲座等在农民中的参与度普遍不高，农民在就业创业方面的意向与意识不够强，产业发展缺乏足够的自主性与能动性。农业现代化和乡村产业发展缺乏有能力、有热情的带头人，新型经营主体与农民的利益联结机制尚不够紧密，农民没有发挥乡村产业振兴的主体作用和群众力量，导致乡村产业发展缺乏充足的内生动力（黄旭丹，2019）。当前部分农民缺乏创新意识，经常把其他村庄的成功经验生搬硬套到自身的发展中，未能结合本村的具体情况对其进行创新（党文毅，2022），导致无法形成符合本村产业发展的方法和模式，使农民在乡村振兴中的主体作用无法发挥出来。

数字技术的发展成为乡村产业振兴的重要途径和手段，但是部分农民比较落后保守的乡土意识却阻碍了数字技术在乡村的推广与发展。大部分农民因为家庭条件、交通、环境等原因，没有接受良好的素质教育，文化水平不高。村民文化素质较低，数字技术较难被正确恰当地应用。数字技术的发展为村民提供参与乡村公共事务的途径，但是也存在无序参与的问题（杨志萍，2022）。所以，数字化应用“适农化”程度不够，过于强调管理监测功能，忽略了农民的实际需求和感受，导致农民使用意愿较低。相当一部分农民受到教育背景、生活习惯、收入水平等影响，对数字化技术的接受程度不高，导致产业融合深度不强、衔接并不充分。

由于农村传统思维和数字技术应用的局限性，在乡村产业振兴过程中物联网平台、人工智能、5G 通信不能够充分融入，农民能够接收到的信息有限，一定程度上限制了乡村产业发展的层次。目前我国部分乡村人口密度小、地形复杂，数字基础设施建设成本高、难度大，制约了网络延伸和数据传递。一些偏远地区乡村产业关键场景的网络覆盖和数据获取仍依赖传统手段，采集的乡村产业数据多是局部范围，因在采集过程中缺乏一致性，导致“数据烟囱”问题严重，重复性劳动频发，相关数据未能形成有效联通和高效整合，进一步降低乡村产业数字赋能效果（完世伟、汤凯，2022）。

五　驱动乡村产业发展的营商环境有待持续优化

我国乡村数字经济服务体系尚不健全。一方面，缺乏长效利益分配机制和创业平台支撑机制，乡村产业发展的相关政策无法完全落地，乡村数字经济监管尚未完善。产业持续发展有赖于政府、企业以及社会各界力量的共同推动，需要各方主体力量的有机结合，但目前乡村基础不牢、机制不全的问题仍然比较突出。产业链条的各方主体未能实现有效沟通，不利于形成和完善长效利益分配机制，有能力的人才返乡创业的积极性普遍较低。同时，由于网络监管机构的缺乏及网络存在取证难、证据固定难的特点，乡村中的电商直播违法行为难以解决，以次充好、以假乱真等问题较为突出（周新德、周杨，2021）。乡村虚假信息、坑农信息等问题的存在对乡村产业造成了不小的负面影响。

另一方面，乡村信息化建设协调机制存在缺失，党建引领上存在短板。政府部门间、政府与企业间、政府与社区间的协作难度较大，割裂化现象比较明显。此外，在党建工作与产业发展的融合上存在“如何结合”“怎样结合”的关键问题亟须解决，在方法运用、形式内容等方面都还处于探索阶段（殷梅英，2018）。目前，“党建 + 规划”的引领力、推动力、凝聚力仍须强化。乡村振兴规划是一个非常复杂的系统工程，涉及农业发展、综合体规划、旅游农业规划、农业产品加工等多个领域，由于农村基层党组织的党员自身素质难以适应产业发展的要求，导致支部和党员很难在产业的生产链、加工链、销售链、价值链、创新链等环节中发挥应有的推动作用，出现了“党建 + 产业”发展的推动力不够等问题（马红珍，2022）。随着乡村全面振兴的深入推进，农村经济发展面临诸多新情况和新问题，持续加强和改进村级党组织建设成为推进乡村产业振兴中优化营商环境的关键环节。

第五章

国外乡村产业振兴的经验与启示

第一节　美国乡村产业振兴经验

一　构建促进农业发展的立体化政策

（一）以立法加速农业现代化进程

综观美国农业发展历史，促使其成为农业强国的原因有：一是战后不断加剧进程的城镇化和工业化，导致农场数量骤减且大量农业劳动力离开土地，促使农场规模持续扩大。二是通过提升农业机械化水平和增强农业生产管理科学化水平来促进农业现代化。三是政府为农业创造了自由竞争环境，并出台了系列推动农业发展的政策。正因完善的农业立法体系和特有的资源禀赋助推美国成为农业强国。

在农业立法方面，近百年的农业发展进程中，美国制定并形成了一整套推动美国农业现代化和农村发展法律体系，如表 5 - 1 所示。系列法律赋予政府干预经济发展的基本权限和国家农业政策的基本取向（孙瑞玲，2008），促进了美国农业现代化进程。

表 5 - 1　　美国农业农村发展政策（部分示例）

时间	政策	主要内容
1933 年	农业调整法	使农产品的购买力恢复到对农场主比较有利的1909—1914 年的水平
1936 年	农村电气化法	加快乡村电气化进程，提供电气化贷款应对经济衰退
1972 年	农业发展法	以立法推进乡村发展，促进结构性改革

续表

时间	政策	主要内容
1985 年	食物安全法案	标志着美国开始进入现代市场化导向的农业法案时期，逐步形成以收入补贴为主要手段的政策体系
1990 年	粮食、农业、保育和贸易法案	“乡村发展计划”开始成为美国农业政策的重点
1993 年	美国乡村发展战略计划：1997—2002 年	推动农村住房、电力、商业合作、水和废物处理、通信、贫困社区、社区公共服务发展，提供 777 亿美元农村发展贷款
1996 年	联邦农业促进与改革法案	降低农产品的价格支持水平、逐步采取与产量脱钩的直接补贴以降低市场干预程度
2002 年	农业安全与农村投资法案	实施农村电子商务推广计划，强化对乡村地区的支持力度
2012 年	联邦农业改革和风险管理法案	注重农业风险防范，致力于构建更加有效的农业安全网
2014 年	2014 年农业法案	安排总额度为 9546 亿美元的财政预算，用于支持农产品贸易、农业研究、可再生能源和粮食援助等项目
2018 年	2018 年农业进步法案	提升农村居民宽带服务水平

资料来源：综合王洁琼、李瑾等（2021），胡月、田志宏（2019）等资料整理。

（二）以政府宏观调控引领农业规模化进程

美国农业规模化进程与政府系列宏观调控政策密切相关，主要通过政策引导、价格补贴、信贷支持和利息调节等法制或经济手段，推动农场规模合理化扩大（王丽娟等，2012）。例如，政府农业补贴（差额补贴、休耕补贴、灾害补贴等）、农业信贷、财政资金等依据农场规模（拥有的土地数量和产品数量）来发放，加速了美国农业规模化（熊红芳、邓小红，2004）。在 20 世纪 30 年代，美国政府出台《农业调整法》（1933 年）以直接补贴方式控制农产品播种面积，农业补贴达到 1.31 亿美元，主要用于确保粮食安全，提高农业生产力和扩大国际市场。到 1950 年，全球农业市场供应已经过度，价格大幅下降，美国政府开始普遍增加农业补贴，到 1970 年左右，美国开始实施“目标价格—价差补贴体系”，并通过

1977 年《粮食和农业法》全面实施，此后，美国政府根据国内和国际情况，每五年修订、更新和改进美国的农业补贴政策。此外，农业保险也是美国政府采用的一种重要政策工具，自 1922 年实施至今，如表 5－2 所示，农业保险政策用于解决农业发展过程中面临的风险问题。美国政府采取的补贴、信贷、保险等系列宏观调控手段再次对美国农业规模化进程起到了加速作用。

表 5－2　　美国农业保险政策发展历程

第一阶段：1938—1980 年	第二阶段：1980—1993 年	第三阶段：1994 年至今
农作物保险费率较高，参保农户较少，保险业务规模长期维持在较低水平。1980 年，农作物保险的开展范围仅限于全国 50% 的县和 26 种农作物，参保面积只有 2600 万英亩，约占耕地面积的 6%	1980 年《联邦农作物保险法》重新修订，美国政府提供保险补贴，鼓励私营保险公司参加农作物保险和再保险。此后，农业保险开始发展，但速度依然缓慢	1994 年《农作物保险改革法》出台，彻底取代了政府救济计划。2000 年《农业风险保障法》再次对保费补贴比例进行了提高，降低了农户投保成本。美国政府变为制定规则、监督保险等功能，而商业性保险公司负责具体的承保、勘察与理赔

资料来源：综合冯文丽、林宝清（2002），赵长保、李伟毅（2014）整理。

二　以培育职业农民和强化农业研究铸造农业现代化动力

（一）持续强化职业农民培育体系

美国建立了由正规农业教育机构和普通教育机构组成的农业教育体系，形成了学术教育，初级、中等和高等农业职业教育。农业院校综合田间实践与理论知识相结合方式，为年轻、中年农民以及准备参与农业工作的农民提供学术教育。美国完善的农业科学和教育系统，促进了新型职业农民培育的发展。此外，美国政府鼓励各类社会团体和人群创建专业农耕文化组织，鼓励城乡建立当地的 4H（Head、Hand、Heart、Health，即清醒的头脑、勤劳的双手、美好的心灵、健康的身体）组织（杨柳等，2019），进一步发展壮大新型职业农民培育。

（二）强调农业研究和科技应用

以系统的农业立法体系为依托，美国逐步建立了由农业部、农业学校、农业工程师和农业推广中心组成的农业科技成果推广系统，美国联邦农业部在传播、积累农业知识和技术方面扮演者重要角色（夏金梅，2019）。美国政府重视农业研究，制定农业技术研发计划并持续增加技术研发投入，如强化政企技术协作，通过经济政策增加企业研发投入（张华建等，2003）。

三　以信息技术驱动农村三产深度融合

（一）数字化赋能农业完成机械化到信息化变革

20 世纪 80 年代，得益于飞速发展的信息技术，美国开始发展精准农业，农业机械化和自动化水平不断提升，并在农业生产、管理、经营、市场等领域中逐步实现数字化。数字农业的发展，助推美国农业实现了从机械化到信息化的过渡，农业产出率也随着数字赋能精准农业的发展不断提高，农业规模化经营水平也进一步上升（吴晓曦，2021）。由表 5 - 3 可知，美国农场数量经历了“增加—快速减少—缓慢减少—基本稳定”的演化过程，农场平均规模也呈现出“基本稳定—快速增加—缓慢增加—基本稳定”的演化轨迹（张士云等，2014），这与美国农业信息化、数字化水平持续提升有关。

表 5 - 3　　　　美国农业规模经营的历史进程

第一阶段：1900—1935 年	第二阶段：1935—1970 年	第三阶段：1970—1992 年	第四阶段：1992 年至今
农场数量从 573.7 万增加至 681.4 万个，农业进入了规模化初始阶段	农场数量快速减少，农场规模快速增加。农业进入了规模化、现代化农业阶段	农场进入规模竞争时代，农场数量和农场规模处于缓慢减少和缓慢增长状态	农场数量和规模进入稳定发展期，农业规模扩张和质量效益进入并重提升阶段

资料来源：综合张士云等（2014）整理。

（二）重视农村生态与人文环境治理

美国政府在制定农村发展规划过程中，强调与自然和谐相处，重视农村环境治理（郭王骁潇等，2017）。在农村建设规划中，强调充分根据地方特色要素，重视农业且充分考虑土地使用计划的合理性，并统筹兼顾城市和农村规划的平等性（陈仁安，2018）。而在农村建设过程中，公路建设由联邦政府投资，供水、污水、废物管理等基础设施建设则由地方政府负责，农业生产区与居民区分离，同时以自然缓冲区分离住宅区和商业区。由此，美国农村生态与人文环境治理既能够与城市化发展相协调，又能保护农村地区的空间和格局。

（三）以数字技术驱动农村三产融合

数字技术在农业生产链的数字转型、农业网络大数据交换、智能决策、农业供应链监测、生产透明度、农产品追溯等方面发挥了关键性作用（郑磊，2021）。美国的国家农业统计局、经济研究局、世界农业展望委员会、农业市场服务局和外国农业局五大信息机构，联合构建了覆盖国家、地区、州三级农业信息网，形成了完整、规范、健全的信息体系和信息制度（王启，2016）。专业协会、农场、农业公司、合作社等各类经营主体均普遍使用信息技术来提升农业发展水平。

从信息技术应用时间轴线来看，20 世纪 70 年代以来，美国农业农村因信息技术的广泛应用发生了根本性变化。美国农业与国际农业市场融合越发紧密，农业效益获得极大提升，农业现代化服务成为主导，且直接参与农业生产的人口不断减少，知识投资逐步取代了资本和劳动力投资，知识和服务技术的广泛应用不断推动美国农业产业迈向现代化（谭明交等，2018）。到了 20 世纪 90 年代，数字技术开始与农业深度融合，智能机械进入商品化阶段，智能机械系统、“3S”技术、计算机网络系统等信息技术在大农场中实现集成应用（梅燕等，2021）①，如应用遥感技术对作物生长过程进行检测和预报。

四 美国乡村产业振兴成效

（一）农业产业化水平居世界前列

机械化、规模化、科技化、专业化的农场是“美式”农业发展模式的集中体现，美国农业已经实现了规模化布局、区域专业化和农业生产的

---

① 梅燕、鹿雨慧、毛丹灵：《典型发达国家数字乡村发展模式总结与比较分析》，《经济社会体制比较》2021 年第 3 期。

集约化、服务社会化、企业化、机械化。美国“精确农业”和“智慧农业”的发展，以及农场主对技术服务尤其对基于大数据的决策支持的迫切需求，普渡大学的研究显示超过83%的农场采用了精准农业技术，82%以上的农场使用了GPS自动导航技术，这促使美国涌现出大量的世界知名农业科技企业和大数据公司，美国建设了BIOSIS Previews、PESTBANK、AGRICOLA、AGRIS等一系列与农业有关的数据库，形成了以卫星网、互联网、物联网、遥感网等为支撑的农业信息服务网络，成为推动美国智慧农业发展的重要技术支撑，同时也为美国农业科学研究提供技术资源。农产品溯源和农业智能化的发展，促使美国农业经济效益和生态效益实现双重提升①，美国以800万农业人口，每年平均出口约1.15亿吨粮食，占世界粮食市场高达50%左右的份额（张敏翀、唐宇，2021）。

（二）农村自我发展能力持续提升

农村地区自我发展能力持续提升也是美国农业强国的重要体现，美国政府通过鼓励因地制宜发展特色产业和强化劳动力素质来持续增强农村地区自我发展能力（李东峰，2020）。例如，弗雷斯诺县（Fresno country）是世界著名农业典范区，其农业旅游成为美国城乡生态文化旅游融合发展典范，该县位于美国加利福尼亚州，面积只有1.56平方千米，城市面积和农村面积分别占比87%和13%，采用综合服务镇+农业特色镇+主题游线的立体架构，实现不同供应链的流量共享和价值相乘②。

（三）实现农民稳步增收

美国完善的农业农村法律体系和农业现代化的发展极大地改善了农民的生活质量，并增加了农村经济发展机会。一是不断细化农业补贴政策，根据农村地区差异强化财政支农资金使用效率，保障稳步提升农民收入。二是不断扩大农业保险覆盖面，通过加大农业保险财政资金和优化农业保险法律体系方式提高农业抵御发展风险能力，为农民增收提供

---

① 陈潇：《美国农业现代化发展的经验及启示》，《经济体制改革》2019年第6期。

② 迪静：《乡村振兴背景下的乡村景观规划设计研究》，硕士学位论文，浙江大学，2020年，第17页。

风险保障。三是持续满足农民精神需求。通过增加文化资金投入和精神文化产品供给方式，并有计划地引导组织农民互助合作，主动参与村庄规划的制定等农村建设事务，改善产业落后地区基础设施，增强农民的认同感和归属感。

第二节 法国乡村产业振兴经验

法国以满足核心农村地区现代化需要的综合发展型模式成为富裕农业国家，只用了20多年时间完成了农村地区现代化，法国农业居欧洲第一，实力仅次于美国，这与法国对农村地区进行集中化、专业化以及大型化建设和推行有效乡村改革策略密切相关。一是推行一体化农业，在生产专业化和协调化基础上，由工商业资本家与农场主通过控股或缔结合同等形式，利用现代科学技术和现代企业方式，把农业与同农业相关的工业、商业、运输、信贷等部门结合起来，组成利益共同体。二是开展领土整治。通过国家相关法律法规帮助和支持经济欠发达地区的乡村，实现农村社会资源的优化配置，以此加快乡村社会的现代化建设。

一 依托欧盟共同农业政策建立农业发展制度体系

为应对战争对欧洲造成的严重经济损失，1957年西欧国家启动了欧盟共同农业政策（Common Agricultural Policy，CAP），主要目标用来规范欧盟内部农产品的生产、加工和贸易，以此来稳定农业市场，促进技术进步以提高农业生产率，保护生态环境、食品安全和保障农民生活水平。1999年，欧盟通过了《欧盟2000年议程》，为促进欧盟农业经济贸易自由化发展奠定了基础，农村发展政策也正式确立为欧盟共同农业政策的第二支柱（关税同盟为另一支柱），欧盟的农村发展政策可分为三个阶段，如表5-4所示，旨在为欧洲农村地区建立一个持续稳定的政治框架（汪明煜、周应恒，2021）。

表 5－4　　欧盟农村发展政策

第一阶段：2000—2006 年	第二阶段：2007—2013 年	第三阶段：2014—2020 年
1. 组建更高效农业和林业部门 2. 提高农村地区竞争力 3. 保护农村生态环境和欧洲农村文化遗产	1. 提高农业和林业竞争力 2. 改善农村环境 3. 提高农民生活质量，促进农村经济多元化发展	1. 提高农村企业竞争力，促进就业 2. 促进自然资源可持续管理 3. 促进社会包容、减贫，维持农村经济平衡发展

资料来源：汪明煜、周应恒（2021）。

自 1960 年以来，法国受到欧盟影响，开始发展可持续型农业，并积极促进可持续农村土地的修复和扩大农村农业功能，增加投资和鼓励农民利用当地资源发展特色产业。为保障促进农村发展的各类政策、目标和措施合法化，并加强农村重建的体制方案，法国十分重视农业农村方面的立法，如表 5－5 所示。在《农业咨询法》中，法国首次规定农业与社会经济领域的其他行业有着平等的关系，在《农业指导补充法》中，进一步确立了农业的优先发展地位。法国作为欧盟成员国，国家农村发展政策必须符合欧盟法律体系，2009 年法国内阁会议上审议通过《2010—2015 年法国农村发展实施条例》，法国农业农村政策与欧盟共同农业政策全面接轨。2015 年，法国农业部与教研部发布《农业—创新 2025 计划》报告，报告建议了生态农业、农业新技术、农业创新环境三大优先重点与 9 个主题方向、30 个创新项目，提出数字农业国家级发展战略目标，指明数字农业发展方向。这些法律和规则为法国农村复兴铺平了道路，提供了有效的制度支持。

表 5－5　　法国农业农村发展法律法规

名称	时间	主要内容
农业指导法	1960 年	大力发展农业生产，推广先进技术，保护和增加农民收入，调整家庭农场规模结构
农业指导补充法	1962—1997 年	建立农业结构改革行动基金，加强农民职业培训，成立农业生产合作组织，发展可持续型农业

续表

名称	时间	主要内容
土地指导法	1967 年	加强土地管控，推动土地均衡化整改，协调城市发展
乡村整治规划	1970 年	改进农业生产设备，加强自然空间保护
领土整治与可持续发展指导法	1999 年	加强农业环境保护，规定农药和化肥使用量，规范农业用水，关注动植物和草场保护
乡村地区发展法	2005 年	加强乡村地区资金投入，鼓励发展特色产业
未来农业法	2014 年	推广生态农业概念和实践的普及
农业—创新 2025 计划	2015 年	提出数字农业国家级发展战略目标

资料来源：综合汪明煜、周应恒（2021）及相关资料整理。

二　以农村人力资本和信息技术驱动农业现代化

（一）以信息技术加速农业现代化

数字技术作为维持农业竞争力和驱动农业转型的关键，法国政府十分重视提升农业信息化水平，法国农业部致力于将数字信息应用于农业生产的各个方面。法国农工青年中心、法国葡萄酒联合会、果业技术中心、小麦和其他谷物生产者协会、法国农业合作社联盟、法国畜牧经济中心、法国农业企业和其他加工业协会、专门技术研究均在加强信息技术和大数据的使用。2018 年，“未来投资”计划与法国农业、投资管理和渔业部以及法国环境和能源署共同发起了“未来农业和食品”项目，致力于引导农业公司和机构进行研究和创新，创造新的产品、服务和农业模式①。在农业机器人公司领域，创立于 2011 年的 Nao Technologies 是世界六大领先的农业机器人公司之一，开发制造了一系列机器人，旨在提高农业的生产效率，主要开发和销售农业和葡萄栽培机器人，以及用于除草、锄地和收割的电动工具，帮助从事农业人员减少对化学农药和除草剂的依赖。在农产品电子商务方面，2015 年至 2019 年间法国农产品电子交易平台 Agriconomie 用户增至 2.5 万人（梅燕等，2021）。农业产业链方面，法国形成了产前、产中、产后的

① 龚鸣：《法国初创企业拥抱农业 4.0》，人民网，http：//world.people.com.cn/n1/2019/0305/c1002－30958425.html，2019 年 3 月 4 日。

各部门、组织机构及关联公司以价值链、信息链、物流链、组织链缔结的有机整体，法国农业合作社均有完整的虚拟农产品物流供应链，充分保障了三产融合的高效运转。

（二）强化农村人力资本服务农业现代化

20世纪50年代初，因工业化和城市化的快速发展，导致法国农村人口大量外流，为解决农村人口外流导致农村人力资本不足问题，法国政府开始注重农村人才培养，为农业现代化发展提供高质量的劳动力。20世纪60年代，法国政府出台了《农业教育和农业职业培训法》，规定各地应加强先进农业科学知识和技能的培训服务，帮助农民适应农业现代化的需要。2020年，法国农业部拨款13亿欧元用于农业职业教育，占其年度总预算的30%（方莹馨，2021）。法国逐步建立起涵盖农业职业教育、高等农业职业教育和短期农业职业培训的多层次农业职业教育体系，为从事农业工作人员提供覆盖农牧业培训、农产品加工培训、物流、运输、环保培训等方面的技术培训，与之相应地，法国形成了一套分类细致的农业职业文凭认证机制，为高校农业技术科研人员、农业工人、技师等提供认证，依据认证级别可享受国家补贴和优惠政策，对提升农民技术素养和促进法国农村发展起到了至关重要的作用。

为促进农业研究和创新，法国政府鼓励地方政府或个人同高校开展合作研究项目或创办农业科学研究机构，如法国政府于2003年推出了“伙伴关系项目负责人”项目，推动专业院校的农业工程师深入乡村进行教学。此外，法国政府建立了由国家直接管理和提供公共补贴的农业研究团队（刘康，2017），2021年，法国农业和食品部发布“法国农业科技”计划，支持农业创新项目，挖掘科研机构潜力，培养农业人才。

总体来看，法国通过构建多层级的农业职业教育体系，农业职业资格认证体系，农业科学研究体系，为法国农业农村的现代化发展提供了优质的人力资本，也促进了法国服务农业现代化发展。

三　科学规划农业用地与充分挖掘农业多功能性并重

（一）以科学规划农业用地推动农业经济复苏

法国通过合理开发国土资源来缩小贫富差距和推动农业经济复苏。法国于1955年正式发布《国土整治令》，采取有利于农村经济发展的均衡地域调控措施（周璇，2015），加强对农业用地的管理，促进农业生产的规模化、专业化和一体化。规模化主要体现在对家庭农场养殖规模的控制上，其基本指导思想是“适度推进土地集中管理，合理控制家庭养殖范围”；专业化主要体现在作物生产区域的科学布局上，根据“平原种植、山地畜牧业、山地果蔬业”的生态适应性要求，法国合理划分了各个生产区域。经过不断调整，终于形成了以巴黎盆地为中心的粮食生产区、西部高原畜牧区、南部山区果蔬区三个重要生产区。一体化则是在生产专业化和协调的基础上，把农业和与农业相关的部门结合起来，利用现代信息和科技，形成利益共同体，带动农业生产结构的优化升级，实现农业及其相关产业融合发展。

（二）以农业多功能性挖掘促进三产深度融合

法国是全球“农业＋工业”模式的典型代表，四分之一的法国旅游总收入来自乡村旅游，是世界上最大的旅游聚落之一（陈俊侠，2018）。法国采用“政府扶持”＋“行业自治”的乡村旅游发展模式，制定乡村旅游规划并建立了完善的行业标准和规范。为优化乡村设备和推动乡村经济发展，政府对乡村通信网络、电力、交通、水利、教育等设施进行了大量投资，并以此奠定了法国乡村旅游产业数字化的基础。随着乡村旅游地区销售渠道和网络建设的推进，逐步形成了法国数字化乡村雏形（罗志慧、王宁，2020）。

此外，法国农业部门与非农业部门构成利益共同体，利益共同体能够产生资本的技术效应和集体效应。通过特定农产品和农业休闲的参与扩大农业多功能性，并以食品、住房等综合服务创造经济效益。为此，“农业＋工业”模式是法国以农业多功能性挖掘促进三产深度融合的重要路径，例如，法国于2000年开放了大约5000个葡萄园和酿造厂，围绕葡萄种植，逐步形成集农业生产、科学教育、休闲旅游、商务会谈、娱乐等多功能为一体的复合型庄园综合体，极大地推动了围绕农业多功能性开发的乡村旅游，产业融合价值效益显著（沈世伟等，2016）。

四　法国乡村产业振兴成效

经过几十年的发展，法国模式促进农业和农村实现双重发展，农业能力持续提升并激活了农村社会要素活力，具体成效主要有：

（一）法国跻身世界农业强国

法国农业现代化程度高且综合农业实力处于世界前列，农业品牌化、农产品加工、农业产业链均处于世界领先水平。法国农产品能够在充分满足国内需求的同时实现了大量出口，是世界上农产品出口量最大的几个国家之一。其牛奶、甜菜、小麦、玉米等农产品的出口居世界领先地位，在1985—2003年法国农产品加工业出口额是同期法国初级农产品出口额的2—3倍（汪明煜、周应恒，2021）。

（二）农业规模化、机械化、生产率处于较高水平

20世纪60年代，法国农业处于分散经营状态，目前法国农业的主导者主要包括合作社、农场、农业公司三类经营主体（谭金芳等，2016）。截至2012年底，法国农业合作社联盟共有农业合作社企业2865个，75%的个体农民至少加入一个农业合作社，1988年至2017年期间，法国90%以上的农民参加了各种农业合作社，法国农业合作社已发展成了规模化、现代化的家庭农场生产联合体①。法国农业合作社的发展极大地提升了农业的规模化和机械化程度，农业生产率也持续上升。

（三）树立了乡村旅游的世界典范

法国树立了“农业＋工业”的乡村旅游世界典范，法国统计研究所联邦统计局在2015年宣布，法国典型农村家庭的年均收入高于整个消费群体的年均消费。可见，法国乡村旅游业的蓬勃发展对稳定提升农村居民收入起到了关键性作用。例如，面积不足50平方千米的“鲜花产业＋浪漫”的胜地——法国格拉斯小镇，为游客提供定制服务、原产地购物体验、香水体验路线、香水博物馆等，每年能够吸引200多万游客。格拉斯小镇拥有全球高科技香水研发中心，占法国香水工业总量的55%，年产值达7.3亿欧元。香水产业提供的直接工作岗位约占格拉斯总人口的1/3，占全球香水出口量的38%。格拉斯小镇将产业发展与城镇建设相结合，将农庄、农业资源整合进入产业链，形成规模经济和范围经济，建成

① 赵欢：《法国农业合作社——破解小农生产与大市场矛盾》，中国农业信息网，http://www.agri.cn/V20/SC/jjps/201709/t20170919_5820213.htm，2017年9月19日。

互补性极强的生态群落和乡村产业高地①。

第三节　日本乡村产业振兴经验

第二次世界大战后，日本经济遭受重创，为此，日本将资本集中用于东京、大阪等城市重建。20世纪五六十年代，日本全面开启工业现代化，致使工业劳动力需求骤增，在1955年至1971年的16年期间，非农产业和工业就业人口增加了1830多万人，达到了4340多万人，占就业总人数的比重从61%提高到85%，而农业劳动力则从1600万人锐减到760多万人（曲文俏、陈磊，2006）。农村劳动力的大量流失导致城乡差距日益扩大，农业生产力大幅下降，农村面临瓦解危机。

在此背景下，日本发起了重振农村的“造村运动”，特别1979年开始提倡的“一村一品”运动最具影响力和代表性，是一种在政府引导和扶持下，以行政区和地方特色产品为基础形成的区域经济发展模式。造村运动助推日本农业农村发展模式，成为中国、韩国等东亚国家和欧美各国学习的乡村振兴样板。

一　着力推进“六次产业化”提升农业多重价值

进入21世纪后，日本农户收入大幅度减少，在此背景下，日本东京大学名誉教授、农业专家今村奈良臣首先提出农业“六次产业”的概念，目标是将更多的产业增值收益保留在农村，促进农户收入提高。“六次产业”的基础是农业，核心是充分开发农业的多种功能与多重价值。为支持“六次产业”，日本政府于2010年颁布《粮食、农业、农村基本计划》，强调发展农业和农村的“第六产业”（“1×2×3”）来增强农村经济活力。同年，日本农业、林业和渔业部颁布了《促进农林渔业经营者利用区域资源开创新事业法》（简称《六次产业化法》，后更名为《六次产业化：自产自销法》），鼓励农民、森林和渔业经营者利用区域资源开办新企业。2012年日本颁布了《股份公司农林渔业产业化发展支援机构法》（简称《六次化基金法》），旨在提高投融资自由度，完善相关金融体

---

① 段金萍：《法国特色小镇建设的经验与借鉴》，《世界农业》2018年第8期。

系，强化六次产业化成果，扩大六次产业化影响力，并相应地设立“六次化基金”。2013 年，日本农林金融研究所和援助机构共同出资成立了首个“JA（农业协同组合）·六次化基金”（路征，2016）。

由此，日本在推进农业“六次产业”后，农村经济活力和农业产业竞争力日益增强，农村第一、第二、第三产业融合程度日益提升，农民收入也随之稳步提升。

二　强化农业农村信息服务能力提高农业经济效率

（一）持续强化农业农村信息基础设施建设

由于农村资源相对稀缺，日本政府采用政策引导和信息技术支持联动发展模式，以此最大限度地利用相对有限的资源来提高农业经济的效率（蒋璐闻、梅燕，2018）。政策可引导农业生产，而信息技术则可充分激活农业农村生产要素，为此，日本政府一方面着力建设农村信息市场发展政策和规则，并根据农业生产市场规律成立专门咨询委员会来建立规则和制度，以此规范所有市场参与者行为，促进市场高效运转。另一方面，持续建设和完善农村通信、电视、广播等农业信息服务基础设施，如日本农林水产省出台《21 世纪农林水产领域信息化战略》，旨在不断完善农村信息通信基础设施，日本也推出了《电信业务放送法》《广电经营电信业务法》等旨在加强信息基础设施的法律（梅燕等，2021）。此外，为建设数字乡村，日本政府也推出了一系列目标明确、规划详尽的发展战略，如表 5－6 所示。

日本政府实施的系列农业农村信息服务建设措施，极大地提升了有限农村生产资源要素的活力，农业经济效率显著提升。

表 5－6　　日本乡村治理数字化战略

时间	政策	主要内容
1999 年	21 世纪农林水产领域信息化战略	加强农村通信基础设施建设
2001 年	e-Japan 战略	加速网络基础设施与电子政府建设，实现政府网络实时联通

续表

时间	政策	主要内容
2006 年	u-Japan 推进计划	物联网战略，以民、产、学为主
2009 年	i-Japan 战略	加速电子政府、医疗信息化、教育信息化建设
2010 年	教育信息化指南	提出具体教育信息化建设规划及操作使用方法
2017 年	“互联工业”战略	推进产业数字化转型
2018 年	综合创新战略	加强政府对人工智能、农业发展的支持

资料来源：综合王洁琼、李瑾等（2021）及相关资料整理。

（二）构建数字化农产品流通体系

日本政府一直致力于建立完善的农业信息化体系和市场信息服务系统（杨艺，2005）。同时也在持续加强农产品交易市场的数字化建设进程，1997 年，日本开始对各地的农业市场进行数字化改造，并制定了“生鲜食品电子交易标准”，统一了农业生产资料的订货、配送和结算标准。一方面，市场销售信息服务系统可向从事农业工作者提供各种农产品的实时销售数据，另一方面，日本农协自主统计发布建立的农产品生产数量和价格行情预测系统，能够及时对农产品的生产数量和市场行情进行预测，交易市场体系和电子交易标准的建立，促使日本农业市场朝着数字化方向有序推进。日本建立的“地产地消”数字化农产品流通体系，对荷兰、英国、挪威、加拿大等 100 多个国家产生了深远影响。

三 培育农业产业人才助推“六次产业化”

日本“六次产业化”进程需要大量的高素质农业产业人才为支撑，而二战后日本的工业化进程引致农村人才严重流失成为抑制农业农村现代化进程的关键因素。为此，日本政府着力通过产学研合作和人员培训来提升农业从业者技术能力，主要包括向农民提供技术咨询，培养技术与治理相结合的复合型人才，帮助农民从生产转到加工、销售等行业，定期举办研讨会，邀请从业人员与相关社会团体、行业主管部门、研究机构、企业等分享经验，提升公众对六次产业化的认识等。2011 年，日本政府设立“第六次产业化人才发展促进国家机构”，旨在建立一个由政府、教育、工业、劳动和人民五要素组成的专门机构来促进农业产业人才发展（路征，2016）。

四 日本乡村产业振兴成效

日本实施的“造村运动”“六次产业化”等农村复兴战略为推动农业农村发展起到了巨大作用，乡村产业振兴成效明显。

（一）树立了农村“六次产业化”典范

日本《六次产业化·地产地消法》实施以来，依据日本农林水产省2020年最新公布的2018年六次产业统计数据显示，2010—2018年发展六次产业以来，农民参与数量增长明显，农产品加工和直接销售两类占到六次产业化经营数量的82%以上，六次产业从业总数量增长了5.4%，生产总销售金额从16543.72亿日元增长到23384.21亿日元，增长了41.3%，户均销售额增长了34.3%（严瑾，2021）。以上数据表明，“六次产业化”促使日本农村在地方特色挖掘和农业多重性开发方面取得了重大成效，文化体验、观光旅游、销售、加工等第二、第三产业与第一产业融合成效显著且农业附加值提升明显，树立了农业农村新业态、新模式开发，农业多功能性拓展，农业产业价值链下沉，农业提质增效，农户增收的典范。

（二）日本城乡收入差距持续缩小

日本成为高度发达又贫富差距很小的国家，根据日本农林水产省的调查结果，2017年日本农民平均收入比东京企业员工平均年收入高出12万日元。这与日本采取的农村产地直销、产地加工、旅游消费发展模式有关，将农业原材料加工附加值留在农村，通过深度开发农村地区特色产品并与乡村旅游融合，促进农民持续增收。

（三）日本粮食供应水平下降但处于稳定水平

1965年至1985年期间，日本粮食供应水平从73%迅速下降到53%。到2019年，日本粮食供应水平稳定在40%左右。日本《农业基本法》《农业协同组合法》《农地法》《农地利用增进法》《食品、农业与农村基本计划》《推进农地中介管理事业法》等系列农业农村法律地颁布和实施，有力地保障了日本粮食供应水平的相对稳定，未出现重大波动危机。

（四）日本农业现代化达到世界先进水平

日本国土面积狭小，只有8272万亩耕地，农业人口少于200万人，

70 岁以上老年人口占总农业人口将近一半，然而日本农业现代化却达到世界先进水平。一是日本逐步建立了《农业基本法》在内的系列法律法规，为农业现代化提供了制度保障。农业现代化设备、农田水利建设、农产品价格和农贷利息等方面的补贴制度也为日本农业现代化的发展提供了强有力的保障。二是日本构建了以农村基层农协、都道府县农协和农协中央会为主的从政府到地方的“农业协同组合体系”（农业协同组织），为农民提供包括生产资料供应、销售、生产指导、仓储运输、金融、保险、农业信息及福利文化等综合性服务。三是建立了教育、科研与推广体系。日本政府以教育立法形式保障本国教育经费，并从规模、层次、结构方面对农业教育进行合理规划，促使农业教育向现代化方向发展。日本政府为高等学校提供直接农业科研资助，20 世纪 70 年代以年均 7.4% 左右的增长额度为日本国立大学提供农业科研经费，以此促进高素质和实用型农业人才培育。日本农业技术推广则是以改良普及员、专门技术员、试验研究者和农民的路线展开。以上三个方面的协同发展，推动日本农业现代化达到世界先进水平。

（五）农业经营主体不断丰富

日本从事农业的各类经营主体呈现增加趋势，表现为农户以外经营体数明显增加，1994—1999 年增加了 554 个经营体，增长率为 5.5%；1999—2004 年增加了 5548 个经营体，增长率为 52.6%；2004—2009 年增加了 5525 个经营体，增长率为 34.3%（杨秀玉等，2014）。截至 2017 年 3 月，日本政府认定的职业农户 24 万个，经营土地面积占耕地面积的 54%；新型农业经营主体 125 万个，其中法人化经营主体 2.9 万个，户均耕地面积 2.87 公顷①。由此，可见日本农户以外的经营体绝对数显示出快速增加趋势。

第四节　韩国乡村产业振兴经验

作为东亚重要组成部分，20 世纪 60 年代前韩国乡村仍处于百废待兴

① 参见吉林省农业农村厅《日本乡村振兴战略借鉴及政策建议》，吉林省农业农村厅网，http：//agri. jl. gov. cn/xdny/dwjj/202003/t20200330_7008464. html，2020 年 3 月 30 日。

的落后状态。与其他东亚国家类似，历经战争创伤后韩国开始了后发型国家的工业化历程，以工业为中心的发展战略导致工农业发展严重失衡，农村与城市人口的经济发展差距日益扩大，1970 年，韩国城市居民的收入量超过了农村居民收入的 200%。落后的农村促使大量农村人口向城市转移，无序的人口迁移进一步加剧城市住房短缺、公共资源匮乏、城市混乱等社会问题，农村则陷入弱质化和老龄化困局，农业农村发展受阻且制约着韩国经济发展。

面对城市和农村发展双重困局，从 20 世纪 70 年代开始，韩国开启了“新村运动”，以勤勉、自立、合作、共享为口号，主要任务是改善农村生活环境、增加农民收入、促进农民改变思想观念，最后逐渐发展成为涵盖农村开发政策、基础设施改造、流通结构改良等诸多领域的全国性运动（李相万，2022）。“新村运动”促使韩国成为亚洲农业农村现代化的典范。

一　构建产业与社会互融的复合性政策体系

韩国政府制定和实施了系列推动农业农村发展的法律法规，具体的政策体系演变历程大致可以分为三个阶段，如表 5－7 所示，第一阶段聚焦扩大粮食生产和解决农民组织化问题，20 世纪 50 年代，韩国农业政策以粮食增产、解决粮食自给、增加粮食储备为政策核心，重点解决粮食供应短缺问题，韩国政府先后制定和实施了《农地改良计划特别会计法》《农业协同组合法》《农地改良计划》等。此阶段，重振乡村信心和安抚乡村失落感也是韩国政府着力解决的关键问题，以“新村运动”来推动农民收入增加和乡村精神启蒙。第二阶段重点落在乡村工业化和扩大非农收入，进入 20 世纪 80 年代，乡村居民收入只有城市居民收入的 60%，农产品进口自由化政策也对韩国农业造成冲击。在此背景下，韩国政府颁布《农渔村副业园区培育计划》《农渔村收入源开发促进法》《农渔村发展特别法》《农业·农村基本法》等法律，以此提高农户的非农收入，并开始强调六次产业化、经营主体多元化、农业机械化和自下而上的乡村振兴模式。第三阶段乡村振兴政策转向社会政策体系，致力于解决乡村过疏化、农户严重负债和低收入水平、人口红线等问题，韩国政府颁布了《农业·农村综合对策》《国家均衡发展特别法》《归农渔·归村法》《归农·归村综合方案》等法律法规（沈权平，2021）。从韩国农业农村政策演变历史来看，其构建的产业与社会互融的复合性政策体系对韩国农业农村现代化发展起到了法律促进与保障作用。

表5-7　韩国乡村产业振兴政策演进

第一阶段（20世纪50—70年代）	第二阶段（20世纪80—90年代）	第三阶段（2004年至今）
1. 粮食生产与农民组织化，农地改良计划特别会计法（1952年）、农业协同组合法（1957年）、农地改良计划（1961年）、农业增产五年计划（1957年）、荒地开垦五年计划（1959年）、粮食增产七年计划（1965年）等法规和政策 2. 开展“新村运动”	1. 韩国政府提出了一系列以“扩大非农收入”为主题的乡村振兴政策 2. 20世纪90年代以《农业·农村基本法》（1999年）为代表的系列乡村振兴政策	2004年韩国政府颁布《农业·农村综合对策》，政策实施方式从“自上而下”转变为“自下而上”，注重乡村居民自发参与，强化乡村居民组织化程度

资料来源：综合沈权平（2021）及相关资料整理。

二　着力推进乡村产业数字化和治理数字化

韩国政府十分重视农村信息化建设，20世纪80年代初，随着韩国乡村治理和基础设施建设成效较好的情况下，韩国开始着力发展社会信息服务和建设数字化基础设施，并实施了一系列增强乡村信息与数字化发展计划，如表5-8所示。具体而言，一是中央和地方建立促进农业一体化的双边支持系统，所需技术、财政、政策由中央政府、地方当局、民间社会组织等协同支持。二是政府依托“信息化村”计划推动乡村治理数字化发展（李枫林、徐静，2006），农业部、林业部和食品部制定支持技术和创业的政策，地方政府提供直接技术和财政支持。经过长期的信息化和数字化建设，韩国基本建成具有世界水平的农村信息化基础设施，农村居民家庭计算机普及率达到100%（熊春林，2013），在“信息化村”的示范带动下，农产品电子商务也呈现迅速发展态势（董国民，2014）。2022年，韩国计划投资878亿韩元用于数字农业技术开发与推广，利用大数据和人工智能赋能农业，促进数字农业技术的发展和推广①。

表5-8　　韩国乡村产业数字化战略

时间	政策	主要内容
1970年	农渔村经济革新开发计划	改善生活环境、发展农业产业提高农渔民生活水平
1970年	“新村运动”	改善道路、生态环境、居住条件等农村生活环境
1993年	信息产业育成计划	致力于发展计算机软件等信息软件
1994年	农渔业振兴计划	利用信息化推动农村农业发展
1995年	促进信息化基本计划	实现全社会最普遍需要的信息服务
1996年	教育信息化促进试行计划	教育信息化为中央及地方政府的义务
1999年	国家社会信息化推进计划	推进信息网络建设
2001年	“信息化村”计划	注重农村互联网、电脑等基础设施建设与普及
2004年	u-Korea计划	以民、产、学为主，加强官、产、学、研的有机联合
2009年	IT韩国未来战略	推动多元产业信息化融合，提升韩国经济发展动力
2019年	数据与人工智能经济激活计划	促进数据与人工智能的深度融合，通过实施激活数据价值链，构建世界水平人工智能创新生态系统
2020年	数字新政	以数字和绿色为两大主题，促进人工智能在各领域应用

资料来源：综合王洁琼、李瑾等（2021）及相关资料整理。

三　推行“阶梯型+”农民教育模式

韩国政府在农民教育上也建立了较为完备的法律，韩国《教育法》（1949年）中就包含农业教育内容。《农村振兴法》（1962年）明确规定农村指导事业和教育训练事业是农村振兴厅的职能，包括培训事业人员培训、农业经营技术培训、农村各类群体农业生产技术与经营培训、开放式讲座等。《农渔民后继者育成基金法》（1980年）用于指导农渔民后继者

① 中华人民共和国商务部：《韩政府利用大数据和人工智能发展数字农业》，商务部政府网，http://kr.mofcom.gov.cn/article/jmxw/202203/20220303286157.shtml，2022年3月17日。

培养计划。《农业、农村基本法》（2000 年）规定农林部长官应为持续培养未来农业劳动者给予必要的支持（赖作莲，2012）。完备的农民教育法律体系为韩国培育专业化、现代化职业农民提供了重要的制度保障。

遍布全国的农业教育网可为农村居民提供学习便利，包括农业高中、农协专门大学等正规农业类学校，中央、道、市郡、邑面 4 级农业教育，农民教育协议会等民间组织。开设了农业科技班、居民女子大学班、农协会员班、农产品营销班等多样化课程，可以为农民提供农产品流通、新兴农业生产技术、金融信贷、汽车修理、经营管理、家政知识等各类知识（赖作莲，2012）。形成了“阶梯型 +”的不同层次、多元化的农民职业教育体系。农民职业教育的发展为韩国农业农村现代化、信息化、数字化、组织化、乡村工业化提供了高素质、专业化的人力资本保障。

四　自主协同型农村产业运作模式

20 世纪 70 年代，为解决城乡差距日益扩大，增加农民收入并改善农村发展条件，韩国实施了“新村运动”，并以此形成了自主协同型韩国“新村运动”模式。自主协同型模式是一种自下而上的发展方式，主要通过政府大力支持与农民自主发展相配合共同推动与实现乡村振兴发展①。

具体而言，一是韩国政府大量投资乡村交通、公共道路、河道桥梁、污水管道等农村基础设施，以此改善农村居民生活环境。二是韩国政府通过实施“农村工业园区”计划、“新村工厂”计划等系列农村发展规划，以此改变农村产业结构和生产方式来增加农民收入。三是发展互助合作农协，为农户提供专业生产服务。四是建立村民会馆开展文体活动激活农民积极性。五是开展国民精神教育，以此提升农村居民对乡村自主管理和自主建设的新认识。通过上述自主协同型“新村运动”模式，极大地改变了韩国农村农业面貌和农村居民精神面貌，各类生产资源要素也被激活，助推韩国农村农业现代化。

---

① 中国农业银行“三农”政策与业务创新部课题组：《发达国家推动乡村发展的经验借鉴》，《宏观经济管理》2018 年第 9 期。

五　韩国乡村产业振兴成效

（一）韩国“新村运动”成为亚洲农业农村现代化典范

美国著名经济学家、诺贝尔经济学奖获得者西奥多·舒尔茨认为，农村经济发展过程中，农民的能力比土地和物质资本都重要。以勤勉、自助、协同为口号的韩国“新村运动”很好地诠释了这一规律。“新村运动”强调自主意识和自主发展，以精神启蒙运动向乡村植入自力更生的理念，消除乡村中“等靠要”等落后思想。“新村运动”彻底改变了韩国农村贫困落后、没有希望的面貌，1971—1978年间，韩国完成68797座桥修建，85851公里道路修整；1970—1980年间，农民人均收入从10万韩元增长至100万韩元；1975年，农村家庭收入反超城市家庭收入1.6%，全国建成村民会馆3.595万个；1997年，韩国主要农作物种植机械化率已达到98%以上[①]。“新村运动”也促进了韩国性别平等水平，男女平等指数列全球第十，亚洲最高。韩国“新村运动”对农业农村发展产生的巨大效益使之成为亚洲农业农村现代化典范。

（二）以高效的乡村组织化凝聚小农群体

乡村组织化程度对推进农业农村现代化至关重要，乡村组织化可将原子化、零散的小农户进行有机整合形成促进乡村振兴的重要力量。韩国《农业协同法》实施后，韩国农协组织在整合小农户力量方面发挥了重要作用，2019年韩国农协组织共有214万农民会员，占农业人口总数的95.5%，以及多达1600万人的准会员（沈权平，2021）。韩国农协组织对会员提供教育文化、农机推广、购销、社会福利等方面的服务，使所有会员结成利益共同体，建设了韩国乡村组织，并成为推动乡村产业振兴的重要动力。

（三）韩国农民非农收入快速增长

随着农业农村现代化和第一、第二、第三产业融合发展持续深化，农户从第二、第三产业中获得更多收益，这部分非农收入成为农民实现稳定增收的重要来源。据韩国统计局发布的数据显示，2020年韩国农民家庭

---

① 李晋国、金瑛：《韩国建设新乡村运动的成功经验》，《当代韩国》2006年第2期。

年均收入为 4503 万韩元，较 2016 年增长 21.1%。农民年均农业收入从 2016 年的 1007 万韩元增至 2020 年的 1182 万韩元，增长 17.4%。农民年均转移性收入从 2016 年的 878 万韩元增至 2020 年的 1426 万韩元，增长 62.4%。农民非农业劳动收入从 2016 年的 1525 万韩元增至 2020 年的 1661 万韩元，增长 8.9%。韩国农民非农收入快速增长与韩国农村产业深度融合发展、乡村旅游发展等密切相关①。也能够间接体现韩国农业现代发展成效显著。

第五节 西班牙乡村产业村振兴经验

西班牙是三产融合创意观赏农业的乡村振兴典范，具有“欧洲果蔬园”的美誉。西班牙国土面积中的 13.8% 为农地面积，居欧盟第二位，但其橄榄油生产和出口居世界第一，在欧洲产粮国中排名第三（文礼章，2004）。

由于传统农业发展高度依赖出口，西班牙为提升农业附加值和增加农民收入，西班牙政府鼓励农民将农业与旅游业融合，将乡村庄园、农场、城堡进行功能性开发，形成了“番茄大战”、奔牛、斗牛等特色农业，并建设了滑翔、徒步旅游、农事体验、登山、骑马等体验项目。由此西班牙逐步建成了创意观赏农业，实现了 4% 的农业人口创造的农业旅游产值超过了海滨旅游（年猛，2022），创意观赏农业成为西班牙乡村产业振兴的重要组成部分。

一 以立法方式确立乡村旅游业地位

1980 年代中期，西班牙开始发展农村旅游业。为改变传统农业依赖出口和农民增收有限的问题，西班牙政府通过立法的形式将乡村旅游建设成国家主要旅游业。一方面，西班牙国家和地方政府均制定了相应的乡村旅游法，通过法律的形式确定乡村旅游建设标准，如在乡村酒店方面，法律规定获得营业执照需要符合政府规定，具有 50 年以上历史的老房子最

① 郭浩成：《2020 年韩国农民家庭收入创历史新高》，中国农业外经外贸信息网，http://www.mczx.agri.cn/myyj_1/gjny/202106/t20210618_7714097.htm，2021 年 6 月 18 日。

多必须提供 10—15 个房间（胡一玮，2020）。同时为改善乡村旅游基础设施提供低息投资贷款、赠款、免税等政策来支持乡村发展旅游业。此外，西班牙政府对乡村环境和文化资源保护也十分重视，反对城市化带来环境污染，并鼓励遗产建筑保护和发展传统工业。另一方面，科学规划区域特色，西班牙地方政府采取综合科学规划方式，根据市场规模和客户制定乡村旅游发展战略，并根植独特文化领域开发特殊文化旅游产品，因地制宜对乡村旅游产品进行个性化开发（谭明交等，2018）。

二　强化农村基础设施助力乡村旅游高质量发展

完善的基础设施是提升游客乡村旅游体验的重要因素之一，西班牙政府为将乡村旅游打造成国家主流旅游业，同时为应对全球化带来的挑战，西班牙政府将改善农村基础设施作为农村发展的重点工作之一，通过减税、补贴、低息贷款等优惠政策支持农村基础设施建设（刘晨等，2019），例如，对 50 年以上具有乡村特色的老房子提供财政补贴，为乡村旅游区设备建设提供 10 年期长期信贷，以此通过高质量的乡村旅游服务吸引游客（骆高远，2021）。为应对疫情对旅游业的影响，西班牙政府向旅游业从业人员和企业提供 70 亿欧元直接援助和 183 亿欧元国家担保贷款（姜波，2022）。

农村基础设施的持续完善，对促成旅游业成为西班牙经济支柱发挥了重要作用，仅 2019 年，旅游业对西班牙经济的贡献率超过 12%。即使在疫情对全球经济复苏造成阻碍的情况下，2021 年，西班牙旅游业仍然实现逆势增长，到访西班牙的国际游客约有 3100 万，相比 2019 年增长 64.4%。此外，西班牙政府也在着力提升乡村公共服务和数字乡村建设，2021 年，西班牙政府还从欧盟复苏基金中拨出 34 亿欧元，用于改造旅游业的数字化和可持续化（姜波，2022）。

三　以创意观赏农业提升农业附加值

西班牙是世界上第一个将农作物种植和乡村旅游发展相结合的国家。西班牙政府发展创意农业的初衷是提高农产品附加值、增加农民收入和升级农业发展模式。一方面，西班牙政府持续投入资金开发创意农业项目；另一方面，立足游客个性化、多样化、特色化旅游需求，为游客提供滑翔、徒步旅游、农事体验、攀岩、滑雪、登山、骑马等种类繁多的旅游体验项目，在斗牛、奔牛、“番茄大战”等传统文化活动中增加农业元素，如西班牙锡古恩萨小镇下辖28个各具特色的乡村，拥有哥特式教堂、城堡、传统民居等大量历史文化遗迹，游客可入住古堡酒店，体验各式风味餐厅、农家旅社，以及可供徒步的自然公园。创意观赏农业发展过程中，也带动西班牙特有的橄榄油、葡萄酒等农产品出口世界。

四　以数字技术赋能乡村产业竞争力

随着人工智能、大数据等新一代信息技术发展，世界各国均在建设数字乡村和发展数字农业。西班牙政府也在加快农业领域数字化进程，2019年提出农林业和乡村数字化战略以减少农业生产领域和乡村地区的数字鸿沟。2021年，西班牙政府开展以物联网技术为依托的农业数字化试验，并拨款3800万欧元以促进农业数字化，计划建立农林数字化监测平台和数字创新孵化器（2021—2023年），以此促进农产企业的数字创新[①]，在第三大城市瓦伦西亚创新发展智能旅游业，以此增强旅游公司的数字化服务能力来丰富游客体验。

五　西班牙乡村产业振兴成效

（一）西班牙树立了创意农业的世界典范

西班牙创意农业将乡村旅游与农业种植相融合，为世界其他国家建设乡村、拓展农业多功能性、促进农民增收、深化三产融合提供了重要经验。在乡村建设方面，创意农业的发展促进乡村基础设施不断完善，有效避免了古建筑物被破坏，实现了自然人文保护与乡村规划结合，村庄原始面貌得以保留。在农业发展方面，创意农业的发展促进特色农产品研发，产业融合水平不断加深，农业产业链附加值不断提升且留在乡村地区，进一步促进农民增收。在农村居民层面，创意农业的发展促使农村居民高层次乡村认知意识觉醒，开始自觉自主建设乡村，并将独特的传统文化、技艺、习俗等家乡元素融合乡村建设中，进一步促进乡村旅游发展。

---

① 姚明峰、姜波、沈小晓、龚鸣：《多国加快农业数字化转型（国际视点）》，人民网，http://world.people.com.cn/n1/2021/0923/c1002-32233639.html，2021年9月23日。

（二）创意农业促进农业增加值提升

旅游产业是西班牙的重要经济支柱，而乡村旅游业又是西班牙旅游业的主流，也是农村居民收入的重要来源，西班牙全国4%的农业人口创造的农业旅游产值超过了海滨旅游，即使受到疫情影响，2021年，西班牙旅游业总就业人数仍超过230万人，比2020年增长了约23万人（姜波，2022）。2019年，旅游业对西班牙经济的贡献率超过12%。由图5-1可知，2010—2019年间，西班牙农业增加值占GDP比重增长了0.22%。可见，西班牙创意农业对农业增加值的作用显而易见，为乡村居民带来非农收入这一直接收益的同时，也对居民产生了众多间接收益，如农村居民思想价值观念的转变，农村生活环境改善，生活方式改善，古建筑物保护等乡村面貌优化促进农村居民获得感提升。

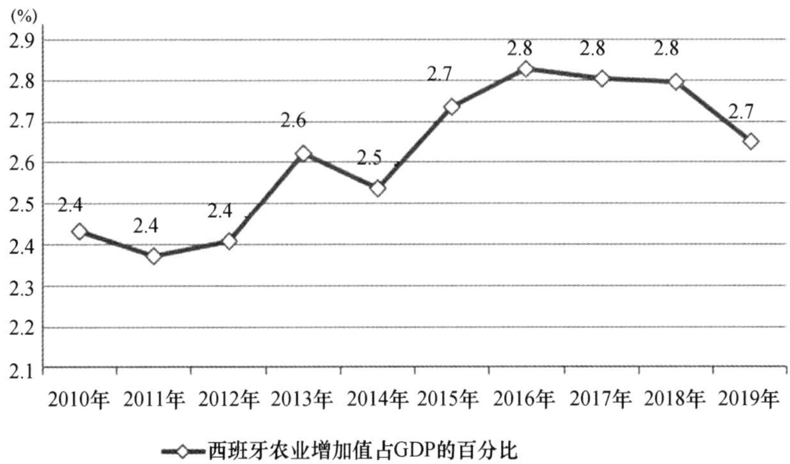

图5-1　2010—2019年西班牙农业增加值占GDP比重

资料来源：世界银行，华经产业研究院整理。

第六节　国外乡村产业振兴经验对中国的启示

综上所述，本书较为系统地归纳、分析了美国规模化大农场模式、法国农业深加工和生态化模式、日本“六次产业”模式、韩国“新村运动”模式、西班牙创意观赏农业模式为典型代表的富裕农业国家的农业农村振兴经验，以此为基础本书构建图 5 –2 所示的国外乡村振兴经验逻辑框架。具体而言，国外农业农村现代化发展由农业农村发展政策体系、职业农民教育体系、信息技术支撑体系三大协同动力系统驱动，其中，由财政、税收等构成农业农村发展政策体系能够以立法的方式确立农业农村发展的地位，进而促成各类农业协作组织建立，促进乡村人文与自然保护，培育壮大职业农民队伍，提升乡村产业科技水平等；由大数据、人工智能等构成的信息技术支撑体系能够将农业农村发展要素全面数字化，进而促进乡村产业、服务、教育、协作、治理数字化发展；由职业教育、农业学校等构成的职业农民教育体系有助于推动农业农村发展人才全面职业化，进而对改善乡村居民认知、增强乡村人力资本、促进乡村专业化生产和提升乡村内生发展能力产生重要作用。三大协同动力系统能够整体提升乡村产业、组织、人才、文化、生态耦合发展，最终促进农业农村实现规模化、标准化、数字化、融合化、现代化发展。

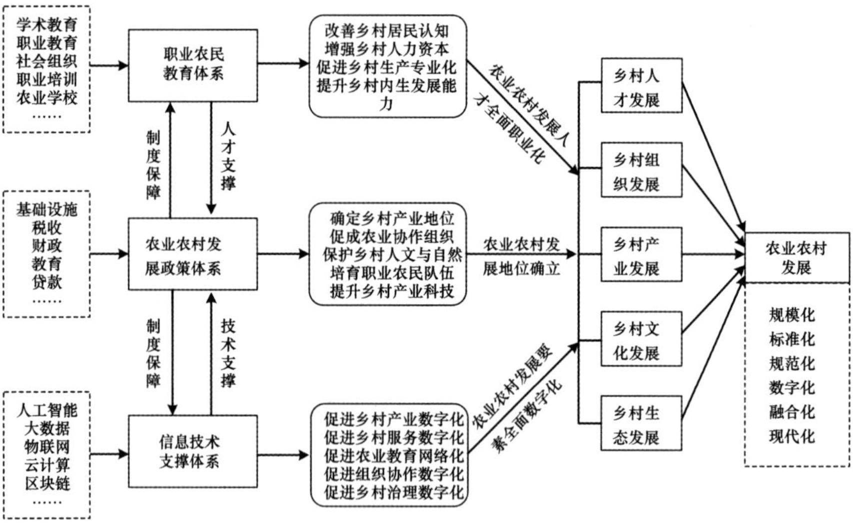

图 5 –2　国外乡村振兴经验逻辑框架

结合图 5 –2 和五个农业发达国家乡村振兴经验，著者认为国外乡村产业振兴经验对中国乡村产业发展带来以下启示：

一　推动乡村产业发展需要以立体式法律体系为根本

从上述五个农业发达国家的乡村产业振兴实践来看，构建促进乡村产业发展的立体式法律体系占据十分重要的地位，如美国以立法的方式创造了农业自由竞争环境，并持续增强农业规模化，培育了大量的职业农民；法国以立法的方式确定了农业与其他行业的平等地位，并优先支持农业发展等。我国作为农业大国，农村发展始终面临着人多、地少、科技水平低、资源消耗等刚性约束，为促进农业农村发展，我国政府实施了系列促进农业农村发展的工作规划、通知、决议或部署等，如《关于加快农业发展若干问题的决定》（1979 年）、《关于一九八六年农村工作的部署》（1986 年）、《关于促进农产品加工业发展意见的通知》（2002 年）等，直到 2021 年第十三届全国人民代表大会常务委员会制定和颁布了《中华人民共和国乡村振兴促进法》，这是我国第一部直接以乡村振兴命名的法律，填补了我国乡村振兴领域的立法空白，标志着乡村振兴战略迈入有法可依、依法实施的新阶段。但总体来看，我国推动农业农村发展的立体式法律体系尚未建立，法律的约束力、对农业农村发展标准、规范、地位等促进农业农村的内容仍需完善和深化。为此，有必要在结合我国农业农村独特环境的前提下，借鉴发达国家农业农村立法，逐步建立和完善具有中国特色、中国模式、中国影响力的推动乡村振兴的立体式法律体系。

二　激活乡村产业要素活力需要以阶梯式职业农民培育体系为基础

综合国外乡村振兴经验，可知充分发挥农民的主体地位对激活乡村产业等要素发展活力至关重要，例如，韩国“新村运动”对农村居民自力更生等精神启蒙起到了重要的催化作用，彻底改变了韩国农村贫困落后、没有希望的面貌。这需建立在培育一支职业化农民队伍基础之上：（1）职业农民是新型农业经营主体的重要来源。农业产业化龙头企业、家庭农场、农民专业合作社、专业大户等新型农业经营主体正在成为引领农业农村发展的关键主体，他们掌握了较高的从事农业所需的机械化、电气化、自动化、现代化理念等专业知识，成为推动乡村产业现代化的中坚力量。（2）职业农民对农业农村形成了更高层次的精神觉醒。职业农民的主体意识和内生发展能力更强，改造和发展农业农村的意愿更加强烈，其通过发挥自身的能动性创造更美好生活的积极性和引领乡村居民参与农业农村发展的影响力更强。(3) 职业农民是提升乡村组织化程度的重要力量。职业农民能够将零散小农户进行有机整合形成专业化的农业合作组织利益共同体，能够促进农业技术、机械设备、职业教育、生产销售、社会福利等的发展，也是促成农业产业化联合体的关键力量。(4) 职业农民是激活乡村产业要素活力的关键动力。以农业产业为核心的新业态、新产品、新模式地开发和产业链融合发展更多依赖于职业农民，他们更有可能推动乡村特有的建筑、民俗、技艺、自然、农业等各类要素实现深度融合，衍变为富民产业。

为此，我国可在现有农业教育体系基础上，借鉴发达农业国家构建的职业农民教育体系，整合各方力量建立适合自身发展的阶梯式职业农民培育体系。一是建立覆盖小学、初中、高中到大学的层级化农民职业教育体系，以满足不同层次人群的需求。二是鼓励和引导社会力量参与职业农民培训，以满足农民对经营、生产、销售、管理、技术等不同层次知识的需求。三是建立网络化职业教育平台，满足自主学习人群的需要。四是建立完善职业农民资格认证制度，并与税收、补贴、贷款等政策相关联。

三 提升乡村产业增加值需要以网络化信息技术体系为支撑

美国“精确农业”、法国“未来投资”计划、日本“六次产业化”、韩国“信息化村”计划、西班牙智慧旅游等实现快速发展，均是建立在物联网、云计算、大数据，人工智能等新一代信息技术基础之上。上述国家在推动乡村信息化、数字化发展方面，实施了系列数字化战略并以立法的形式大量投资信息基础设施建设。关键原因在于信息技术能够显著提升乡村产业附加值，促进农民增收：(1) 信息技术改变传统乡村产业发展方式。信息技术促使现代农村产业体系实现了精准化、自动化、智能化、数字化发展，农业生产技术和经营管理均发生了质的飞跃。(2) 信息技术推动三产数字化融合。信息技术能够解决三产融合过程中面临的融合浅、要素活力弱、产业链延伸难等问题，实现农业产业链深度融合和价值链增值。(3) 信息技术可增强乡村产业服务化能力。(4) 信息技术促进农产品可追溯，搭建起农户与消费者间的信任桥梁。

近年来，随着信息技术的飞速发展，乡村信息基础设施不断完善，以及乡村互联普及率不断提升（截至 2021 年 12 月，农村地区互联网普及率为 57.6%），我国也开始加大农村信息化建设力度，自 2018 年，中共中央、国务院《关于实施乡村振兴战略的意见》提出了“数字乡村”概念，2019 年，中共中央办公厅、国务院办公厅印发了《数字乡村发展战略纲要》。为此，我国可基于现有的农村信息化建设经验，借鉴发达农业国家信息化建设经验，进一步从政策、规划、人才培育、科学研究、社会组织参与等方面逐步完善农业农村网络化信息技术支撑体系。

第六章

乡村产业融合发展的内涵与模式

2018 年 1 月，中共中央、国务院印发《关于实施乡村振兴战略的意见》明确提出实施数字乡村战略，弥合城乡数字鸿沟，同时提出到 2020 年，农业综合生产能力稳步提升，农业供给体系质量明显提高，农村第一、第二、第三产业融合发展水平进一步提升。随后在《关于促进乡村振兴的指导意见》（2019 年）、《中共中央关于制定国民经济和社会发展第十四个五年规划和二〇三五年远景目标的建议》（2020 年）、《中华人民共和国乡村振兴促进法》（2021 年）、《“十四五”推进农业农村现代化规划》（2022 年），以及《中共中央国务院关于做好 2022 年全面推进乡村振兴重点工作的意见》（2022 年中央一号文件）等系列中央政策文件均在突出强调加快发展智慧农业、数字乡村建设，并推进农业生产经营和管理服务数字化，推动农村第一、第二、第三产业融合高质量发展，构建现代乡村产业体系。为此，探讨数字化如何赋能乡村产业融合发展具有十分重要的理论与现实意义。

第一节　乡村产业融合发展的内涵

一　产业融合内涵

乡村产业融合发展主要探讨农村第一、第二、第三产业融合发展问题。虽然学术界对产业融合问题进行了广泛且深入的研究，然而，何为产业融合？却始终未能形成较为统一且被普遍认可的定义，综合来看，学术界主要从产业组织、产业边界、技术融合、融合过程、综合、广义等角度对产业融合进行定义（Freeman，2013；Greenstein、Khanna，1997；Lind，

2005；Rosenberg，1963；胡永佳，2007；李美云，2005；马健，2006；植草益，2001），如表6－1所示。从中可以归纳出产业融合内涵包含两类要素：一是技术要素，产业融合需要以技术变革和扩散为前提条件，通过形成共同的技术基础实现产业融合。二是边界要素。产业边界的模糊化是产业融合的重要特征。故综合而言，产业融合是基于共同技术变革推动下的产业边界重构的过程。

表6－1　　　　产业融合的内涵

<table>
<tr><th colspan="2">视角</th><th>内涵</th><th>代表性学者</th></tr>
<tr><td rowspan="5">产业融合特征视角</td><td>产业组织</td><td>通过放宽限制或技术变革削弱产业间壁垒，以此增强产业内企业间相互竞争关系的现象</td><td>植草益，2001</td></tr>
<tr><td>产业边界</td><td>产业边界为适应产业增长出现的消失或者收缩</td><td>Greenstein 和 Khanna，1997</td></tr>
<tr><td>技术融合</td><td>特定技术在系列产业中的扩散与应用，并引发了创新活动的过程</td><td>Rosenberg，1963</td></tr>
<tr><td>融合过程</td><td>从技术融合到业务融合，再到市场融合的逐步实现过程</td><td>Freeman，2013</td></tr>
<tr><td>综合角度</td><td>发生在产业交叉或边界的技术融合，经不同行业、产业间的管理、业务、组织或市场资源整合后，市场需求与产业产品被改变，进而导致产业内企业间竞合关系变革，最终导致产业边界重新划分或模糊化</td><td>马健，2006</td></tr>
<tr><td rowspan="3">产业融合范围视角</td><td>广义层次</td><td>融合由信息产业及相关部门拓展到所有产业，产业界限被消除，各自分离市场的汇合</td><td>Lind，2005</td></tr>
<tr><td>中观层次</td><td>数字化激活的服务部门重构，产业结构被重塑</td><td>李美云，2005</td></tr>
<tr><td>狭义层次</td><td>数字融合基础上出现的产业边界模糊化现象</td><td>胡永佳，2007</td></tr>
</table>

资料来源：结合植草益（2001）等相关资料整理。

二　乡村产业融合发展内涵

基于上述产业融合的定义，国内学者结合乡村产业情境尝试界定乡村产业融合发展的内涵，常见的定义主要有：农林牧副渔等第一产业的细分产业与第二、第三产业中的细分产业所形成的社会生产的产业间分工在农村实现内部化（苏毅清等，2016）；以农村第一、第二、第三产业之间的融合渗透与交叉重组为路径，通过产业链延伸、产业范围拓展和产业功能转型，实现产业发展和发展方式转变（姜长云，2015）；以农村为主导，将农业扩展到观光、交流、治理、福利等多种多样产品开发方面，并将具有创造新价值和潜在能力的农村观光、教育或交流等新内容与农业的商业化相联系起来的产业（金玉姬等，2013）；充分有效地利用农村地区资源，以第一产业的农业为基本，综合发展农产品加工等第二产业和农产品直销、饮食业、休闲农业等第三产业，让农村各产业有机整合的过程（徐哲根，2011）；以富裕农民为目的、以拓展农业为手段、以振兴乡村为基础，通过促进生产要素流动，实现产业复合与重构，催生新业态，形成产业聚合体的综合发展过程（江泽林，2021）。

由上述定义，可知乡村产业融合的内涵不具有类似产业融合多视角内涵。但存在共同的内涵基础，即把发展农业的多功能性视为乡村第一、第二、第三产业融合发展的核心特征。鉴于此，可知乡村产业融合是以发展农业多功能性为目标的产业横向与纵向互为渗透融合的过程。

第二节　乡村产业融合发展的模式

由乡村产业融合的定义，以及乡村三产融合实践的深度发展，可知乡村产业融合呈现多元化融合模式。综合姜天龙和舒坤良（2020）等学者的相关研究，乡村产业融合发展模式主要有以下几类，如表 6－2 所示：

表 6－2　乡村产业融合模式

视角	乡村产业融合模式	代表性案例
产业融合主体	拓展开发模式、合作融合模式	贵州前锋村关岭牛养殖产业、湖州南浔区千金镇温氏肉鸡养殖产业、山西云州黄花产业
包含产业类型	1+2 模式、1+3 模式、1+2+3 模式	安徽省“三瓜公社”、韩国江原道大关岭羊牧场、贵州省遵义市凤冈县茶叶产业、江西省崇义县南酸枣产业
利益联结机制	初级融合模式、高级融合模式	广东省连平县合约型农业、上海市崇明民宿产业、浙江“两山银行”资源入股模式
产业融合动因	自发融合模式、扶持融合模式	山东省庆云县石斛特色小镇、江西省吉安市国家农村产业融合发展示范园、河北省迁西县花乡果巷田园综合体、辽宁蒋家湾田园综合体

资料来源：结合姜天龙、舒坤良（2020）等相关资料整理。

一　基于产业融合主体视角的乡村产业融合发展模式

主要包括合作融合与拓展开发两类模式，合作融合模式是两个或两个以上的产业主体通过特定利益联结共同推动产业融合发展的模式，包括“公司+合作社+基地+农户”“农户+龙头企业+合作社”“支部+合作社+贫困户”“农户+龙头企业”“农业龙头企业+现代生态养殖小区+农户”等合作融合形式。如贵州前锋村引进贵州关岭牛铭品有限公司，形成“龙头企业+合作社+农户”组织方式，合作社在 2019 年实现 42 万元分红，全村 20 多户种草户户均增收 2000 余元①。合作融合模式充分运用了合作社组织农民、管理农民的优势，同时充分释放龙头企业连接大市场的能力，总体而言对产业融合主体的要求较低。拓展开发模式则是以一元产业经营主体为产业融合主体，开发或拓展基于原有产业基础的产业链条上的其他产业，进而实现融合发展。如山西云州黄花产业，通过将黄花产业链向美容、食品、冰鲜、文化等 9 大类 120 多种黄花产品延伸，黄花面积由 2011 年的 1.68 万亩发展到 2021 年的 26.5 万亩，2021 年，大同

① 杨玲：《从“提篮小卖”转向“耦合突围”——贵州农业发展组织方式革命带来发展新机遇》，中国农网，http：//www.farmer.com.cn/2020/04/02/99850739.html，2020 年 4 月 2 日。

黄花产业中，第一、第二、第三产业融合的文旅产值 2 亿多元，占比 6.6%①。拓展开发模式需要融合主体具备发展其他产业所需的管理能力、技术、资金等生产要素，对产业融合具有绝对的支配权且需要独自承担经营风险。

二 基于产业类型视角的乡村产业融合发展模式

主要有“1+2”模式、“1+3”模式、“1+2+3”模式，其中“1+2”模式是指第一和第二产业融合模式；“1+3”模式是指第一和第三产业融合模式。如江西省崇义县南酸枣产业属于“1+2”模式、“1+3”模式中的典型，在“1+2”模式方面，崇义县主要通过四类方式推动“1+2”融合②：（1）新品种培育与种植。对南酸枣矮化技术与高效栽培进行技术开发，达到矮化、增产效果，将南酸枣树高度由 20—30 米降低至 10 米左右，实现亩产鲜果增产 50% 以上，由 1000 千克/每亩左右提高到 1500 千克/每亩以上。（2）强化有机产品质量检测追溯。一是完善“县、乡、村”三级农产品质量检测监管网络，为农产品进行质量背书，使崇义农产品充分体现绿色、有机、富硒。二是建设“一基地三体系”，即国家级有机食品生产基地，有机农产品检测、追溯、监管体系。三是印发《崇义县富硒农业产业发展实施方案》，充分释放占比超过 20% 富硒土壤优势，培育扶持富硒品牌。（3）提升精深加工。为每个产业引进或培育一家精深加工龙头企业，如南酸枣产业有齐云山食品有限公司。（4）创新产品研发。推动齐云山公司建成全国首个南酸枣种质资源库和江西省南酸枣工程技术研究中心，研发出南酸枣植物黄酮（多酚类）抗氧化功能食品，并与南昌大学进行产学研合作，完成南酸枣产业化关键技术和装备创新与应用，实现年产值 6 亿元。在“1+3”模式方面，主要通过农旅、茶旅、果旅融合方式实现：一是农旅融合。采用“把产品卖出去”和“把人引进来”相结合方式，如发起面向社会公开众筹的上堡梯田公益认筹活动，吸引个体和企业家参与保护梯田行动。以梯田产出稻米归认筹者

---

① 刘鑫焱、乔栋：《看脱贫花如何变为振兴花》，《人民日报》2022 年 9 月 23 日第 10 版。

② 李启峰：《走“绿路径”铸“金钥匙”——崇义县创新推进“三产”融合加快乡村振兴纪实》，《赣南日报》2021 年 8 月 17 日第 1 版。

所有方式实现产品销售，同时通过赠送或免门票方式吸引消费者。二是茶旅、果旅融合。建设“茶山行”精品旅游线路，推出万长山“茶山行”高山帐篷节、龙归“茶之旅”研学活动等吸引游客和品牌商。以猕猴桃、脐橙、百香果、刺葡萄等水果产业为基础，建成国内首个一年四季可采摘的脐橙基地和果旅融合特色小镇。

“1 +2 +3”模式则是指第一、第二、第三产业相互融合模式，如贵州省遵义市凤冈县，在培育茶叶产业绿色融合发展过程中，采用规范生产加工、多元主体培育、基地管理强化方式，培育出 120 个茶叶专业合作社、280 家茶叶加工企业、1 家国家级产业化龙头企业、22 家省级龙头企业、1 个国家级 4A 景区、70 余家茶旅景区农家乐，并成功塑造了“凤冈锌硒茶”品牌，2021 年入选全国第一批中欧互认地理标志保护产品目录[①]，由此，形成了茶旅一体化融合发展的乡村典型“1 +2 +3”的三产融合发展模式。

三　基于利益联结机制视角的乡村产业融合发展模式

主要包括初级融合和高级融合模式，利益联结相对松散的模式即是初级融合，如广东省连平县合约型农业，有“公司 + 农户 + 基地”“公司 + 农户”“公司 + 农户 + 合作社”等合约型农业经营模式，该模式通过合约方式解决粗放经营、质量低、产量低问题，但合约型农业无法有效保障农民利益、存在合约履约率低现象，源于农户与企业的不对称市场地位、较低的合约约束力、缺乏有效组织、农户生产粗放化因素（李小练，2018）。而高级融合模式则是以股份合作的利益联结紧密模式，如上海市崇明民宿产业，农户以民宿和餐厅面积为单位入股，参与农家旅游经济合作社，所得收益根据股份分红；浙江安吉县、遂昌县等建设的“两山银行”模式，村民以闲置的山林、土地、房屋资源存入“两山银行”置换成股份，极大地盘活了大量分散的资源，实现高效化、集约化利用，有利于乡村振兴发展。

---

① 农业农村部：《贵州省遵义市凤冈县：实施“五化”联动　推动茶叶一二三产业融合发展》，农业农村部政府网，http: //www. moa. gov. cn/xw/bmdt/202204/t20220422 _6397334. htm，2022 年 4 月 22 日。

四 基于产业融合动因视角的乡村产业融合发展模式

主要包括自发融合和扶持融合模式，产业经营主体主动以开发或联合方式延长农业产业链以追求融合发展利润的模式即是自发融合。扶持融合模式则是政府部门通过技术、税收、财政、土地、金融等各类扶持性政策，帮助破除产业经营主体间的壁垒，进而实现产业间的连接。此类融合模式的典型方式有田园综合体、返乡创业园、农业产业园、农业特色小镇、农业示范园等。如山东省庆云县石斛特色小镇，是以铁皮石斛产业为核心，形成保护现代农业观光、草药种植加工、健康养生体验、中医药贸易产业园、特色文化休闲于一体的石斛小镇，具有产业“特而强”、功能“聚而合”、形态“小而美”、机制“新而活”的特征。江西省吉安市国家农村产业融合发展示范园，包含20平方千米建成区，50平方千米拓展区和125平方千米辐射带动区，园区以绿色水稻、特色果蔬（井冈蜜柚、有机芦笋等）、高产油茶为特色产业，建成绿色水稻示范基地5.2万亩、生态井冈蜜柚标准化示范基地1万亩、绿色蔬菜基地2000亩、智慧农业精品示范园200亩，2020年，园区总产值达到102亿元，带动周边2万余户农民致富，农村居民人均可支配收入达到2.5万元①。

五 其他角度的乡村产业融合发展模式

也有学者从其他角度对乡村三产融合类型进行划分：从主体被产业融合带动角度，有龙头企业带动型、农业服务企业带动型、工商资本带动型、第一产业带动型（王兴国，2016）；从内在结构角度，产业融合具有市场融合、业务融合、产品融合三类（周振华，2003）；依据统计局对三大产业划分标准，主要有产业之间和产业内部两类融合模式（王昕坤，2007）；从产业融合方式、方向、跨度角度，分为农业产业链延伸、高新技术渗透、农业与第二、三产业交叉融合、农业内部产业整合四类（马晓河，2016）；从互联网技术在产业融合中的作用角度看，可以分为第

---

① 吉安市发展改革委：《“融”出新天地“合”奏新乐章—江西省吉安市国家农村产业融合发展示范园创建经验》，国家发展和改革委员会网，https://www.ndrc.gov.cn/fggz/nyncjj/zdjs/202202/t20220221_1316026_ext.html，2022年2月21日。

一、第二、第三产业内部的重构型融合、产业间交叉性融合（梁立华，2016）；其他学者则从多维综合视角提出新技术渗透、内部重组、产业间延伸、品牌核心模式、“三资”活化模式、主体协作模式、区域协同模式、功能拓展、农业内部有机融合等（温淑萍等，2017；熊爱华、张涵，2019）。虽然上述学者基于某类独特视角对乡村产业融合模式进行了特定划分，但也可以将其归入表6－2所示的四类产业融合视角当中。

第 七 章

数字化赋能乡村产业融合发展的作用机理

随着信息技术的发展和应用领域的延伸，种植业、畜牧业、渔业、农机装备等乡村产业开始与物联网、大数据、云计算、人工智能等新一代信息技术全面深度融合。数据要素逐渐成为农业现代化发展和乡村振兴的关键资源，2021 年 11 月，农业农村部大数据中心的成立，标志着农业农村大数据体系建设迈入应用阶段，初步构建了相关标准并建成了农业大数据管理系统，包括农业农村大数据采集、存储、传输、共享、安全等标准；涉及国土、种业大数据、林草、耕地、生猪、糖料、棉花等产业链大数据，农药兽药、新型经营主体、标准农田等管理大数据（徐向梅，2022）。

从数字化赋能乡村产业实践来看，2021 年，4.7 万余家企业入网追溯系统，实现精准监测的养猪场、生鲜乳收购站分别达到 18 万多个、4300 多个，超过 6000 万亩作业面积采用北斗导航系统。江苏、黑龙江、山东、广东等地涌现出无人牧场、无人农场、无人渔场、植物工厂等多样化类型的新乡村种养模式。全国共有 1640 万家农村网商（店），农村网络零售额达到 21321.3 亿元。都市农业、观光农业、乡村旅游、休闲农业、认养农业、创意农业等新业态相继蓬勃发展，健康养生、游憩休闲、创业园、创意民宿等新乡村产业成为农村三产融合的主流业态（徐向梅，2022）。

由上述乡村产业实践，可知数字化赋能正在改变乡村产业融合发展格局。数字技术的渗透性和通用性特点，能够加速农业与其他产业的融合，促进技术、资本、劳动等要素实现跨界配置，极大提升乡村产业融合效应和农产品附加值。数字技术可以更好地促进农业向多功能拓展，形成体验、观光、研学等新业态，也可加速三产融合模式实现，如数字技术促进农业与第二产业融合形成农产品精深加工、智能农机制造等，也可以促进农业与第三产业融合形成智慧生态旅游、农村电商等。虽然我国数字化赋能乡村产业融合发展的产业实践较为丰富，但是数字化赋能乡村产业融合发展的作用机理仍尚待挖掘，为此，本书拟采用扎根理论方法，基于海量的网络文本资料，构建数字化赋能乡村产业融合发展的作用机理模型。

第一节　扎根理论研究设计与实施

一　扎根理论方法

当现有理论不足以解释某种现象，需要运用质性研究工具对现象进行抽象概念和理论深化时，扎根理论方法特别适用（Corbin、Strauss，2008）。由本书理论基础部分，可知现有研究尚未建构数字化赋能乡村产业融合发展的理论体系，相关研究十分匮乏，此情境下，采用扎根理论方法从丰富的田野资料中归纳、提炼、构建数字化赋能乡村产业融合发展作用机理理论框架最为合适，具体扎根理论研究过程如图 7－1 所示。

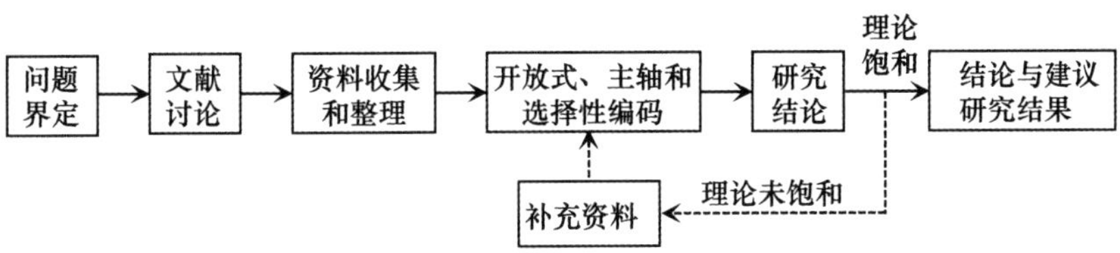

图 7－1　扎根理论研究流程

二　扎根理论实施过程

（一）数据收集

由于我国乡村众多，且环境差异较大，产业发展情况也存在较大差异。乡村经过长期的建设发展，特别是实施精准扶贫和乡村振兴战略以来，乡村基本形成了“一村一品”的产业格局。农村电商的蓬勃发展和互联网在农村各个领域的渗透，乡村产业通过电视、媒体、微信、微博、报刊等各类信息化渠道的曝光度日益增强，大量掌握了互联网知识的新媒体人才涌入农村，以博文、公众号、视频等方式传播乡村产业发展情况，如驻村第一书记、大学生、网红等各类群体通过抖音号、快手号等网平台以直播方式宣传乡村产业，为我们深入了解全国各地农村产业发展状况提供了丰富的网络素材，这也为本书基于海量网络素材研究数字化赋能乡村产业融合发展问题提供了得天独厚的条件。为此，本书采用 python 工具收集整理与数字化赋能乡村产业融合发展相关的海量网络素材方式来建立研究数据库。

（二）数据收集过程

由传统媒体衍化而来的新媒体逐渐成为信息流、垂直化和聚合器的服务终端，并且具有各种存在形态，如微信、社交网站和平台、微博、新闻网站等。结合本书研究主题，选择微博、微信、知乎、视频网站、报纸和期刊等各个渠道搜集材料。素材搜集过程中遵循以下原则：一是代表性原则。所收集的样本素材被人民网、新华网、光明网、政府网站、《人民日报》、《光明日报》等权威媒体报道，以此保证素材的权威性和代表性。二是全面性原则。所收集的样本素材力求覆盖我国东部、中部、西部、东北部等区域，以此保证研究素材能够全面真实反映数字化赋能乡村产业融合发展的真实产业实践情况。三是多元化原则。样本材料收集来源多元化，以此增强研究素材之间的三角验证关系，避免单一素材偏差。通过全面搜集整理，共获得 43 篇原始资料，共计约 14.3 万字，样本包括广东、江西、贵州、山东、云南、湖北、甘肃、江苏、河南、浙江、四川、黑龙江等省份县乡样本，部分样本信息如表 7－1 所示。

表 7－1　数字化赋能乡村产业融合发展样本信息（示例）

编号	资料标题	资料来源与时间	资料类型	资料用途
DCI1	现代农业装上“数字引擎”	人民日报，2022－04－29	报纸文章	建模
DCI2	工业互联网助力乡村振兴卡奥斯加速农业数字化转型	人民资讯，2021－03－11	网站文章	建模
DCI3	数字技术赋能乡村产业振兴——基于临安区山核桃产业数字化转型案例的研究	上海商学院学报，2021－04	期刊文章	建模
DCI4	数字技术＋乡村振兴如何助推县域经济腾飞	农业行业观察，2022－05－12	网站文章	建模

续表

编号	资料标题	资料来源与时间	资料类型	资料用途
DCI5	数字牧场打造“慧”农引擎，以智慧循环产业发展带动乡村振兴	腾讯网，2022-04-07	网站文章	建模
DCI6	浙江探索数字乡村建设——数字化结出“智慧果”	人民日报，2021-08-14	报纸文章	建模
DCI7	浙江德清：“数字乡村”开启乡村振兴新模式	光明日报，2020-10-29	报纸文章	建模
DCI8	数字化平台加码发力“乡村振兴”	新华网，2022-05-25	网站文章	检验
DCI9	数字经济为乡村产业振兴赋能	广州日报（新华网转载），2020-08-10	报纸文章	建模
DCI10	网跨千年，村中有“数”——“数字乡村”赋能西部发展观察	新华网，2022-03-28	网站文章	检验
DCI11	数字农业：打造山东淄博乡村产业振兴新引擎	淄博日报（新华网转载），2020-08-13	报纸文章	建模
DCI12	科技赋能把“小蘑菇”做成“大产业”	人民网，2021-10-21	网站文章	建模
DCI13	数字化助推，小蘑菇升级“大产业”	山东邹城市人民政府网，2021-11-06	网站文章	建模
DCI14	“数智”之下，乡村产业冉冉升起	四川日报，2022-05-28	报纸文章	检验
DCI15	“兴”中有“数”加“数”前进——数字赋能江西乡村振兴	新华网，2022-05-07	网站文章	建模
DCI16	产量产能全国第一，解锁普宁青梅富民兴村密码	广东新闻，2022-01-24	网站文章	检验
DCI17	黑龙江北安市大豆产业集群基地项目案例，如何借助数字农业腾飞	农业行业观察，2022-06-24	网站文章	检验
DCI18	河南临颍：5G+智慧农业推动乡村振兴“数字密码”	河南都市报道（人民资讯转载），2021-10-11	网站文章	建模

续表

编号	资料标题	资料来源与时间	资料类型	资料用途
DCI19	湖北秭归：乡村有“数”“云”上“享服”	中国网湖北，2022－06－10	网站文章	建模
DCI20	静宁：“数字化”赋能乡村振兴	甘肃日报，2021－05－28	报纸文章	检验
DCI21	毕节：数字技术成为乡村振兴的“助推器”	中国日报网，2022－06－01	网站文章	建模
DCI22	云南红河：数字化赋能“花经济”，“云花”产业未来可期	中国新闻网，2021－11－28	网站文章	建模
DCI23	江苏：乡村振兴，如何浇筑“数字底座”	新华日报，2022－07－07	报纸文章	建模
DCI24	江苏丰县抓好“数字助农　智慧兴农”——持续推进数字乡村建设	经济日报，2021－12－09	报纸文章	建模
DCI25	河北“6＋6”加快农业产业数字化进程	河北省农业农村厅，2020－11－06	网站文章	检验
DCI26	数字经济驱动乡村产业振兴的“巨鹿样本”	光明网，2021－09－25	网站文章	建模

资料来源：作者整理。

第二节　数字化赋能乡村产业融合发展作用机理构建

一　开放式编码

对原始资料进行逐项拆解、分析、并赋予原始资料中的行动或事件相应标签的过程即是开放式编码。本书随机选取其中的30份样本信息展开分析，其余13份样本信息用于饱和度检验，为保障开放式编码结果的一致性，本书参考Miles等（2013）、陈武和李燕萍（2018）等的做法，采用双盲编码方式，由2名研究人员分别对原始资料进行概念化分析，并遵循最大化原则保留初始编码，2人分别初步获得318条和326编码。随后，遵循意思相近或相同原则对初级编码结果进行同类项合并、精简操作，最终获得 277 条和 288 条编码，一致性检验结果大于 80%，达到良好标准，并从中抽象出 19 个范畴，如表 7－2 所示。

表 7－2　开放式编码范畴化

编号	范畴	证据示例与初始概念
1	数字技术	DCI1－1 物联网 DCI10－3 云计算 DCI15－8 人工智能 DCI20－3 阿里云 ET 农业大脑
2	数字设备	DCI1－9 工业互联网生态赋能的卡奥斯 COSMOPlat（卡奥斯） DCI21－11 卫星遥感监测（遥感卫星） DCI28－8 无人机正在施肥（无人机） DCI33－7 伫立在田间的小型气象站（小型气象站） DCI36－11 太阳能墒情监测仪器（墒情监测仪） DCI38－12 农产品产地种养计划、农事管理、溯源管理等功能的数字农业平台 10 个（数字农业平台） DCI42－7 利用蜂箱安装的微型摄像头（微型摄像头）
3	数据采集	DCI2－9 将各类数据传回科研中心（数据传输） DCI5－11 湖羊戴上智慧耳标，扫码便可了解年龄、免疫等全部信息（智慧耳标采集数据） DCI9－16 蚕养殖智能农业系统（智能农业系统） DCI19－14 能够全流程获取猪的成长情况和气温、湿度等养殖数据（养殖环境数据采集） DCI21－13 通过智慧农业管控系统实时采集数据（实时采集数据）
4	数字化环境监测	DCI1－10 对蜜源地环境进行实时监测（实时环境监测） DCI1－11 对蜜源地环境进行实时预警（实时环境预警） DCI6－8 大数据进行全程监控（大数据监控） DCI13－5 无论是天气气象的温度、湿度、风向、气压是多少，都可以清晰地监测到（自然环境监测） DCI15－6 病虫害方面都可以及时发现（病虫害监测） DCI33－9 可以通过智慧蜂业数字化管理指挥平台实时了解蜂场区域的安全防控状况（安全防控监测） DCI39－10 实时监测

续表

编号	范畴	证据示例与初始概念
5	数字化过程控制	DCI2－4 对基地基本情况等进行统一监管（统一监管） DCI1－7 从根源上把握住蜂蜜产品的生产全流程（控制生产全流程） DCI13－12 果农通过智能手机及时记录果树的浇水、施肥、施药情况，积累丰富的数据（果树生产过程控制） DCI19－9 实现生产加工全程数字化管理（生产加工全过程数字化管理） DCI21－8 牛套项圈形成电子围栏，牛羊哪儿吃草哪儿跑，坐在家里全知道（养殖过程控制） DCI34－13 实现了生产经营全过程精细化管理（生产经营全过程精细化管理）
6	数字化管理	DCI1－13 为当地滇云蜜语打造了蜂蜜物联网数字化管理基地（数字化管理） DCI3－7 涵盖油橄榄种植、品牌形象设计、销售渠道拓展等全流程的数字化解决方案（全流程数字化管理） DCI11－13 科技的数字化管理（数字化管理） DCI18－17 智慧管理 DCI22－15 大大提高了管理水平（提高管理水平） DCI26－6 果园管理智能化（管理智能化） DCI28－21 数字化技术应用的深度突破，大大提升了管理半径和细化了管理的颗粒度（细化管理颗粒度）
7	可视化追溯	DCI5－8 打造全流程物联网追溯体系（全流程物联网追溯） DCI7－11 每个产品的采、产、销各个环节都能实现可视化追溯（产品环节可视化追溯） DCI9－17 农产品追溯 DCI11－12 农业合作社猪场里，可视化养猪（养殖可视化） DCI21－17 利用 5G NB-IoT 物联网技术实现了肉牛育肥养殖阶段的可信数据底座（养殖可视化） DCI40－7 产品安全溯源

续表

编号	范畴	证据示例与初始概念
8	个性化生产模式	DCI1 -13 打造标准化蜂蜜生产模式（生产模式标准化） DCI1 -17 借助平台实现高端蜂蜜产品的规模定制（产品规模定制） DCI7 -3 卡奥斯 COSMOPlat 通过“设计赋能 + 产业孵化”的开放式创新模式（开放式创新模式） DCI7 -9 卡奥斯 COSMOPlat 因地制宜采取了一种“订单农业”的模式（订单农业模式） DCI18 -21 智慧畜牧新方式（智慧畜牧） DCI23 -11 蜜源分布统计（分布统计） DCI30 -18 通过订单农业，能保证 30% 的收入是稳定的（订单农业） DCI38 -21 数字订单的加快推广，推动农业规模化、专业化发展（农业规模化、农业专业化）
9	智能化技术创新	DCI5 -8 赋能企业橄榄油新品研发（新品研发） DCI11 -12 远程疫病诊疗 DCI13 -15 通过 AI 智能分析判断蜂群分蜂意愿，获取精准的分蜂预判信息（AI 决策） DCI22 -5 得益于数字化管控，蝴蝶谷突破了传统花期限制，实现“四季花常开”（数字化管控） DCI23 -7 数据就是“新农资”，轻轻一点就能为每个苹果“精准画像”（数字画像） DCI24 -12 依托大数据，村民的视野开阔了，提高种养技术（数字种养） DCI26 -18 智能化无性系花卉种源基地，着力培育“云花”中高端种苗与新型品种（智能化培育）
10	降低生产成本	DCI4 -16 把成本降到最低（降低成本） DCI4 -17 把损失降到最低（降低损失） DCI5 -19 坏茧率由之前的 15% 下降至 2%（坏茧率下降） DCI9 -7ET 农业大脑可以帮助果农每亩地节省 200 元以上成本（节省成本） DCI19 -12 解决了过去大规模养殖人力投入大（降低人力投入） DCI21 -18 化肥使用率同比下降两成（化肥下降）

续表

编号	范畴	证据示例与初始概念
11	赋能品牌塑造	DCI24－20 赋能企业品牌形象升级（品牌形象升级） DCI39－23 提高品牌知名度
12	产销一体化	DCI7－17 产销渠道也逐渐打通（打通产销渠道） DCI12－19 销售渠道问题也迎刃而解（解决销售渠道） DCI21－20 打造了优质农产品产销一体化的新路径（农产品产销一体化） DCI36－17 数字订单的加快推广，帮助农户对接市场（农户对接市场）
13	提高产量	DCI3－16 大大提高了产量（提高产量） DCI5－24 蚕茧产量由之前的70—80 斤/簇提高到稳产 150 斤/簇，实现了桑蚕养殖保收增值（蚕茧产量提高） DCI26－23 全过程精细化管理，创下销售额 300% 增长奇迹（销售量提高）
14	提高产品品质	DCI1－22 确保蜂蜜高品质（高品质保证） DCI26－18 140 分钟无菌恒温屠宰入库和全封闭排酸工艺，保障产品品质（保障产品品质）
15	产业链数字化	DCI9－5 提升农业产业链数字化水平（农业产业链数字化） DCI15－9 搭建沟通及信息传递的数字化桥梁，带动产业链往更深处延伸（产业链数字化延伸） DCI30－14 给当地企业和农户带来 3 亿元的增收，同时可带动产业链延伸至工程人员、药品、物流等就业岗位（产业链主体延伸） DCI39－11 平台可以加速众多货运个体服务延链（服务延链）
16	产业融合加速	DCI18－16 加速农村产业融合 DCI24－17 依靠与电商产业的深度融合，丰县 8000 多家苹果种植户实现线上卖苹果（农户与电商产业融合） DCI26－8 智慧化生产深度融合体系（智慧化生产融合）
17	资源数字化集聚	DCI1－3 “寻蜜”容易（资源寻找容易） DCI15－9 通过互联网货运物流平台，可以加速碎片资源的集聚（加速碎片资源集聚） DCI27－12 数字化的物流集群优化（数字化物流集群）

续表

编号	范畴	证据示例与初始概念
18	产业链主体融合	DCI26－16 邀请周边电商农户在淘宝、抖音、快手、拼多多等十多个平台同步带货，着力构建"矩阵直播"（矩阵直播） DCI34－18 集高端花卉种植、种源研发、种苗繁育、冷链物流、市场营销、人才培训、花卉加工、旅游等于一体的现代花卉产业链（产业链主体互融） DCI37－20 建设运营益农信息合作社 2956 个（合作社互融） DCI39－17 培育了以"村委＋龙头＋农民种植大户"的新型合作模式（多元主体融合）
19	数据主体融合	DCI26－16 120 个试点县围绕特色优势产业加强对"产、供、销、管"各环节数据采集汇聚（数据提供主体互融） DCI42－13 消弭小农户与现代产业之间的"数字鸿沟"（农户与现代产业数字融合）

注：DCIn-m 表示编号为 DCIn 样本的第 m 条语句，句末括号内词语是对原始语句编码获得的初始概念，未加括号的原始语句直接作为初始概念。为避免重复，来源不同样本但初始概念相同的原始语句，随机抽取其中一条列举。

二　主轴式编码

主轴式编码是为构建起范畴之间的关联，以聚类的方式更加清晰地呈现各部分之间的有机关联，遵循"条件—行动策略—结果"典范模型探究范畴之间的逻辑关系（Corbin、Strauss，2008）。本书把 19 个范畴归纳到 6 个主范畴中，如表 7－3 所示。

表 7－3　　主轴式编码

编号	主范畴	副范畴	关系内涵
1	数字化赋能	数字技术 数字设备 数据采集	遥感卫星、无人机、摄像头等传感器是对乡村产业发展的生物、物理等环境进行数据采集的重要工具，采集的数据经人工智能、大数据等数字技术建模分析，形成赋能乡村产业融合主体具备数字化分析、决策、管理、控制等数据资源行动与价值创造能力

续表

编号	主范畴	副范畴	关系内涵
2	产业融合数据资源供给	数字化环境监测 资源数字化集聚	科学化、标准化、绿色化、高效化农业生产需要准确了解动植物的生物信息和生长环境信息，并将零散和碎片化资源建立起数字资源数据库，以此形成赋能乡村产业数字化融合发展的数据资源供给库
3	产业融合数据生产能力	数字化过程控制 个性化生产模式 智能化技术创新 数字化管理	农业生产、加工、流通、销售等各个环节全面数字化和模型化后，农户、企业等主体能够依据产业链数据进行过程控制、智能技术创新和个性化生产等数字化管理，意味着他们获得了产业融合数据生产能力
4	产业融合数据关联能力	赋能品牌塑造 可视化追溯 产销一体化	订单农业等用户个性化需求地满足是实现乡村产业链增值、提效、塑造品牌等的关键，实现这一目标的核心措施是建立起产销一体化的可视化追溯通道，这说明建立起所有环节数据需求关联性的产业融合数据关联能力对促进乡村产业数字化融合发展至关重要
5	产业融合主体蜂巢化	产业链主体融合 数据主体融合	数字技术能够将产业链上的各类主体从传统的技术连接或产品连接上升为数字连接，从二维平面连接升级为立体化连接，促使产业链各类主体之间形成松散的蜂巢化关系，产业协作关系更加灵活高效
6	乡村产业数字化融合发展	产业链数字化 提高产量 提高产品品质 降低生产成本 产业融合加速	在数字技术赋能作用下，乡村产业发展实现了数字化增值、降本增效、提质增量、绿色集成、业态互融、产业链数字化水平提升等结果，表明在数字技术支撑下，乡村产业实现了数字化融合发展目标

（一）数字化赋能

数字技术、数字设备、数据采集构成了促进乡村产业数字化融合发展的数字化赋能。本书将数字化赋能界定为采用云计算、大数据等新一代信息技术将乡村产业从种养到加工、流通，再到消费者全过程进行数字化和模型化，促使异质分布的数据资源实现深度整合、优化与重构，驱动农户、企业等产业全链条中的主体生成个性化数据能力以释放数据价值的过程。

（二）产业融合数据资源供给

数字化环境监测、资源数字化集聚构成了促进乡村产业数字化融合发展的产业融合数据资源供给。本书将产业融合数据资源供给界定为运用数字技术将乡村产业生产各环节涉及的环境要素转化为数据要素，并向农户、企业、消费者等产业链主体精准化供给数据资源。

（三）产业融合数据生产能力

数字化过程控制、个性化生产模式、智能化技术创新、数字化管理构成了促进乡村产业数字化融合发展的产业融合数据生产能力。本书将产业融合数据生产能力界定为产业主体采用数字技术对生产全过程、生产模式创新、智能化技术创新等建立起数字化管理能力，并能够基于数据需求安排生产活动的能力。

（四）产业融合数据关联能力

赋能品牌塑造、可视化追溯、产销一体化构成了促进乡村产业数字化融合发展的产业融合数据关联能力。本书将产业融合数据关联能力界定为基于大数据等智能分析技术，聚焦用户个性化需求建立起产业链纵向和横向数据需求的关联性能力。

（五）产业融合主体蜂巢化

产业链主体融合、数据主体融合构成了促进乡村产业数字化融合发展的产业融合主体蜂巢化。本书将产业融合主体蜂巢化界定为产业融合主体以数字化方式进行立体化连接形成蜂巢结构，以此增强所有主体应对不确定市场环境的灵活性。

（六）乡村产业数字化融合发展

产业链数字化、提高产量、提高产品品质、降低生产成本、产业融合加速构成了乡村产业数字化融合发展。本书将乡村产业数字化融合发展界定为基于数字技术驱动的乡村产业横向与纵向数据互为渗透融合的过程，以提升产业链数字化水平、数字化增值、降本增效、提质增量、绿色集成、业态互融等为目标。

三　选择式编码

选择式编码是通过描述现象“故事线”的方式将主范畴和其他范畴

间关系进一步系统化，进而构建起概念类属密实，发展充分的扎根理论。本书数字化赋能乡村产业融合发展的故事线可描述为：在大数据、人工智能等数字技术和遥感卫星、摄像头等各类传感器的辅助作用下，乡村产业生产、加工、流通全过程中的各类要素被全面数字化和模型化，帮助农户、企业等乡村产业链上的主体获得数据生产能力和数据关联能力，并在数字技术的连接作用下形成蜂巢化关系结构，使之能够根据终端用户的个性化需求开展联合订单协作生产活动，达到增产、提质、增值、降本、绿色、高效、集成的产业数字化融合高质量发展目标。依据故事线，本书构建图7－2所示的数字化赋能乡村产业数字化融合发展作用机理框架。

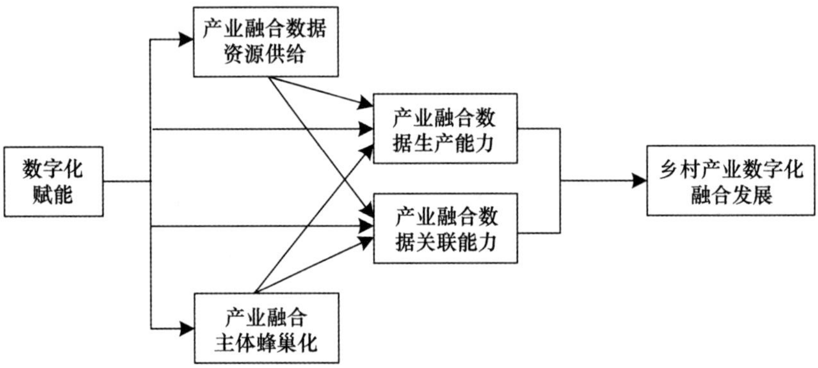

图7－2　数字化赋能乡村产业融合发展作用机理框架

资料来源：作者绘制。

四　数字化赋能乡村产业融合发展作用机理阐释

为进一步增强对图7－2理论框架的解释，本书基于数字化赋能理论和产业融合理论对其展开讨论。

（一）数字技术助推乡村产业专业化、信息化、集约化和绿色化，进而实现数据资源优化供给

数字技术能够促进乡村产业往专业化、信息化、集约化和绿色化方向发展，并以数字资源的形式向产业链主体供给。一是助推乡村产业专业化。我国各地乡村资源禀赋差异大，城乡二元结构障碍破除难度大，城乡市场衔接不畅。数字技术的出现，有效地突破了物理隔阂，以电子商务等“互联网＋”方式实现城乡贯通，乡村产业能够以更低的成本和更高的效率充

分释放资源禀赋比较优势，并形成高度互联的产业链体系和新型业态。这意味着数字技术可以促使乡村产业结合地方特色往差异化、专业化方向发展。例如，北京平谷打造的“博士农场”，凸显了由农业与现代科技融合驱动农业成为事业或者农民成为一种职业；以山东曹县为典型代表的“淘宝村”，呈现了农村电商对乡村产业专业化的改造作用。二是助推乡村产业信息化。数据要素正在重构乡村产业使之产生裂变效应，数据要素具有非损耗、零边际成本、可复制等特征，能够突破自然资源、劳动力等刚性资源的制约，形成“数据红利”以弥补乡村人口空心化、老龄化影响下逐步消失的“人口红利”（完世伟、汤凯，2022）。在数字技术支持下，乡村产业的生产、加工、流通等各个环节实现数据贯通，制约乡村产业发展的时空被打破，新型搜寻和生产要素成本，以及信息不对称下降，资源要素配置效率显著提升，以此催生出新业态、新产品和新模式。例如，海尔 COSMOPlat 创建的农业物联网平台海优禾，通过物联网、大数据、区块链技术建立起连接农户、农企、农机农资、包装、仓储、物流、科研院所等利益攸关方的全数据链条，实现了田间地头和用户餐桌零距离。革命老区江西省吉安市吉水县通过推广大数据、物联网、人工智能、5G 等新一代技术在农业上的应用，全面提升农业产业现代化水平，引领智慧农业发展。山东潍坊的“潍坊模式”“诸城模式”“寿光模式”，也是通过推动云计算、物联网等现代信息技术与现代农业深度融合，建成了慧养殖、慧种田、慧种菜、慧农机、慧监管五大基础数据模块，实现了智慧农业发展。三是助推乡村产业集约化。产业集约化发展能够有效破解分散化资源约束的影响，这就要求增强乡村产业发展的各类要素资源之间的连通性和交互性。在传统农业生产过程中，受到信息不对称的影响，产业发展环节和各类产业实体之间的关联度较低，导致乡村产业集约化发展受限。数字技术可以将生产要素和生产过程全面数字化，数字要素可以实现更广泛地传输和贡献，能够为乡村产业发展提供综合性的解决方案，以此突破传统要素资源的时空制约，促使乡村产业集约化发展成为可能。例如，浙江省宁波市运用 5G + 区块链技术实行“一标两码”（地理标志 + 追溯码 + 防伪码）的质量管控追溯体系，涌现出诸如“慈溪杨梅”“余姚榨菜”“奉化水蜜桃”“象山梭子蟹”“长街蛏子”等颇具地域特征的农特产品“金名片”，宁波市拥有有效地理标志商标 40 件、地理标志产品 19 件，地理标志产值等级在亿元以上的达到21件，从业人员超过万人的16件，产值由2018年的15亿元提升到2021年的25亿元（王岚、高华兴，2022），在数字技术的大力助推下，宁波市的地理标志产业实现了集约化、规模化、品牌化发展。四是助推乡村产业绿色化。高能耗、低效率、高污染、高排放一直是困扰乡村产业绿色生产的难题。数字技术为乡村产业的绿色价值转化提供了重要技术动力，通过数字技术构建“生产—运输—消费—回收”全产业链条，可充分释放乡村资源价值（完世伟、汤凯，2022），以数字技术整合乡村产业线上、线下资源，打造绿色产品并构建绿色消费平台，促使“环境—作物（动物）—管理”关系不断优化，乡村产业发展品质不断提升，资源消耗持续降低，实现了绿色生产与绿色消费协同发展的新模式、新业态。中国宏观经济研究院课题组于2022年1月发布的《数字技术赋能乡村产业发展报告》指出，传统农业普遍存在信息不透明，数据碎片化，交易节点多等问题，农业产业化过程中，生产地和消费地距离远，消费者对生产者使用的农药、化肥以及运输、加工过程中使用的添加剂等信息根本无从了解，消费者对生产的信任度降低，76.05%的消费者更愿意购买通过区块链对农产品进行质量追溯的产品。通过区块链、AIoT、物联网、人工智能等技术，可提供包括农业生产、流通、质检、金融、销售等各个服务环节在内的“从田间地头到餐桌”的全链条，能有效提高农业生产效率。利用大数据、云计算、区块链、人工智能等数字技术，实现了农业投入品的精准决策、精准施用，单位节肥、节药效率分别提高35%、30%以上，并提高了农业绿色化水平。以福建福茶码为例，基于蚂蚁区块链技术的福茶码采用多方数据交叉验证、IoT、智能传感、边缘计算等技术，保证茶叶品质，实现了与福建市监体系的“一品一码”及各茶企溯源码等“多码合一”，并支持App、微信、支付宝“多端认证”，让企业和消费者均可以更便捷地获得服务，福茶网上线仅145天成交额就超过1亿元①。

综上，可知数字化赋能乡村产业融合数据资源供给，是通过物联网、大数据、人工智能等数字技术将乡村产业发展的土地、人力、环境、作物等各类要素转化为数据要素，促使乡村产业实现专业化、信息化、集约化

① 靳楚平：《数字新技术为农村农业变革带来全新机遇》，人民网，http://finance.people.com.cn/n1/2022/0128/c1004-32342251.html，2022年1月28日。

和绿色化发展，促使零散、闲置分布的资源以数据要素形式实现整合、重构、高效、优化、精准配置。

（二）数字技术助推各类主体蜂巢化进而驱动乡村产业融合实现效率、结构和机制变革

数字技术将乡村产业资源全面数字化、模型化，促使异质分布的数据资源进行深度整合、优化和重构，驱动乡村产业链主体形成数据生产能力（陈武等，2022）。这一变革也促使产业链主体从传统的技术连接或产品连接上升为数字连接，从二维平面连接升级为立体化连接，形成松散的蜂巢化关系，产业协作关系更加灵活高效。产业链主体结构关系的变化促使乡村产业融合的效率、结构和机制也随之实现数智网改造。

一是改造乡村产业融合过程的效率。效率变革是产业高质量发展的关键手段之一，乡村产业融合的高质量发展也需要进行高质量的效率变革。农业部经管司张红宇提到，我国农业劳动生产效率是发达国家平均水平的2%，是美国农业劳动生产效率的1%，是世界平均效率的64%。由此，可见提升乡村产业各类要素的融合效率和融合质量至关重要。数字技术将深刻改变传统劳动力、资本、自然资源要素投入方式，数据要素能够显著提升要素投入的能量密度，并强化各类要素之间的协同耦合度，最终提升乡村产业融合过程的决策、生产、交易、组织等各个环节的运营效率。如在决策环节，数字技术能够为产业生产、产品存量与销售等提供实时信息，为农业生产时机、品种、数量提供关键性决策。卫星遥感与定位等技术能够帮助乡村产业融合展开实时监控。在交易环节，数字技术可为乡村产业融合中的产品流通、贸易、库存、消费、成本等进行实时研判。从产业实践来看，广东云浮市构建了“1+1+3+N”数字农业农村整体架构，仅需极少管理人员即可对天气气象的温度、湿度、风向、气压实时检测，实现了稻田基地的数字化管理，农产品的品质和产量均被提高。为此，数字技术能够对乡村产业融合效率进行数智网改造。

二是改造乡村产业融合过程的结构。产业结构优化是促进乡村产业融合发展的重要内生动力，数字技术可通过改造产业结构和产业基础设施来助推乡村产业融合发展。（1）数字技术催生大量的乡村产业新模式、新业态、新品种，有效地拓展了乡村市场需求空间和边界，乡村市场经济活动时空限制地打破刺激需求端，进而拉动乡村产业结构不断升级，产业融

合宽度和深度也随之增强。（2）数字技术能够赋能乡村产业体系重构。数字技术所带来的数据生产能力对乡村产业融合的横向和纵向进行全方位改造，各类新旧资源在碰撞中不断萌发新业态，要素价值转化率不断提升，乡村产业体系也随之重构。如重庆荣昌区，以云计算、物联网、大数据、区块链等技术，构建了“容易贷”“容易管”“容易卖”“容易养”四大平台，实现了生猪活体线上交易 + 线下交收，成功开创了中国生猪活体网市。

三是改造乡村产业融合过程的机制。传统乡村产业融合依赖于数量扩张和资源的大量投入，存在规模小、质量效益不高、散且结构单一问题，长期处于价值链低端锁定困局中。数字技术对乡村产业的再造，促使乡村产业不在受制于乡村之间、城乡之间、产业之间的时空距离，有利于在更大范围内进行产业布局。数字技术对乡村产业融合价值链再造可以有效缩短分工链条，精简终端市场，可为乡村产业融合主体提供平等的机会，更加贴近市场并能够掌握瞬时的动态信息，增强产业价值链韧性。处理乡村产业融合海量数据地采集、处理、存储、分析等基础设施与数据服务也将大量涌现，乡村中沉淀的产业、旅游、文化、土地、气象、农业等数据也将向生产力转化。例如，阿里在浙江、深圳、上海、湖北、四川等地打造“盒马村”，盒马鲜生把分散、孤立的生产单元连接到新零售销售单元，成为现代农业数字产业链的一部分，农民成为数字农民，将传统散乱产销小农模式进行全链路数字化升级，实现了从种植、采摘、运输、到进店销售、最后配送到消费者的全链路过程，每个环节均有迹可循。

（三）数字技术催生产业链主体形成数据生产与数据关联能力，进而增强乡村产业融合的技术关联与产品关联

由产业融合的内涵可知，技术要素和边界要素是形成产业融合的关键，乡村产业融合体现为以发展农业多功能性为目标的产业横向与纵向互为渗透融合的过程。数字技术正成为加速乡村产业融合的“助推器”，当前全国各地涌现出“蔬菜工厂”“棚联网”“数字鱼”等新型数字化种养模式，如河北省承德县石灰窑镇采取“企业 + 合作社 + 农户”的模式，建设“蔬菜工厂”，应用无土栽培、节水浇灌等技术，配合温度、湿度、光照、通风等智能化自动控制系统，实现各类蔬菜全年无间断生产。山东省潍坊市寿光市引进的“棚联网”，通过各类传感器来采集、监测环境数

据和作物生长数据，实现了种植过程的数据化，进而集成“好把式”的丰富经验，并通过数学模型“固定”，并进行全面推广。浙江德清禹越镇西港村采用“数字鱼”（通过物联网实时监控鱼塘情况的人工智能水下机器人），实时监测水体溶氧度、PH 值、水温等数据，还可以实现鱼塘全景虚拟展示，进行饵料精准投喂、鱼塘巡检等。

数字技术促进数据资源优化供给和各类产业链主体关系蜂巢化后，产业链主体能够生成数字化生产能力和数据化关联能力，即能够基于数据需求安排生产活动和聚焦用户个性化需求建立起产业链纵向和横向数据需求的关联性，这意味着数字技术能够同时对影响产业数字化融合发展的技术关联和产品关联进行赋能：一是对乡村产业之间的技术关联赋能。据 2022 年 2 月国务院发布的《“十四五”推进农业农村现代化规划的通知》，可知我国农业科技进步贡献率达到 60%，表明技术进步是促进农业现代化的重要动力。技术进步和技术扩散也是促进乡村产业融合的关键动力，技术扩散意味着共同技术基础和产业公地的形成，由此说明技术关联性的增强能够促进产业间的关联性，即发生了融合。而数字技术能够对乡村产业进行智能化、网络化和数字化改造，实现技术系统和产业体系双重集成，乡村产业之间的横向、纵向技术关联得到拓展，产业链主体之间的紧密程度也随着提升。由此，数字技术能够增强乡村产业之间的技术关联度，进而加速和增强乡村产业融合。二是对乡村产业之间的产品关联赋能。创意农业（特色农业、景观农业、科技农业、都市农业等融合了更多文化和科技元素的农业）、认养农业（农作物被特定的消费者提前预订）、农旅融合（农业与休闲、研学等元素融合）等新业态不断涌现。这些新业态的涌现与产品关联度不断提升有关，意味着不同产业和产品之间实现了跨界融合和产业延伸。数字技术的高渗透性和通用性特点，促使农业种植、农产品加工、农产品销售、文旅、康养、休闲等多业态实现了更广泛、更深度的跨界协同融合，乡村产业结构边界更加模糊，不再是各类产业的简单加总，而是实现了真正意义上的农业“接二连三”，即“六次产业化”。

五　饱和度检验

本书对随机抽取的 13 个预留样本的原始资料进行编码分析，以此检验理论饱和度，示例结果如表7－4所示。从编码分析结果来看，未发现有新的概念、范畴或者关系，表明本书构建的理论模型达到饱和。

表7－4 理论饱和度检验示例

编号	初始概念	原始语句
DCI10－7	实时环境监测	通过采集稻田承包、产量与规模信息，打造覆盖稻谷从育苗到成熟的全周期、全地域生长环境监测体系
DCI17－6	精细化耕作	指导农民进行精细化耕作
DCI20－11	产业链主体融合	丰富的司机运力资源，协同当地政府为农户、合作社搭建农业产品运输上行通道，提供比较完善的农产品货运服务数字化解决方案
DCI25－9	数字种植	实现超500亩水稻制种基地和生态茶园的实时监测，让农业种植有数可循
DCI31－5	实时生长预警	App“云上畜牧”不断发出预警信息
DCI32－4	生产过程数字化管控	羊肚菌种植基地装上了智慧农业管控系统
DCI37－14	劳动生产率提高	在自动耕作机器、植保设备及水肥自动控制系统和智能化决策系统的辅助下，提高劳动生产率50%以上
DCI41－11	5G智慧农业设备平台	利用5G智慧农业设备平台，从播种到收获都不用发愁，一部手机就能解决
DCI43－19	加速产业链融合	辣椒产业从新品种推广、种植、收购、加工、销售等各个环节全部“串联”

第八章

数字化赋能乡村产业融合发展的案例与模式

第一节　案例研究设计与实施

一　案例研究方法

案例研究方法在研究需要解释“怎么样”和“为什么”的问题，研究对象无法被研究者控制，或研究问题来源于当前的现实社会情境且备受关切的三类研究情境时最为合适（Yin，1994）。本书关注数字化赋能乡村产业融合发展问题，数字化和乡村产业融合均已上升到国家战略层面，本书旨在回答数字化怎样赋能，以及为何能够赋能乡村产业融合发展？这一问题兼具探索性和解释性的双重特征，为此，本书采用案例研究方法探究数字化赋能乡村产业融合发展的机制与模式。

二　案例选取原则

依据案例研究的复制逻辑，同时为提高研究结论的普适性和可靠性，本书在案例选取过程中遵循以下基本原则：一是理论抽样原则，遵循案例研究方法的理论抽样原则，确保研究案例与本书研究问题相契合。二是典型性原则，所选案例具有体现数字化赋能乡村产业融合发展的典型特征。三是代表性原则，所选案例在数字化赋能乡村产业融合发展方面具有一定的样板特性，如被国务院等国家各部委政府官网、《人民日报》、中央电视台等刊登或报道的作为代表性的宣传案例，本书同时参考了由北京大学新农村发展研究院发布的《县域数字乡村指数（2020）》报告所提供的

2020 年县域数字乡村指数排名中的案例。四是广覆盖原则，由于分布在我国东部、西部、中部、东北部地区的乡村产业和乡村环境存在较大差异，为避免研究结果可能出现偏差，所选案例实现上述地区全覆盖。五是兼顾企业案例原则，数字化企业作为数字乡村建设的重要参与者之一，具有十分重要的作用，本书选择海尔、阿里、京东等知名企业参与的数字化乡村产业融合发展案例。

三 案例数据收集

本书遵循 Yin（1994）的三角数据验证要求，基于网络收集多种类型的数据资料，以此保障证据链的完整性和相互印证性。收集的资料主要包括：记者采访（如对政府部门领导、乡村企业家、村干部、农户等的采访资料）、各级人民政府和政府部门（如农业农村局、乡村振兴局）官网资料、报纸、研究报告、图片、视频、各类会议报道、期刊文献等资料。具体案例和相关材料信息如表 8 - 1 所示。

表 8 - 1 数字化赋能乡村产业融合发展案例信息

案例名称	所在地区	材料类型、来源与示例		材料字数（万）
		材料类型与来源	示例	
德清县数字“鱼菜共生”	浙江省（东部）	德清县人民政府网、新华社新媒体、德清县农业农村局、中央广播电视总台（视频）、《经济日报》、《浙江日报》、《湖州日报》、央广网、搜狐网、网易新闻、浙江新闻客户端、微博等	①中央广播电视总台：《浙江德清：数字蔬菜工厂里的别样春耕》，2021 年 4 月 8 日；②经济日报：《浙江德清：数字成为“新农人”》，2022 年 5 月 5 日	2.1

续表

<table>
<tr><th colspan="2" rowspan="2">案例名称</th><th rowspan="2">所在地区</th><th colspan="2">材料类型、来源与示例</th><th rowspan="2">材料字数（万）</th></tr>
<tr><th>材料类型与来源</th><th>示例</th></tr>
<tr><td colspan="2">眉县大气农场数字猕猴桃专业合作社</td><td>陕西省（西部）</td><td>中国质量新闻网、陕西法制网、凤凰网陕西、搜狐网、网易新闻、学习强国宝鸡学习平台（视频）、《中国质量报》、新华网</td><td>中国质量报（眉县人民政府网转载）：《数字化助推眉县猕猴桃产业转型升级》，2022 年 2 月 25 日</td><td>0.9</td></tr>
<tr><td colspan="2">鹤壁市“数字农田”</td><td>河南省（中部）</td><td>鹤壁市人民政府网、央广网、河南省发改委、中国发展网、鹤壁市农业农村局、《河南日报》、国家农业农村部官网、《农业经济科学》</td><td>①鹤壁市人民政府：《现代农业“鹤壁模式”的数字经》，2019 年 8 月 26 日；②央广网：《河南省积极探索数字乡村鹤壁模式》，2022 年 4 月 18 日</td><td>0.86</td></tr>
<tr><td colspan="2">大邑县农业产业链数字化</td><td>四川省（西部）</td><td>大邑县人民政府网、《解放军报》、《成都日报》、搜狐网、大邑县农业农村局官网、国家农业农村部官网、《四川农村日报》、《四川科技报》</td><td>解放军报：《四川省大邑县——“数字农业”亮相“无人农场”》，2022 年 6 月 23 日</td><td>0.78</td></tr>
<tr><td>海尔工业互联网赋能乡村产业融合发展案例</td><td>山东金乡大蒜产业融合发展</td><td>山东省（东部）</td><td>央视网（新闻联播视频）、中国日报网、360 图书馆、网易新闻、中国农业信息网、搜狐网、海尔官网、凤凰网</td><td>凤凰网：《海尔互联农业工厂落户金乡，大蒜种植用上人工智能》，2018 年 3 月 23 日</td><td>1.1</td></tr>
</table>

续表

案例名称		所在地区	材料类型、来源与示例		材料字数（万）
			材料类型与来源	示例	
海尔工业互联网赋能乡村产业融合发展案例	丹东东港大米产业融合发展	辽宁省（东北部）	中国日报网、农业行业观察、中华网、腾讯网、海尔官网、凤凰网、知乎、今日头条	农业行业观察：《专访海尔数字科技汪洪涛：用工业方式改造农业，这方向没有错!》，2019 年 8 月 1 日	0.85

第二节　案例一：浙江德清县数字“鱼菜共生”模式

一　德清县概况

德清县位于长三角腹地、浙江省北部，是杭州都市区的重要节点县，下辖乾元镇、新市镇、钟管镇、洛舍镇、雷甸镇、禹越镇、新安镇、莫干山镇等 13 个镇。总面积 936 平方千米，辖 8 镇 5 街道，户籍人口 44 万，常住人口 65 万。2021 年，实现地区生产总值 615.5 亿元，同比增长 8.7%（按可比价计算）；GDP 两年平均增长 5.6%。2021 年，全县全体常住居民人均可支配收入 57837 元，比上年增长 10.9%。其中城镇常住居民人均可支配收入 68619 元，比上年增长 10.3%。完成财政总收入 134.6 亿元、增长 15.9%，其中，一般公共预算财政收入 83.2 亿元，比上年增长 24.1%。

县域“五山一水四分田”，森林覆盖面积 45%，PM2.5 平均浓度下降 31.4%、列浙江省第一。创新推出“河（湖）长制”，“五水共治”（治污水、防洪水、排涝水、保供水、抓节水）六夺“大禹鼎”、连续三年夺银鼎，是全国生态文明建设示范县。创新培育“洋家乐”休闲度假新业态，莫干山国际旅游度假区成功创建国家级。举办首届美丽中国田园博览会，连续三年举办民革中央莫干山会议，农业现代化发展水平综合评价连续 6 年排名浙江省第一，成为践行联合国 2030 年可持续发展议程样本。

首创“百姓设奖奖百姓”“乡贤参事会”等道德建设和基层治理载体，涌现出全国道德模范潘美儿等优秀代表，连续15年成为浙江省平安县，以全国县域第一的成绩创成全国文明城市。介绍德清公共服务均等化、城乡统筹等经验的案例成为联合国践行2030年可持续发展议程典范。创新推出“数字乡村一张图”基层治理新模式，以总分第一的成绩连续两年荣获“全国县域数字农业农村发展水平评价先进县”，成为浙江省唯一的全国数字农业试点县[①]。

二　德清县数字“鱼菜共生”

（一）德清县数字渔业

德清县所辖的钟管镇、禹越镇等鱼塘众多，水产养殖兴盛。如拥有水产养殖3.7万亩的钟管镇，该镇人民政府于2017年投资3150万元建设德清鱼综合服务中心，通过数据监管平台对养殖、尾水处理、水质检测、治理点位置等信息进行实时监测，实现了渔业养殖尾水现场线上可视化。

德清县围绕黑鱼产业加快了物联网等数字技术赋能渔业发展的步伐，并创新了“芯片鱼”，可记录每一条黑鱼生长全过程，实现对养殖户、产地、用药检测报告等信息的追根溯源，“芯片鱼”的运用实现黑鱼价格翻3倍的效益，2020年，德清县禹越镇黑鱼销售收入2.8亿元，黑鱼总产业链销售额达4.2亿元[②]。此外，德清县与浙江大学合作，研发了“数字鱼”——智能水下机器人，通过“数字鱼”搭载的各类传感器，对鱼塘的PH值、溶氧度、水温等鱼塘水环境进行实时监测，实现智能化养殖。

德清县构建的高品质、高效益、零排放的物联网+生态渔业养殖模式，是以物联网实施智能监控、科学增氧、自动投料、纯物理杀菌的养殖模式，可充分减少水体面源污染。同时，创新了数字生态渔仓模式。一是满足下游采购商供应需求，着重解决了规格标准、安全品控、低损配送、供应稳定、全程溯源等问题。二是与渔资采购供应商在动保、品牌饲料

---

① 以上内容参见德清县人民政府网站，http：//www.deqing.gov.cn/col/col1229212619/index.html.

② 施紫楠：《渔业养殖进入“智慧”时代：小镇“芯片鱼”走俏长三角》，中国新闻网，http：//www.chinanews.com.cn/cj/2021/01-06/9379929.shtml，2021年1月6日。

厂、苗种、调水品等方面实现协作融合。三是实现线上线下有机融合。线上建成渔资商城平台，线下建设数字渔村服务驿站，实现线上下单（团购更便宜）、驿站配送（送货上门更及时）及管家指导（用心才安心）全面融合。

（二）德清县数字蔬菜工厂

德清水木蔬菜工厂是全国首个具备国家自主知识产权的农业综合体，也是浙江省数字农业工厂试点和共同富裕的代表项目之一。数字蔬菜工厂将工业思维应用到农业生产（引入建筑业中的BIM模型），从蔬菜工厂的设计、建设、运维等阶段进行全生命周期的数字化管控。在生产上，自动化管控温度、湿度、光照、水肥、病虫害和授粉等，实现生产数字化。在管理上，从生产、采收到分拣包装全程可视化管理，实现生产过程到运输过程的全方位监控的管理数字化。在销售上，通过浙农码实现码上溯源、码上下单及德清“县域一体化数字配送+社区智能服务站”“一键发货”的数字配送服务，实现销售数字化。

德清县数字蔬菜工厂运用现代化的节水、节能以及水肥一体化种植技术，配备物联网技术管控和互联网技术的应用，能获取精确的作物环境和作物信息，创建最适宜的可控型小型气候带，打破传统种植季节性约束。如利用番茄无限生长的特性，研究和量化番茄作物全生命周期光热水气肥和根茎叶果之间的相互关系，以品质、成本、产量和可持续发展四个维度形成可全年度连续生产的水木番茄蔬菜工厂，通过数字化全自动管控形成动态调配温室与大自然能源之间的平衡，使得番茄采摘周期从大田的1个月延长到11个月。通过精准化水肥滴箭技术，灌溉回流液消毒再利用的可循环灌溉系统，每千克番茄消耗水资源从160升降至8升，肥料减少50%以上，与同等产量的田块相比，工厂需要的劳动力也减少了90%以上①，实现了依托物联网等自动管控技术，工厂土地、水、肥料等全部实现循环利用。

（三）德清县数字“鱼菜共生”模式

德清县将“工厂化养殖”与“无土栽培”相结合，构建了“鱼菜共

---

① 朱海洋：《科技强农机械强农浙江加速技术攻关“协同战”》，中国农网，http：//www.farmer.com.cn/2021/08/24/99876925.html，2021年8月24日。

生”数字化工厂，即水里养鱼，水面上架浮床种植蔬菜，形成鱼菜共生的氮磷养分循环。“鱼菜共生”系统运作方式如下：水从鱼池流出，经过十几道水处理工序，粪便残饵通过微生物系统转化成种植系统需要的养分；蔬菜将养分吸收，水质被净化，循环水最终又回到鱼池继续养鱼，实现一水双收。此种“鱼菜共生”模式既脱离了土壤病害，又有精准的水肥控制，种植和养殖的产品更健康。

第三节　案例二：陕西眉县大气农场数字猕猴桃专业合作社模式

一　眉县概况

眉县，隶属陕西省宝鸡市，位于陕西省关中平原西部、秦岭主峰太白山脚下，渭河穿境而过。县域总面积 863 平方千米，辖 7 镇 1 街、86 个行政村，常住人口 33 万。眉县地区 2021 年实现生产总值 1997975 万元，比上年增长 7.0%。其中，第一产业增加值 316335 万元，增长 6.2%；第二产业增加值 1069283 万元，增长 7.5%；第三产业增加值 612357 万元，增长 6.5%。2021 年全体居民人均可支配收入 23775 元，比上年增长 9.5%；城镇居民人均可支配收入 39425 元，比上年增长 7.2%；农村居民 16455 元，比上年增长 10.5%。城乡居民收入差距继续缩小，人均可支配收入比（以农村居民收入为 1）为 2.40，比上年缩小 0.06[①]。

眉县位于中国气候南北分界岭，秦岭北麓独特的自然条件非常适合猕猴桃的生长，是猕猴桃最佳适生区，耕地面积 35.4 万亩，猕猴桃种植面积 30.2 万亩，形成“一县一业”产业格局，是陕西省果业发展先进县，被国家农业部确定为优质猕猴桃生产基地县。近年来，眉县全面贯彻新发展理念，依托猕猴桃主导产业，以“全国绿色食品原料标准化生产基地”建设为抓手，聚焦“前生产、后整理”各个环节，全域普及绿色生产方式，有力促进猕猴桃产业全域全链可持续发展。

---

① 以上内容参见眉县人民政府网站，http：//www. meixian. gov. cn/art/2022/4/29/art_8594_1500876. html.

眉县产业脱贫成效显著，农村集体产权制度改革完成，成立村级股份经济合作社87个并规范运营，2020年村级集体年度收益2100万元。投入财政扶贫资金3324万元支持贫困户发展农业产业，7000余万元支持建设壮大村级集体经济项目159个，遴选87户新型经营主体结对帮扶全县87个村级集体经济组织，建成市级“嵌入式”产业脱贫示范基地8个，全县贫困人口人均产业年收入达2900元，依靠产业发展实现脱贫的贫困户达3847户13188人①。2021年眉县城镇新增就业4563人，农村劳动力转移就业8.1万人，登记失业率3%以下，就业创业工作连续5年被评为先进县区②。截至2021年底，眉县猕猴桃种植面积30.2万亩，年产量52万吨、综合产值58.5亿元。种植农户占眉县总农户的91%，户均栽植猕猴桃4.5亩，人均1.16亩，农民人均可支配收入的80%来源于猕猴桃产业。

二 眉县大气农场数字猕猴桃专业合作社

（一）智慧管理式工厂化果园

眉县农户与大气农场协作建立自动化和机械化的猕猴桃数字基地，以数字化模式实现了猕猴桃的生产、管理、经营、销售等过程的标准化、科学化。果园采用自动水肥一体设施、物理除虫措施、全园电机化，大大提高了果园消毒、施肥、除草等关键性农事作业效率。

农眼智能监测基站对猕猴桃生长和基地环境实时监控并收集数据，可追溯每一颗果树，为后期产品上市可视化溯源提供真实可信的大数据支撑，保证猕猴桃的品质。农户基于“气候云AOS”大数据云平台，可实时查看田间的气象、土壤、虫害、图像、地理位置数据，可实现农场远程监管、投入品管理、农事规划、设施联动、猕猴桃长势评估等，实现亩均节水33%、节肥33%，节约人工费用超过50%。游客通过扫码可以进行猕猴桃的身份识别，查询猕猴桃树的年龄、施肥状态和管理

---

① 席彦兵：《眉县：乡村振兴起步快农业发展步伐稳》，人民日报社中国经济周刊网，http://app.ceweekly.cn/?action=show&app=article&contentid=362226&controller=article&ivk_sa=1023197a，2021年9月29日。

② 眉县统计局：《眉县2021年国民经济和社会发展统计公报》，眉县人民政府网，http://www.meixian.gov.cn/art/2022/4/29/art_8594_1500876.html，2022年4月29日。

人员等信息[①]。

（二）以数据链带动猕猴桃产业数字化深度融合

按照“产业数字化、生产机械化、管理智能化”建设思路，眉县推进猕猴桃生产全程机械化、智能化，从生产、管理、施肥、采摘到储运实现一条“从产地到餐桌”的全产业链。眉县每一个智慧化果园从生产、管理、施肥、采摘到储运均全面实现了智能化，猕猴桃园区内，知名企业入驻均有超过 14 家，形成以会展贸易、产业标准化导向、科技研发、休闲观光、技术交流、物流集散、仓储加工、信息服务等功能为一体的国家级猕猴桃批发交易中心，构建了集生产、加工、贮藏、销售为一体的完整产业链，通过收集全产业链数据实现产业链数字化，并形成了乡村振兴产业融合示范园、绿色生产示范园、休闲果业观光园、高端定制有机精品生态园、中国和新加坡合作示范园、智慧农业生产示范园等多园融合联动发展模式。

（三）数字猕猴桃专业合作促进数字化品牌分红

大气候集团眉县公司牵头成立大气农场数字猕猴桃专业合作社，并与眉县政府协作，引导农户以家庭为单位自愿加入。合作社以集约化管理方式对猕猴桃基地进行管理，重在对猕猴桃实现增产量、提品质目标，以合作社为中心推进产业数字化和三产深度融合，建立起从“产地”到“餐桌”的新型流通体系，破解小散农户种植猕猴桃存在品质不稳定、效益低、品牌影响力弱、市场意识薄弱、定价权缺失等问题，从而为农户创造品牌溢价带来高额红利，数字化品牌运营提高用户复购率，并降低农户获客成本。2.6 万亩猕猴桃经数字化改造后，实现营收 20 亿元，创造净利润 6.6 亿元，为农户品牌溢价分润总额 1 亿元，带动当地 2000 户农户增收[②]。

第四节　案例三：河南鹤壁市“数字农田”模式

一　鹤壁市概况

鹤壁市位于河南省北部，太行山东麓与华北平原交界处，因相传

① 王梅：《数字化助推眉县猕猴桃产业转型升级》，《中国质量报》2022 年 2 月 25 日第 2 版。

② 高炳：《陕西眉县发展猕猴桃产业——培育富民强县的“致富果”》，《人民日报》2022 年 9 月 24 日第 4 版。

“仙鹤栖于南山峭壁”而得名，东、西、北与安阳市接壤，南与新乡市相邻。1957年建市，总面积2182平方千米，约占河南省面积的1.3%。现辖浚县、淇县、淇滨区、山城区、鹤山区5个行政区和鹤壁国家经济技术开发区、市城乡一体化示范区、宝山经济技术开发区3个功能区，是中原城市群核心发展区14个城市之一。

鹤壁市位于河南省北部太行山东麓和华北平原的过渡地带，属暖温带半湿润型季风气候，四季分明，光照充足，温差较大。交通便利，资源禀赋良好，境内京广高铁、京广铁路、107国道和京港澳高速纵贯南北，晋豫鲁铁路和郑济高铁、范辉高速横穿东西，以鹤壁为中心500千米半径范围内覆盖了4亿消费人口。发现矿产资源33种，已探明储量的矿产23种，其中煤炭约14.5亿吨，水泥用灰岩约4.75亿吨，白云岩约1亿吨、氧化镁含量平均在19%以上，电力装机容量405.7万千瓦，水资源总量7.36亿立方米。人均畜牧业产值、肉蛋奶产量连续29年居河南省前列。

鹤壁产业兴旺、发展独具特色。是全国重要的镁精深加工产业基地，全省重要的煤炭、电力、水泥生产基地和清洁能源与新材料产业、绿色食品产业、汽车零部件与电子电器产业基地等。目前正在着力打造汽车电子电器与新能源汽车、清洁能源与新材料、绿色食品3个千亿元级产业集群，建设河南省重要的人工智能产业基地、区域性大数据中心城市和豫北重要物流节点城市。农业现代化水平全国领先，也是河南省达到国家农业现代化目标的城市之一，被确定为全国整市建制国家现代农业示范区、全国首批农业农村信息化示范基地、全国农业综合标准化示范市等①。鹤壁市正在推进“5G+数字乡村”建设，以产业数字化、数字产业化为导向，探索农田数字化、园区数字化、村庄数字化、政务数字化、数字产业化五大实践模式，改变农村面貌，助推乡村全面振兴。

二 鹤壁市“数字农田”

（一）农田生产管理数字化

鹤壁市农业农村信息化总体水平达到63.3%，超出全国平均水平25%，数字乡村标准化建设全国试点，在传统农区数字化变革中居于

① 以上内容参见鹤壁市人民政府网，http：//www.hebi.gov.cn/zjhb/index.html.

前列[①]。鹤壁市以“佳多农林病虫害自动测控系统”“农田智能灌溉平台”“星陆双基遥感农田信息协同反演技术”等先进技术为依托，开展了“数字农田”工程，实现了全市高标准农田、粮油绿色高效创建示范区数字化应用全覆盖、农业生产指导服务智能化、远程化、在线化。此外，鹤壁已逐步建成“市有平台、县有中心、乡有信息站、田有采集点”覆盖全域的信息网络，实时监控农业生产全过程，以达到降低生产成本、合理利用资源、提高农作物质量、改善生态环境等目的[②]。

鹤壁市通过建设数字农村综合服务平台，将大数据综合支撑、农村环境管理等功能集为一体，实现数字政务、数字监管等数字化管理和服务。建立农村集体资产监管平台，规范农村财务和资产，促进农村集体经济的健康、稳定发展。建立拥有297个监测站点的“蓝天卫士”远程监控系统，形成了市、县、乡三级“蓝天卫士”远程监控体系，全方位、全天候视频监测农田火情。其中，浚县30万亩粮油绿色高质高效创建示范区建设了农业数字化云平台，气象星陆双基遥感农田监测系统，通过传感器自动、实时监测农田土壤和农作物的各种气候参数，借助5G技术，定时将环境数据传输到农业智慧远控平台，使农技人员能够及时掌握农田的基本情况，从而科学指导农户适时浇水、施肥、收获，使农业生产更加精准、便捷。在饮马泉薯业合作社甘薯脱毒快繁中心，土壤水分温度传感器实时监测植物生长环境，并通过网络将数据上传至终端，以数字技术精准控制快繁中心的通风、浇水、遮阳等系统，实现工厂化育苗。在数字农业引领下，脱毒种苗年产量逾1亿株，先后培育出淀粉型、烧烤型、水果型等十多个品种的红薯。淇滨区钜桥镇岗坡村则运用物联网、云计算、大数据等先进技术和新农邦电商等平台，实施了“互联网+农业”及“互联网+乡村振兴”，实现了产品销售便捷化、农

---

① 夏莎：《河南省积极探索数字乡村鹤壁模式》，央广网，http://hn.cnr.cn/gstjhn/20220418/t20220418_525798157.shtml，2022年4月22日。

② 以上内容参见《现代农业“鹤壁模式”的数字经——我市现代农业发展纪略》，鹤壁市人民政府网，https://www.hebi.gov.cn/ywdt/hbyw/art/2022/art_3594261cbf844ef598fd73232e9f7b6b.html，2019年8月26日。

业产品多元化、种植规模化①。

（二）依托数字化培训平台培育农业数字化人才

鹤壁市通过加强农民培训，为“5G + 数字乡村”建设提供培训支撑。依托鹤壁市新农邦乡村振兴学院等数字乡村培训平台，面向基层农业农村管理服务人员、新型农业经营主体和新型职业农民开展“5G + 数字乡村”专业技术培训。同时，鹤壁市建设益农信息服务社 794 家，实现了益农信息社服务功能全辐射，为农民提供全纬度的信息服务。搭建 5G 云端助农可视化综合服务平台，实现“技术 + 资源”集成整合，远程点对点、点对面的技术咨询、病虫害诊断等移动式可视化服务，开创农业技术服务新模式。搭建云端助农课堂，运用“互联网 + 直播 + 视频 + 文字”一体化的形式，探索“互联网 + 农技 + 专家”助农模式。

第五节　案例四：四川大邑县农业产业链数字化模式

一　大邑县概况

大邑县，是四川省成都市下辖县，地处成都平原向川西北高原的过渡地带，东北与崇州市为界，南接邛崃市，东南与新津县毗邻，西北与芦山县、宝兴县、汶川县接壤。大邑县县域总辖区面积 1284 平方千米。大邑辖 8 镇、3 街道、147 个村（社区），全县常住人口为 51 万余人。具有“七山一水二分田”的地貌结构，山区、丘陵和平原分别占全县总面积的 60. 5%、16. 7%、22. 8%。邛崃山脉由西北向东南延伸入境，贯穿县西、北山丘地区。农作物总播种面积达 60. 78 万亩，其中粮食作物 38. 5 万亩，经济作物 22. 28 万亩，农机化总投入 6153 万元，其中各级财政投入 3890 万元。

大邑县荣获四川省三星级现代农业园区、2020 年度成都市实施乡村振兴战略推进城乡融合发展先进县、全省农业生产社会化服务工作典型

① 以上内容参见《“棚司令”田间坐镇合作社云上务农——我市加快“5G + 数字乡村”建设综述》，鹤壁市人民政府网，https：//www. hebi. gov. cn/ywdt/hbyw/art/2022/art _ 6af5a5455f2d43e58 f1c100e30837eb7. html，2020 年 8 月 17 日。

县、2020年度四川省乡村振兴示范村、2020年目标绩效管理工作突出单位、2020年高标准农田建设工作突出单位、2020年农业投资促进工作突出单位、2020年农商文旅体融合发展工作突出单位、2021年度农业行政处罚优秀案卷、四川省高标准农田整区域推进示范、绿色植保示范县、农机生产工作突出单位等多项荣誉。大邑县深入实施"美丽蓉城·宜居乡村"建设行动，全县128个涉农村（社区）达到"美丽四川·宜居乡村"省级标准。王泗镇庙湾村荣获"十大人居环境优美村"，䢺江镇获评全国第二批乡村治理示范镇、安仁镇荣获四川省首批乡村治理示范镇，祥和村、新福村荣获四川省首批乡村治理示范村①。

二　大邑农业产业链数字化

（一）数字技术赋能农业产业链数字化

大邑县深入实施数字乡村战略，紧紧围绕国家大田种植数字农业建设试点项目要求，建成大邑县智慧农业产业园"吉时雨"数字农业服务平台，探索出以数字技术赋能现代农业发展的新路径，推进农业生产智能化、管理数据化、服务在线化，提高了土地产出率、资源利用率、劳动生产率。

1. 数字技术赋能农业生产过程数字化

大邑县粮油现代农业园区内，已有近500户粮食种植大户实现了数字化生产。大邑县作为全国首批国家数字乡村试点县，目前已明确了数字乡村建设规划，建成了数字农业综合服务平台、150个数字农场和四川省首个"无人农场"（周颖昳，2022）。

润地"吉时雨"数字农业服务平台将5G、多光谱、近地遥感、大数据等技术相结合，科学构建了农作物生长模型、土壤配方模型、产量预测模型、农作物长势模型等，从而实现了对农作物的精细化管理（姚俊，2022）。大邑县无人农场，农户通过"吉时雨"App对农场设施、装备、机械等进行远程操控，同时借助智能装备与机器人的自主决策、自主作业，完成所有农场生产、管理任务，实现了全天候、全过程、全空间的无人生产作业模式。大邑县粮油现代农业园区从旋耕作业到小麦播种，田管

---

① 以上内容参见大邑县人民政府网，http://www.day.gov.cn/day/index.shtml.

到收割均采用了无人机械作业。园区内300亩的示范田，仅需要2—3名管理人员，日常在电脑或者手机的智能客户端进行智能控制，并偶尔进行田间观察、设备维护和能源补给工作，即可完成生产任务。

2. 以数字技术赋能农业服务数字化

大邑县数字化农业发展，所有农业生产所需农机服务，均可通过手机下单，实现农业生产管理一条龙服务。此外，农业补贴监管、金融、销售、作业都更加便捷，涉农项目行政许可事项，农户可在网上直接办理。粮食规模化种粮补贴采取线上审批的方式，实现了粮食规模化补贴与农田生产数据资源互联互通，提高了行政管理服务的效率。利用大数据、物联网等信息技术手段，强化了农业生产过程监测，完善了粮油产业投入品、农机、农产品质量追溯监管体系，推动了农药化肥减量使用、农机高效利用。现在可以更加有效地实施粮油产业生产全过程监管，实现农田、生产、补贴、灾害智能化监管与预警①。

3. 以数字技术连接农户与消费者信任桥梁

大邑县利用“吉时雨”平台保障消费者“舌尖上的安全”，通过农产品质量溯源系统、滴滴农服及智慧农资管理系统，对大田种植全产业链进行数据采集和信息处理，对粮食育苗、种植、加工、包装、销售等全过程信息进行实时记录，实现了粮食从农田到餐桌的源头信息追溯，确保消费者“买得安心、吃得放心”。

（二）数字化赋能农业产业链增值效益

（1）在个人用户端，平台为农户生产提供“管农场”“管农资”“管作业”“管金融”“管销售”的粮食生产全链条、一站式数字化服务。（2）在政府端，为政府农业管理部门在农政监管和决策上提供数据支撑。（3）在商家端，为农业服务商提供订单和交易服务。（4）“吉时雨”服务平台，将数字技术融入粮食生产全过程和产供销的经营全链条，整合农业投入品供应商、农业社会化服务商、农产品贸易商、农业保险、农业金融等服务，实现平台收益多样化，除获取基本佣金收益外，因链接农业企业，农场主获得了广告收益，因汇聚农业生产全过程

① 大邑县科协：《探索数字技术赋能农业发展新路径——大邑县打造智慧农业应用场景》，《四川科技报》2022年7月8日第5版。

数据获得了流量收益[①]。总体而言，数字化赋能产生了如下效益：一是帮助农民在生产上节本增收，二是帮助农民在经营销售上对接更大市场，三是帮助农民在生产方式上进行数字化转型和升级，同时也能助力农业集约化和产业化经营，以及农业的绿色和可持续发展。无人农场实现作物产量提高 2%—3%，减少肥料和农药用量 5%—10%，降低总体生产成本 5%—10%，机械化播种接行准确，可提高土地利用率 0.5%—1%。大邑县智慧农业数字平台已服务农作物面积 14.5 万亩，带动项目区农业产业节本增效 15% 以上，农户人均可支配收入增长 9.8%（洪继东，2022）。

第六节　案例五：海尔工业互联网赋能乡村产业融合发展模式

一　海尔卡奥斯海优禾平台

（一）海尔卡奥斯 COSMOPlat

海尔卡奥斯 COSMOPlat 创建于2017 年4 月，是海尔集团基于30 多年的制造经验打造的国家级“跨行业跨领域”工业互联网平台，并连续 4 年位列双跨平台“国家队”榜首。平台定位为引入用户全流程参与体验的工业互联网平台，为全球不同行业和规模的企业提供面向场景的数字化转型解决方案，推动生产方式、商业模式、管理范式变革，促进新模式、新业态的普及，构建“政、产、学、研、用、金”共创共享、高质量发展的工业新生态。

卡奥斯 COSMOPlat 覆盖工业互联网平台建设和运营、工业智能技术研究和应用、工业软件及工业 App 开发、智能工厂建设及软硬件集成服务、采供销数字化资源配置等板块，面向家电家居、能源、医疗、服装、装备、电子、汽车等行业提供智能制造、数字化创新等服务，并为产业园区、区域政府提供数字化管理及综合服务平台建设、产业咨询规划等服务[②]。卡奥斯 COSMOPlat 智能制造工业互联网平台场景如图 8－1 所示。

① 以上内容参见大邑县农业农村局网，http：//www.day.gov.cn/day/c116910/nlj.shtml.

② 以上内容参见海尔集团卡奥斯官网，https：//www.cosmoplat.com/.

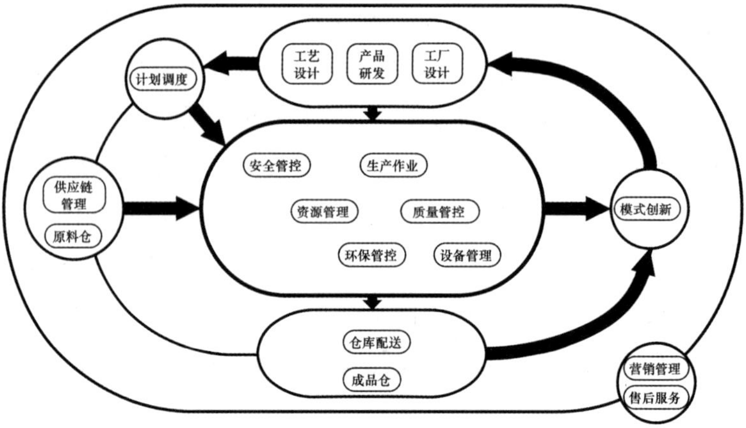

图 8－1 卡奥斯 COSMOPlat 智能制造工业互联网平台

注：资料引自海尔卡奥斯官网。

（二）海尔卡奥斯海优禾平台

作为海尔卡奥斯在农业领域跨行业复制的成果，海优禾从智慧农业和健康生活切入，创建农业物联网生态品牌平台，通过物联网赋能农业产业链，实现从田间到餐桌零距离，吸引农业生态攸关各方共建农业生态圈，增值分享，共创共赢，最终实现攸关方利益最大化。自成立以来，海优禾吸引了近百余家农业企业上平台，涵盖生产、销售、深加工、品牌管理、物联网设备、物流等农业行业全领域，卡奥斯 COSMOPlat 为农业转型提供了“智慧农业＋健康生活”的数字化管理解决方案，赋能农田面积已超过 120 万亩，涉及粮食、蔬果、水产、肉禽产业，涵盖 280 多个品类，2021 年卡奥斯 COSMOPlat 获得中国电子商务行业“数字乡村”十佳创新企业奖。海尔卡奥斯赋能农业，引领农业物联网转型，实现智慧农业与物联网的深度融合，能够促进乡村产业的加速融合。

二 海尔卡奥斯海优禾平台工业互联网赋能乡村产业融合模式

卡奥斯 COSMOPlat 以工业互联网思维，从产业融合与农业产业链数字化转型角度，推进数字农业贸易的全面数字化、智能化，加速工业互联网生态赋能农业现代化建设。

（一）海优禾平台对山东金乡大蒜产业融合发展的数字化赋能模式

山东金乡史称“缗城”，是中国牧渔蚕耕的文明发祥地之一，也是我国著名的“大蒜之乡”。金乡自然条件优越，土地肥沃，适合大蒜生产，金乡县常年种植大蒜70万亩，年均产量80万吨，带动周边种植大蒜200余万亩，其面积、产量、品级、品质、出口量均居全国之首，素有“世界大蒜看中国，中国大蒜看金乡”的美誉。金乡大蒜及大蒜制品年出口量占全国同类产品出口总量的75%以上，但大蒜产业面临原产地品牌价值缺失、人工成本高、农民利益受损、品质保证难等发展问题。

为此，金乡引进海尔卡奥斯海优禾平台，采用物联网技术搭建全新的农业种植示范平台，对大蒜的种植、施肥、温湿度、病虫害进行全程追溯，实现一颗大蒜从种植到上餐桌，全程可追溯，亩产实现5%—10%的提升，大蒜产品品质也获得提升。基于卡奥斯海优禾平台，金乡以工业化思维延伸产业链条、以品牌化经营拓展国内外市场，培育了一批加工商贸龙头企业，全县1000多家蒜农和蒜商实现“产需对接”，形成上游和下游互联的产业区块链，买卖双方市场交易更加透明、直观、公正。金乡大蒜先后荣获“首届中国农业博览会银质奖”“国家地理标志产品”“欧盟地理标志认证”“中国驰名商标”“10+10中欧地理标志互认”“2017年中国百强农产品区域公用品牌”等荣誉。

综上，海优禾平台对金乡大蒜的云赋能过程如下：针对金乡大蒜产业面临的大蒜“不真”、蒜农“难卖”、用户“难买”的痛点，构建金乡大蒜大数据生产、产品溯源和产销对接的全产业链数据支撑解决方案。提升各方利益，实现蒜农增产增收，蒜企周转效率提升，实现地域品牌增值。对于用户端，可规模定制金乡生产、安全可溯源的大蒜产品，且可通过与平台交互得到一种健康生活解决方案。

（二）海优禾平台对辽宁丹东东港大米产业融合发展的数字化赋能模式

辽宁丹东东港位于鸭绿江入海口，隔江直望朝鲜半岛。全年年平均气温21℃，年平均降雨量在1700—2000毫米，年平均日照2039小时。$PM_{2.5}$全年平均不超过150。阳光雨水充足，土地丰饶，越光米培育期在186天，比一般米种约长20天，食味值更高。东港的越光米，与日本新潟县的越光米同米种，处在同纬度，都位于寒温带大河入海口，皆属于退海偏盐碱地平原，具有得天独厚的地理位置优势，稻米由鸭绿江水灌溉，品质可媲美日本新潟县越光大米，成为国内公认种植越光大米的主要产区。

然而，东港越光米却存在高产品质量、低销售价格的困境。为此，东港引进海尔 COSMOPlat 海优禾平台，以物联网手段改良大米生产、加工、流通、仓储等各个环节，通过遥感卫星和无人机实时采集气象数据，同时整合土壤、地块、作物长势等全方位信息，提供气象灾害预警、病虫害预警和产量预估等全产业链数据支撑和管理服务。同时通过海优禾平台采集到用户对于大米产品的定制需求，通过社群交互，抓住用户的精准需求，驱动全流程的互联互通和透明可视，实现东港越光大米的品牌增值。总体来看，海优禾平台对东港越光大米生产基地进行了智能化管控、精细化管理及数字化、生态化、体系化的产品重塑，使东港优质大米产品资源与海尔卡奥斯形成优势互补，完成从农田、农机、农技到分拣、储存、加工、包装、物流全流程的物联网设备接入，实现了越光大米品牌增值，优质优价，促进当地农企增收。

三　海尔卡奥斯海优禾平台工业互联网赋能乡村产业融合机理

（一）以工业思维改造农业生产思维

海尔 COSMOPlat 采用工业思维中的大规模定制生产模式赋能传统农业，引导农户摒弃传统的简单交易思维，以用户思维和价值共创思维，从用户需求端角度，对农业的种植、采收、深加工、供应链等农业生产全过程进行升级。具体而言：（1）线上个性化定制。用户在海优禾平台上，可以根据需求定制农产品，用户可以进行创意交互，通过创意延伸新的物种，为用户定制健康的解决方案。（2）线下实现全流程可视化并联。从农资采购、农机互联、土壤改良、种植、加工、仓储、物流全流程并联，通过 COSMOPlat 海优禾的平台能力和生态资源，实现全流程互联互通，保证成本降低的情况下，让包装、运输、保鲜等用户体验越来越好。通过物联网技术手段，能够全流程的进行质量认证和透明可视。

（二）以工业数字资源赋能农业数字化转型

海尔拥有 30 多年制造及管理经验和 12 年的互联网转型实践经验，积累用户资源 3.3 亿、车辆物流资源 10 万辆、触点网络 100 万、互联网智能冰箱 2000 万台。海尔将这些触点网络资源链入农业，能够帮助农户快速形成用户需求，实现农田到餐桌快速、安全的连接，以此加速农业与第

二、第三产业的融合发展进程，形成线上线下虚实产业融合模式。

海尔通过向农业导入工业数字资源，提升了农业信息化水平，改变了传统产销模式，并实现供应链体系优化，进一步压缩流通环节帮助农民增收。供需匹配的强化、科学种植水平提升以及可视化的农产品品质追溯，促使农业三产融合水平提升，如图 8－2 所示。

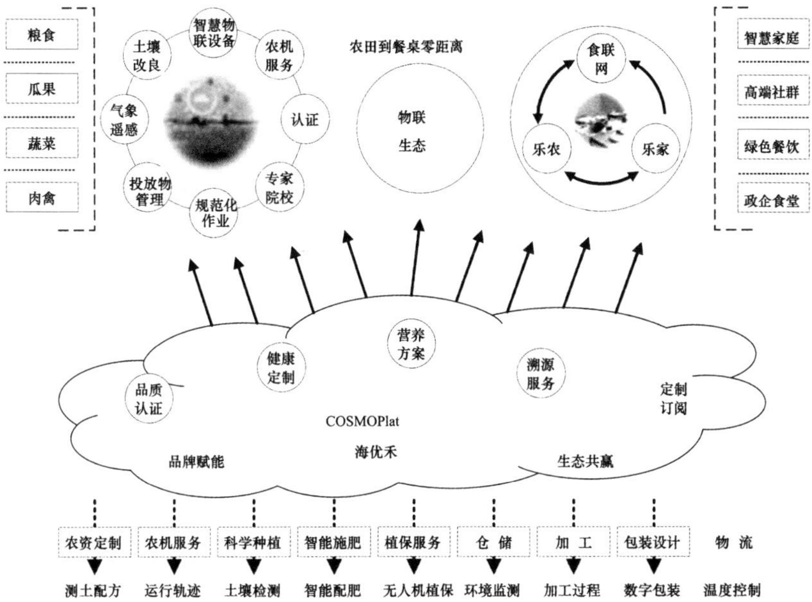

图 8－2　海尔工业互联网赋能乡村产业融合

资料来源：北京新型智慧农业研究院。

第七节　数字化赋能乡村产业融合发展案例分析

综合德清县数字“鱼菜共生”模式、河南鹤壁市“数字农田”、海尔卡奥斯海优禾平台工业互联网赋能模式等共五个案例，构建数字化赋能乡村产业融合发展的作用机理，如图 8－3 所示。

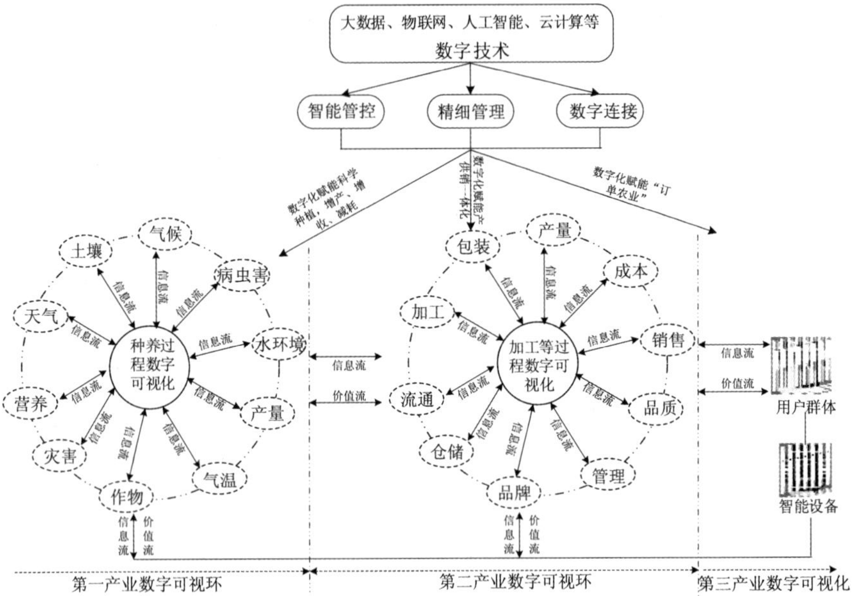

图 8－3　数字化赋能乡村产业融合发展作用机理

一　通过数字技术搭建农业生产全过程管理“可视数字环”

综合上述案例，可知通过数字技术可将第一产业生产的全过程进行数字化，并建立起各个生产环节之间的可视化有机关联。具体过程为：以各类传感器收集种养殖相关的天气、土壤、气候、气温、灾害、病虫害、营养、作物生长、产量等各类要素信息，通过大数据、云计算技术构建动植物生长智能监测模型，由此形成动植物生长全过程管理的智能化“可视数字环”，架构起农产品可追溯的第一座“田野桥梁”，农户由传统的不确定性“经验依赖”转向精准科学的“数字化管控”，且可实现生产能耗降低、增产、提质、增收、绿色的多重效益。

二　通过数字技术架构起农产品加工流通全过程管理“可视数字环”

第一产业农产品流入第二产业后，仍然以各类传感器收集农产品加工过程中的品质、机器、仓储、包装、产量、管理等各类要素信息，通过大数据、云计算技术构建智能制造监测模型，由此形成农产品加工流通全过程管理的智能化“可视数字环”，架构起农产品可追溯的第二座附加值“增值桥梁”。农产品由传统的低附加值粗加工转向高附加值的智能制造，可实现提质、增收、绿色、降耗，达到提升农产品附加值目标。

三　通过数字技术构建三产参与主体之间互联互通互动的“可视数字桥”

满足用户个性化需求是促进农户和农产品加工企业实现增值分享和价值最大化的关键。大数据、云计算等数字技术可架构起连接第一、第二、第三产业参与主体的第三座用户“价值共创”桥梁，即“小农户”与“大市场”端到终端的关键桥梁，进而实现“订单农业”这一个性化商业模式，并通过数字贯通优质农产品产销一体化新路径。具体而言，用户可通过智能终端，如海尔的智能家电产品，既可以实现农产品溯源，也可以与第一、第二、第三产业参与主体进行交互，提出个性化需求。农户根据用户需求进行定制化生产，获得交互定制产生的溢价收益，并形成创意农业。第二、第三产业主体同样根据用户需求进行个性化加工、营销和管理等，进而获得溢价收益。

综上，数字赋能乡村产业融合发展过程，显现为通过“小平台＋大中后台”和“设计赋能＋产业孵化”的开放式创新模式赋能乡村产业融合，以数字技术将农业生产、技术服务和产品流通连接起来，构建优质农产品的产供销一体化、全产业链社会化服务体系和定制农业的新型运营模式，帮助农业产业链上下游获得到数字经济带来的效益。其本质是通过将第一、第二、第三产业中的生产要素、生产过程和生产经验全面数据化和模型化，以此形成虚拟化的生产过程并将抽象、模糊的农业生产经验转化为直观、可复制的具象化数据，并以数字化方式全面建立起第一、第二、第三产业参与主体之间的立体化蜂巢结构，以此提升农户和企业均衡个性化和大规模生产能力，实现数字技术在农业链条每一环的渗透应用。

第九章

工业互联网平台赋能乡村产业融合发展未来议题[①]

工业互联网平台作为驱动制造业数智化升级和带动创新型中小微企业成长的新引擎，受到前所未有的关注和期待。在顶层设计上，旨在促进工业互联网发展的政策制度相继出台，国务院从2015年发布《关于积极推进“互联网+”行动的指导意见》和2017年发布《关于深化“互联网+先进制造业”发展工业互联网的指导意见》，到工信部在2020年发布《关于推动工业互联网加快发展的通知》和在2021年发布《工业互联网创新发展行动计划（2021—2023年）》，试图以制度来引导和推动制造业和各类创新型企业积极发展工业互联网或接入工业互联网平台。在微观基础上，以海尔COSMOPlat、阿里巴巴supET、三一重工ROOTCLOUD、施耐德EcoStruxure、微软Azure、GE Predix、IBM Cloud、思科Jasper等为代表的工业互联网平台正在努力争夺工业互联网平台建设的制高点，且已显现出重大应用价值。如GE Predix平台辅助布鲁斯电力公司有效解决发电效率低下、核电设备维护难等问题，促使单个核电设备连续运行500天即可为当地提供全年15%的电力，效率大幅上升，平均发电价格降低了30%，设备稳定性明显上升；思科Jasper平台拥有广泛的全球化部署规模和全新eSIM方案，一旦安装在车辆后即可实现全球测试、全球激活和全球管理；海尔COSMOPlat在疫情期间显现出打破企业“孤岛”的巨大作用，在2020年1—3月共监测

① 本章部分内容发表在《经济管理》2022年第5期。

覆盖全国 31 个区域、18 个行业的中小企业 38786 家，复工指数 35.37，复工率 61.37%，达产率 57.62%（文晓，2020），其品牌价值已达 557.67 亿元。

自 2012 年通用电气提出工业互联网概念后，国内外学者深刻认识到工业互联网作为新一代信息技术，将成为驱动智能制造的关键破局工具（武汉大学工业互联网研究课题组，2020）。研究焦点之一就是工业互联网平台，工业互联网平台本身是一个复杂系统，数学、计算机、工程学、通信等技术领域科学家从算法与技术架构等方面推动着工业互联网平台演化。国外的研究主要集中在电子电器工程、通信、技术科学与信息系统、自动化控制系统领域，其他领域呈少量散点趋势，以工业互联网算法和物理信息系统（CPS）研究为主（Papadopoulos 等，2020），跨学科研究丛林较为完整。国内学者对工业互联网的关注则自 2015 年“中国制造 2025”被提出后，研究主题集中在分布式架构、智能制造、人工智能、制造业、数字化转型、物联网、高质量发展、工业 4.0、云计算层面，进展相对缓慢。总体而言，现有工业互联网平台研究偏向技术角度，以综述工业互联网平台的内涵、技术架构、技术应用领域为主，从产业、组织管理、经济学、平台等视角出发的研究较少且鲜有实证研究。但既有研究认为平台是工业互联网发展的核心和引擎，工业互联网对价值共创、生态发展、智慧组织变革等的影响均需要通过平台界面实现。为此，产业、组织管理、平台等领域学者如何理解工业互联网平台的内涵、理论、演化与赋能对企业运用工业互联网平台的产业实践和未来理论体系构建至关重要。

虽然工业互联网平台诞生于工业领域，但近年来在加速农业数字化转型方面也显现出巨大作用，例如海尔 COSMOPlat，依托旗下农业行业子平台海优禾，以“智慧农业 + 精准扶贫”为出发点，为云南省滇云蜜语打造了蜂蜜物联网数字化管理基地。在基地赋能中，海优禾农业生态平台通过物联网、云计算、人工智能、卫星遥感监测等技术对蜜源地环境进行实时监测和预警，从根源上精准控制蜂蜜产品的生产全流程，把成本和损失都降到最低。此外，海优禾从生产标准、品牌体系方面助力产业数字转型：一方面通过打造标准化蜂蜜生产模式，确保蜂蜜高品质。另一方面借助平台实现高端蜂蜜产品的规模定制，提高品牌知名度。海优禾打造的全流程物联网追溯体系，可为每个产品的采、产、销各个环节都能实现可视化追溯，解决真假蜂蜜混乱问题。COSMOPlat 为甘肃省陇南地区油橄榄特色富民产业打造了涵盖油橄榄种植、品牌形象设计、销售渠道拓展等全流程的数字化解决方案。海尔 COSMOPlat 案例表明，工业互联网思维带来的“小平台 + 大中后台”的模式创新，不仅能够帮助农民实现科学种植、增产增收，还能在最短时间内完成用户订单的供需匹配，实现了数字技术在农业链条每一环的渗透应用。

鉴于此，本章以文献回顾为基础，着重聚焦工业互联网平台研究脉络、工业互联网平台的内涵与技术架构、工业互联网平台理论基础、工业互联网平台演化过程及未来发展趋势、工业互联网平台赋能内涵和机理逻辑五个方面内容。最后，结合现有产业实践，提出工业互联网平台赋能乡村产业融合发展的未来议题。

第一节　文献选取与分析

一　文献选取与整理

工业互联网是构建工业互联网平台的基础性技术支撑，为从底层技术探索工业互联网平台的内涵、影响因素、演化过程、赋能结果提供重要依据。以“工业互联网”“工业互联网平台”“industrial internet”“industrial internet platform”“industrial Internet of Things platform”为标题、主题、关键词，在中国知网（检索时间截至 2021 年 9 月）CSSCI 核心库期刊文献、Web of Science、Taylor & Francis、Elsevier、SAGE、EBSCO 等英文数据库（时间范围不限）开展探索性检索，共获得 96 篇中文文献和涉及机械工程、管理、经济、商业、机器人学、跨学科社会学、自动控制论、社会心理学等 85 个类别的英文文献 1034 篇。

本研究主要从管理、经济、社会科学视角展开，化学、核科学、算法、机械工程等具体技术性文献不在讨论范围，最终选择管理、经济、社会学、人文学科（多学科）、工程制造、环境科学、跨学科、绿色可持续发展、统计学等 17 个类别中的 114 篇英文文献。为避免文献遗漏风险，对排除领域文献的标题、摘要进行逐篇筛选，没有发现需要增补的非技术类新文献。针对搜集的文献，对其标题、摘要、关键词展开阅读，剔除与工业互联网平台无关文献、重复文献、书评以及社论，保留了部分工程领域重要的会议文献，如连续召开了53届的CIRP Conference on Manufacturing Systems、47届的Annual Conference of the IEEE Industrial Electronics Society等。最终，获得87篇中文文献和88篇英文文献用于梳理和分析。

二　文献分析

（一）关键词共现分析

采用Ochiia系数（$I_{ij}=C_{ij}/\sqrt{C_I*C_J}$，$I_{ij}$表示共现系数，$C_{ij}$表示关键词$i$和关键词$j$同时出现的次数）研究不同关键词之间的关系。首先，将格式化后的关键词导入Bibexcel软件，参考陈武和李燕萍（2018）的做法，计算出现2次阈值及以上的关键词之间的共现关系，得到共现矩阵；其次，运用Ochiia系数处理共现矩阵，分别获得如表9－1和表9－2所示的关键词共现系数表。最后，结合关键词共现系数结果，分析工业互联网研究主题的概况和不同主题之间的内在关联。

根据共现分析结果，表9－1中工业互联网、高质量发展、中国制造2025、人工智能、案例研究5个关键词的共现系数累计值大于2.0，表明国内学者重点关注人工智能技术、工业互联网与中国制造业高质量发展之间的关系，且以案例研究为主。此外，创新路径、工业4.0、“互联网+”、数据中心、数字经济、信息基础设施、政策建议、制造业8个关键词的共现系数累计值在1.5—2.0，表明后续研究从更加细分的视角研究影响人工智能技术、工业互联网与中国制造业高质量发展关系的因素、对策、方法、路径等。表9－2中industrial internet platform、industry 4.0、manufacturing、business model innovation、expert interviews、multiple case study 6个关键词的共现系数累计值大于2.5，表明国外学者关注工业4.0背景下工业互联网平台与制造业和商业模式创新之间的核心问题，主要以案例研究和专家访谈为主。industrial internet of things、architecture、business model、cloud computing、cloud platform、cyber physical systems、fog computing、smart manufacturing等16个关键词的共现系数累计值在1.5—2.5，表明后续研究主要从工业互联网平台技术架构、算法与系统、商业模式、智能制造、安全隐私角度来拓展核心问题。

（二）社会网络分析

兼具工具功能和关系论思维的社会网络分析可以帮助研究者更加直观地刻画、测量行动者之间的关系，以便深入阐释管理学和社会学领域相关问题。将共现矩阵先后导入 Ucinet6.0 软件、NetDraw 软件，得到关键词社会网络分析图，分别如图 9－1 和图 9－2 所示。图 9－1 中以“工业互联网”为核心关键词，研究工业互联网推动高质量发展、制造业服务化、价值共创、“互联网＋”、人工智能、数据中心、核心技术、数字经济等方面的作用过程，同时探究新基建、数据治理、信息基础设施等影响工业互联网发展的重要机制。图 9－2 中聚焦 industrial internet of things、industry 4.0 两个核心关键词，研究工业互联网促进商业模式创新、智能制造、工业 4.0、制造业、制造业服务化、云计算、安全隐私的作用机制，探讨物联网、区块链、数字孪生、云平台、再工业化对工业互联网发展的驱动机理。

表 9－1　中文文献的关键词共现系数

序号	关键词	共现系数	序号	关键词	共现系数	序号	关键词	共现系数
1	案例研究	2.44	9	互联网＋	1.98	17	新基建	1.39
2	创新路径	1.60	10	价值共创	1.46	18	信息基础设施	1.88
3	高质量发展	2.13	11	人工智能	2.30	19	影响因素	1.19
4	工业 4.0	1.90	12	数据治理	1.29	20	政策建议	1.72
5	工业革命	1.00	13	数据中心	1.69	21	制造业	1.88
6	工业互联网	2.86	14	数字化转型	1.91	22	制造业服务化	1.34
7	工业互联网平台	1.00	15	数字经济	1.43	23	智能制造	1.34
8	核心技术	1.10	16	网络强国	1.37	24	中国制造 2025	2.05

注：由于关键词共现系数表格较大，本表直接提供共现系数数据。

表9－2　　　　　　　　英文文献的关键词共现系数

序号	关键词	共现系数	序号	关键词	共现系数	序号	关键词	共现系数
1	architecture	1.86	11	fog computing	1.73	21	internet of things	1.65
2	blockchain	1.00	12	IIoT	1.45	22	IoT	1.76
3	business model	1.83	13	industrial internet	1.41	23	manufacturing	3.48
4	business model innovation	2.50	14	industrial internet of things	2.28	24	manufacturing service	1.00
5	cloud computing	1.84	15	industrial internet platform	2.80	25	multiple case study	4.15
6	cloud platform	1.88	16	industrial services	1.58	26	openness	1.77
7	cyber physical systems	1.85	17	industrie 4.0	1.33	27	re-industria-lization	1.68
8	cyber-physical systems	1.18	18	industry 4.0	2.51	28	security and privacy	1.72
9	digital twin	1.00	19	information technology	1.98	29	smart manufacturing	2.41
10	expert interviews	3.65	20	intelligent manufacturing	1.31	30	wireless sensor networks	1.58

注：由于关键词共现系数表格较大，本表直接提供共现系数数据。

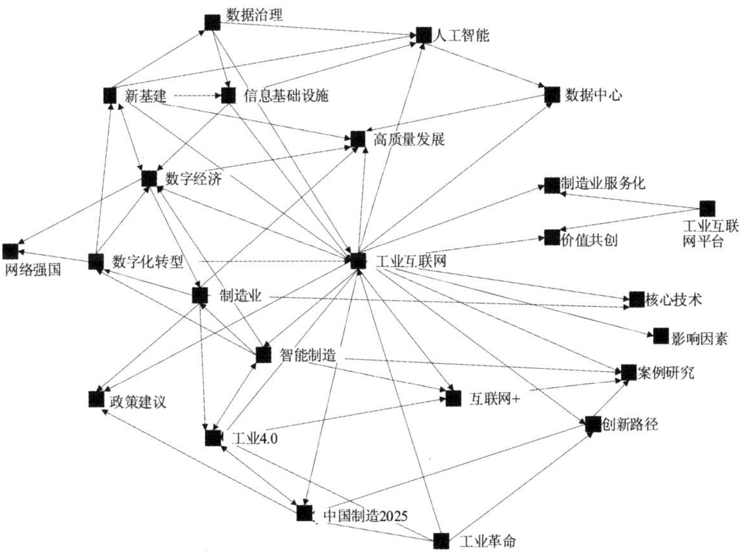

图9－1　中文文献的关键词社会网络分析

资料来源：由 NetDraw 软件导出。

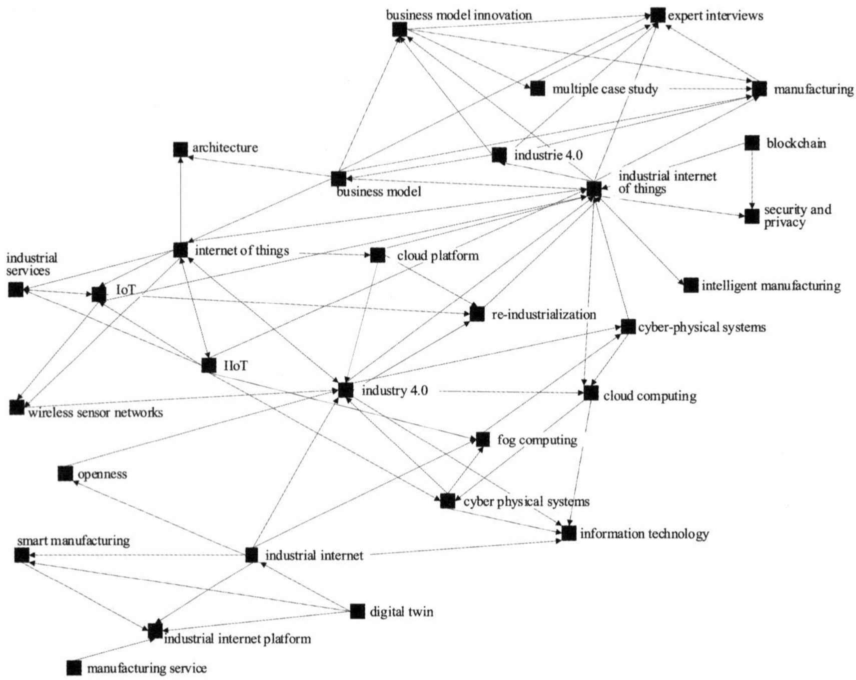

图9-2 英文文献的关键词社会网络分析

资料来源：由 NetDraw 软件导出。

（三）主题关键词与核心关键词关系

核心关键词工业互联网与研究主题关键词工业互联网平台存在如下关系：（1）技术角度。工业互联网是构建工业互联网平台的底层基础技术架构，用户可以基于这一基础架构进行工业 App 开发，但是工业互联网对平台企业和用户产生技术赋能作用，需要以工业互联网平台为“桥梁”。由图9-1和图9-2可知围绕工业互联网为核心的关键词包括核心技术、区块链、物联网、无线传感器、信息物理系统、数字孪生等，工业互联网通过工业互联网平台（云平台）对制造业服务化、再工业化、工业4.0产生影响。（2）平台角度。平台具有形式情境、价值交换、群体互动、多元交互、可拓展性、模块化特征，可实现应用程序拓展和被共同使用，促进价值创造和用户群体互动（陈武、李燕萍，2018）。工业互联网只是构成工业互联网平台的功能模块之一，工业互联网的发展也需要具备可拓展性且能够实现价值交互，才能获得用户认可并不断提升技术优势，这需要通过平台界面实现。图 9－2 表明云平台（cloud platform）是影响工业互联网发展的重要因素之一。（3）产业角度。工业互联网生态系统相关研究认为工业互联网生态实质是平台生态，工业互联网平台建设是工业互联网生态建设的基础和促进生态发展的引擎（左文明、丘心心，2022）。（4）组织管理角度。基于技术与组织关系的研究以及近年兴起的平台组织理论，可知技术与组织变革存在相辅相成的关系，工业互联网促使企业组织往平台化和智能型组织变革（李海舰、李燕，2019），源于工业互联网对组织管理过程进行数字化改造，这一过程也助推更多的企业能够与工业互联网平台连接，促使平台价值创造能力持续增强，当工业互联网平台演化到自组织阶段，需要更强的工业互联网数字化模块支撑（马永开等，2020）。（5）文献分布与产业实践角度。文献分布方面，探讨工业互联网这一底层技术为主且文献数量多，而工业互联网平台的研究正处于从概念内涵、技术架构走向影响制造业发展的过渡阶段（谢卫红等，2021），国内研究只有寥寥数篇，但以工业互联网为主题的研究却涉及工业互联网平台。文献分布的均衡性影响关键词相关强度，进而影响社会网络分析结果，导致工业互联网平台关键词处于边缘位置。产业实践方面，依据美国知名咨询公司高德纳（Gartner）从 2019 年起连续 3 年发布《全球工业互联网平台魔力象限报告》，报告显示微软、亚马逊、西门子、三星、树根互联等全球知名工业互联网平台企业主要分布在 Visionaries（远见者）、Niche Players（利基企业）两个象限，而在 Leaders（领导者）、Challengers（挑战者）两个象限仍无企业进入，表明工业互联网平台产业实践仍处于发展初期，与文献分布相印证。综上，本章围绕工业互联网平台的内涵、技术架构、理论基础、演化过程、前因与赋能结果进行分析，并提出未来研究议题。

第二节　工业互联网平台的内涵与技术架构

一　工业互联网平台的内涵

（一）工业互联网内涵

2012 年美国通用电气公司（GE）在《工业互联网：突破智慧与机器

的界限》白皮书中首次正式从制造业角度将工业互联网（IIoT）定义为数据、硬件、软件与智能的流动和交互（Evans、Annunziata，2012）。后来，由思科（Cisco）、通用电气（GE）、英特尔（Intel）、美国电话电报公司（AT&T）、国际商用机器公司（IBM）等联合成立的工业互联网联盟（Industrial Internet Consortium，IIC）在2014年将工业互联网界定为由实物、机器、人与计算机机器网络组成，拥有人工智能制造、过程控制与个体感知、整合任何性质的网络而进行数据整合与数据分析的全球开放式智能工业系统①。国际电信联盟（International Telecommunication Union，ITU）认为工业互联网是信息社会的全球基础设施，通过基于现有和发展的可互操作的信息和通信技术互连（物理和虚拟）事物来实现高级服务②。基于上述定义，可知工业互联网的本质是工业领域革命、价值共创、跨系统流动和全面互联，在连接对象、技术要求、应用场景、竞争格局方面显著区别于消费互联网。

（二）工业互联平台内涵

工业互联网平台是工业互联网与平台的结合，学者们试着从不同角度界定工业互联网平台，如表9－3所示。技术视角认为工业互联网平台是融合云计算、物联网技术的制造业云系统；平台视角从资源汇聚与配置服务层面界定工业互联网平台；生态系统视角提出由工业互联网依托平台形成的集生产、设计、研发等于一体的生态系统；综合视角则认为工业互联网平台是一种可以满足制造业数字化、网络化和智能化需求的数据服务体系。

表9－3　　工业互联网平台内涵及与相关概念比较

概念	视角	内涵/提出背景	代表性学者/国家/企业
工业互联网平台	技术	融合信息化制造、云计算、物联网技术的云制造服务模式	Li等，2010
		制造业云操作系统	Wollschlaeger等，2017

① Industrial Internet Consortium，"The Industrial Internet Reference Architecture Technical Document"，https：//www.iiconsortium.org/IIRA－1－7－ajs，2015年6月30日。

② International Telecommunication Union，"New ITU Standards Define the Internet of Things and Provide the Blueprints for its Development"，http：//newslog.itu.int/archives/245，2012年7月4日。

续表

概念	视角	内涵/提出背景	代表性学者/国家/企业
工业互联网平台	平台	构建基于海量数据采集、汇聚、分析的服务体系，是支撑制造资源泛在连接、弹性供给、高效配置的工业云平台	李广乾，2016
		将制造资源数字化，并实现资源连接和资源配置的平台	权锡鉴等，2020
		面向制造业个性化、网络化和智能化发展需求的开放式、数据化和专业性的服务平台	Mayer 等，2017
		工业要素资源的重组与调配的资源配置平台和提供生产智能化服务的资产优化平台	王峰，2017
	生态系统	一种新兴的制造业生态系统，企业研发设计、生产、销售等数字信息被迁移至云数据中心	王玮等，2019
		工业互联网依托于平台的网络虚拟集聚形成的生态	王如玉等，2018
		通过构建一个集成系统，进而成为一种新兴制造业生态系统	Wang 等，2020
	综合	基于云制造平台，使“互联网＋”与制造业完美结合，促进制造业服务化、数字化发展，进而实现工业互联网价值	谢卫红等，2021
		面向制造业数字化、网络化、智能化需求，构建基于云平台的海量数据采集、汇聚、分析服务体系，支撑制造资源泛在连接、弹性供给、高效配置	国家工信部，2018
工业互联网	技术/政策/综合	数据、硬件、软件与智能的流动和交互	Evans、Annunziata，2012
工业 4.0		2013 年德国提出，以应对劳动力成本上升和创新能力下降问题，通过虚拟—实体系统（CPS）构建智能工厂	Schuh 等，2017
物联网		实现物与物、人与人、人与物之间的互联	Whitmore 等，2015

续表

概念	视角	内涵/提出背景	代表性学者/国家/企业
先进制造业伙伴计划	技术/政策/综合	2011 年美国提出，目标在于重塑制造业竞争力，通过构建所有企业共享的先进技术网络体系来实现	杜传忠、金文翰，2020
中国制造2025		中国制造业未来 10 年设计顶层规划和路线图，推动中国到 2025 年基本实现工业化，迈入制造强国行列	国务院，2015 年 5 月
智能制造		基于新一代信息技术，具有信息深度自感知、智慧优化自决策、精准控制自执行等功能的先进制造过程、系统与模式	吕铁、韩娜，2015
社会 5.0		科学技术创新引领社会变革所诞生的新型社会	日本《第五期科学技术基本计划》，2016 年 1 月
ERP		企业决策层及员工提供决策运行手段的管理平台	高德纳咨询，1990 年

（三）与相关概念的比较

工业互联网平台是伴随着工业互联网、物联网、“工业 4.0”、智能制造、ERP、先进制造计划等的发展而逐步演变。由表 9－3 可知，美国提出的工业互联网侧重技术要素间的交互，与其发起的先进制造业伙伴计划相互支撑，旨在重塑美国制造业竞争力；德国“工业 4.0”注重机械与芯片结合构建智能工厂；物联网强调解决人、物之间的互连；ERP 核心聚焦单个企业工作流程优化和决策效率提升；日本“社会 5.0”将各种“物”通过网络连接，重构工业与社会的关系，实现超智能社会；中国实施的“中国制造 2025”旨在推动智能制造，提升制造业竞争优势。图 9－2 表明，工业互联网、数字孪生等是工业互联网平台的重要技术支撑，工业互联网平台是驱动制造业服务化的关键要素，而制造业服务化是提升制造业数智化水平的核心手段，最终对“工业 4.0”等国家战略形成支撑。由图 9－3 所示的概念演变历程，也可知工业互联网平台与相关概念之间存在继承与发展，相互促进的关系。一方面，工业互联网、物联网、ERP 等先进技术，以及“工业 4.0”、智能制造、先进制造计划、“社会 5.0”、“中国制造 2025” 等国家战略分别成为推动工业互联网平台发展的技术支撑体系和政策支撑体系；另一方面，工业互联网平台是上述技术的集成载体，并成为实现各国战略目标的重要工具。

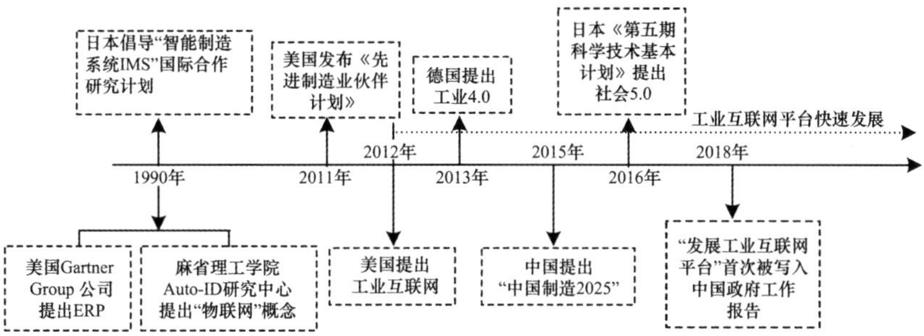

图9－3　相关概念演变历程

（四）本书的界定

综观现有工业互联网平台研究，可从中归纳出工业互联网平台概念包含的基本要素：一是技术系统的集成载体，融合数据采集、分析、建模、应用开发、云计算等信息技术，解决单个技术之间协同障碍问题；二是创新物理世界与虚拟世界的连接方式，实现资源的重组与配置；三是提供个性化的解决方案。基于此，本书将工业互联网平台界定为：面向工业数字化应用场景的新一代信息技术集成载体，能够将物理世界与虚拟世界业务抽象化并进行数字化连接，以满足用户个性化需求的云赋能综合服务平台。

工业互联网平台具有三个基本特征：一是系统性。需要对平台企业、用户需求、设备、数据采集、数据建模、数据分析、数据安全、技术兼容、开放性、标准与个性化等进行系统设计与思考。二是互动性。工业互联网平台由众多要素构成，如数据要素、软硬件要素、企业主体、制度要素等，这些要素之间会发生利益、资源、价值、知识经验等方面的持续互动。三是个性化。工业互联网平台面向大中小企业各类用户需求场景，除解决用户共性问题外，更需要解决用户的个性化问题。

二　工业互联网平台的技术架构

由物联网与产业融合产生的新业态——工业互联网平台的主要技术架

构：工业互联网联盟提出了包含平台层、边缘层、企业层的参考框架。德国工程师协会将其分为集成层、信息层、业务层、资产层、通信层、功能层。学者则提出由基础设施、平台和应用3层构成的参考架构（李君等，2018），或从整体产业视角提出了由核心层、应用层和接口层构成的工业互联网平台架构（吕铁，2020）。

综合上述研究，结合海尔COSMOPlat案例和《工业互联网平台白皮书（2017）》，工业互联网平台技术架构由SaaS、PaaS、IaaS和边缘层构成，如图9-4所示。其中SaaS层（软件即服务），为用户企业在生产、设计、管理、服务等方面提供App应用软件和解决方案，并根据用户企业特定的场景应用需求提供个性化方案。PaaS层（平台层），属于核心技术层，包括三大模块，工业数据建模和分析模块主要解决企业海量数据的建模与应用，一方面将行业知识、生产工艺、技术原理、经验等数据进行数字化建模，实现工业机理建模，另一方面对工业数据之间的相关性进行数字化建模，实现大数据分析建模。工业数字化建模实现了工业生产和业务过程的可视化描述，辅助用户企业开展精准地预测、决策、发展趋势分析，该模块决定了工业数据应用价值的高低，是PaaS的核心。工业大数据系统帮助用户企业通过特定的算法管理、清洗、分析工业数据。PaaS

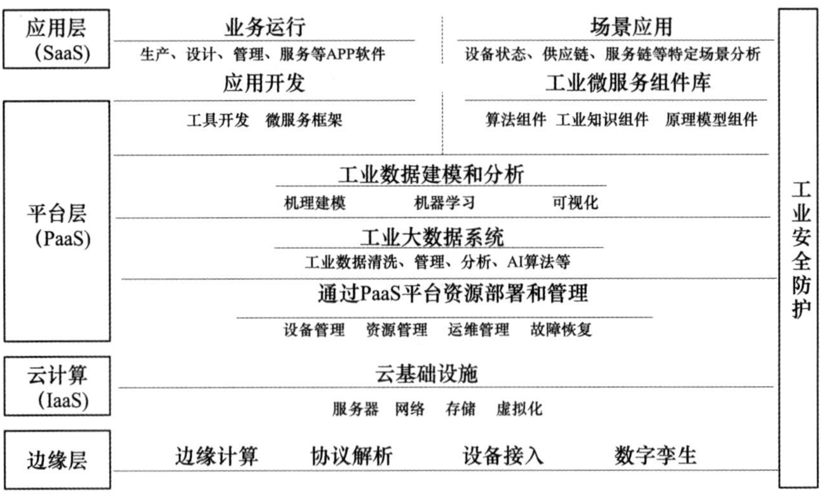

图9-4 工业互联网平台技术架构

平台资源部署和管理属于分布式模块化微服务架构，用户企业可以结合自身需求进行云部署和开发。IaaS 层（云基础设施），包括服务器、存储、网络、虚拟化资源等技术基础通用模块，用于支撑云计算。边缘层，以控制器或传感器采集实时数据，通过特定的协议解析转换为统一的数据格式，以数字孪生技术模拟物理实体在现实环境中的行为，推动物理实体的迭代拓新（陶飞等，2018），边缘计算提升了云计算与数据源之间的系统响应速度。

第三节　工业互联网平台的理论视角

工业互联网平台及其形成的数据生产要素均是新生事物。诚如学者们所说，尽管学术界立足前沿产业实践初步肯定工业互联网平台和数据生产要素将对企业形成新一轮赋能作用，但目前鲜有与之相关的严谨论证和源头意义探索，工业互联网平台研究尚未形成自己的理论体系。即使如此，国内外学者也分别从组织行为视角、产业视角、平台视角、经济学视角、技术视角和“反管理”视角对工业互联网平台进行了有益探索，如表 9 – 4 所示。

表 9 – 4　　工业互联网平台各理论视角比较

理论视角	典型理论	关注点	研究方法	代表性文献
组织行为视角	价值共创理论	工业互联网平台演化与相适配的价值共创模式	理论研究、案例分析	马永开等，2020
	自组织理论	工业互联网平台与产品、组织内外环境互嵌引发的组织智能化变革	概念分析、统计分析、文献研究	Porter、Heppelmann，2014
	社会资本理论	工业互联网平台形成的虚拟社会网络与虚拟社会资本	案例分析、文献研究	权锡鉴等，2020

续表

理论视角	典型理论	关注点	研究方法	代表性文献
平台视角	公平理论	资源管理与共享、制造服务化	描述性分析	Xu，2012
	赋能理论	工业互联网平台企业与集群间的交互	案例分析	朱国军等，2020
产业视角	生态系统理论	工业互联网产业集群运作机理与结构、工业互联网平台生态建设	文本挖掘	左文明、丘心心，2022
经济学视角	博弈论	工业互联网平台应用领域、技术架构、信任、安全与隐私	文献研究	Atzori 等，2010
技术视角	控制理论	供应链、业务流程优化、智能制造协同	文献研究、计算模型	Ngai 等，2008
“反管理”视角	“反管理”理论	数据化商业生态系统	案例研究	孙新波等，2022

一 组织行为视角

组织行为视角关注工业互联网平台构成要素之间及其与外部环境之间相互作用产生的行为关系。主要包括价值共创理论、自组织理论、社会资本理论。价值共创理论强调企业与用户共同创造价值，学者将消费互联网领域的价值共创研究引入工业领域，认为企业可以将产品或者服务接入工业互联网平台与其他企业用户共同创造价值，如特斯拉车联网平台、三一重工 EVI 工业互联网平台等，顾客、制造商、零售商、供应商四类平台参与主体之间，将形成由低级到高级的联结、联动、联体三类工业互联网平台价值共创模式（马永开等，2020）。自组织理论关注组织形成与发展的条件、方式、途径、进化形式和协同效应，工业互联网平台与企业产品、组织内外环境互嵌，促使组织实现自主监控、自主控制、自主优化和自主诊断，实现产品和系统自我协调、自主的产品增强和个性化（Porter、Heppelmann，2014），与之相适应的智能型组织需要从“反范式、反集权、反分工、反边界”的管理逻辑重新审视新工业革命背景下的组织时代特征（王易、邱国栋，2020），“颠覆式”的管理变革成为新常态（李海舰、李燕，2019）。社会资本理论认为通过社会网络关系可以获得社会资本资源，工业互联网平台的本质是以数字要素形式存在的社会资本聚集，平台主体建构通过互联网上传物资需求信息的企业和上传物资供应信息的企业间的虚拟社会网络关系，实现虚拟社会资本向现实社会资本转化，并进行优化配置（权锡鉴等，2020）。可见，组织行为视角关注工业互联网平台企业和用户之间的行为关系，以及行为对组织引发的后果。

二　平台视角

平台视角着重工业互联网平台双边用户的竞争策略和价值交互关系。主要包括公平理论、赋能理论。公平理论关注社会比较，人们倾向于通过与客观的信息和比较来评价自己。该理论认为工业互联网平台企业和用户均会通过自身的投入与产出进行比较，进而选择相应的行为策略，工业互联网平台企业可能会基于自身优势，对弱小的用户企业采取按需付费（pay-as-you-go）策略，形成数据锁定（data lock-in）等安全问题（Armbrust 等，2010；Xu，2012），在制造业服务化价值交换过程中，满足用户企业个性化需求的增值服务将成为企业差异化竞争力的来源（唐国锋、李丹，2020）。赋能理论是以开放性平台、硬件载体和软件算法为支撑，通过跨界、交互获得新发展势能，该理论认为交互赋能可以将企业平台与市场平台连接，实现企业集聚价值共创。基于海尔、徐工案例，发现工业互联网平台与企业集聚通过各自的势能、动能、内能之间的交互赋能，能够驱动工业互联网平台企业演化，并呈现出“厂商自研”“云助力”两种发展模式（朱国军等，2020）。总体来看，平台视角下工业互联网平台与企业商业模式间的关系是当前学者探讨的核心议题。

三　产业视角

产业视角认为工业互联网的本质是一种全新的产业集群形式，是依托平台的网络虚拟集聚，并形成工业互联网平台生态（马永开等，2020），主要以生态系统理论为主。生态系统理论认为产业生态中的个体或单个企业具有与自然界生物类似的生命周期和能量物质循环过程，工业互联网是基于网络的虚拟聚集，区别于传统地理空间上的产业集聚（王如玉等，2018），平台是构建工业互联网生态的核心，包括内部主体要素和外部环境要素，内部主体要素当中以平台领导企业（如制造企业、信息技术企业）为主导种群；合作者、消费者和竞争者为关键种群；政府、高校、金融机构为支持种群；尚未形成寄生种群。外部环境则包括经济、政治、技术、社会，均是工业互联网生态发展的重要驱动力，最终形成“平台核心—链式关联—生态网络”工业互联网产业集群生态系统（左文明、丘心心，2022）。

四 经济学视角

经济学视角主要关注博弈论，博弈论研究个体局中人在对局中人为了赢得对一个或多个竞争者的博弈，是如何决策的。基于博弈论思想，个体或企业需要平衡使用工业互联网平台产生的收益和潜在风险，物联网技术被广泛用于多个行业领域，利用传感器实时收集各类数据并进行跟踪和监控，深刻影响制造自动化、物流、商业管理、智慧交通等（Xu 等，2018），但信任、安全与隐私问题导致用户产生抵制，主要存在不透明的数据采集、基础设施和软件的脆弱性、数据的不完整性、身份验证难、数据产权与交易等问题（Atzori 等，2010；李燕，2019）。可见，经济学视角下的工业互联网平台研究关注技术架构体系和应用领域中的利益与风险博弈问题。

五 技术视角

与其他视角不同，技术视角重点关注支撑工业互联网平台的技术体系，核心在于控制，控制理论主要考察机械和人类的自我调节系统。工业互联网平台是实现智能制造的关键推动力，通过整合分布式制造服务，完成复杂的制造任务（Wang 等，2019），工业互联网平台的技术体系能够显著改善企业的业务流程、供应链管理和制造过程中的协作关系，可以实现实时化、精准化、透明化和精细化需求（谢卫红等，2021）。现有研究提出工业互联网技术可在库存优化、流程效率提升、生产车间物流中发挥关键作用（Ngai 等，2008）。Wang 等（2019）基于相邻矩阵的物流软件协同优化（LA-MSCO）模型，通过改进人工蜂群算法，有效克服了物流路径选择和物流节点复杂导致的实际应用不准确性问题。为此，技术视角下的工业互联网平台研究的主要观点是通过工业互联网技术将生产资源转化为可被感知、推理和交互的智能制造对象，强调通过收集、分析工业大数据实现监控、调度和决策。

六　“反管理”视角

中国学者认为工业互联网平台和数字化商业生态系统均是新生事物，需要从哲学溯源属性层面提出工业互联网平台研究的新理论视角。目前仅构建了“反管理”理论，“反管理”是指为了自然环境的持续发展和组织中人的幸福快乐，利用科学的理性工具和哲学引发的感性直觉，获得服务于人与自然和谐共生的规律性治理的真、善、美的循环（孙新波等，2017），“反管理”视角下将工业互联网平台视为管理主体，赋能对象作为客体，以海尔和通用电气为案例，发现工业互联网平台的赋能作用遵循“数据资源行动—数据能力生成—生态价值实现”的机理路径（孙新波等，2022）。

总体而言，虽然现有研究从组织行为、产业、平台等视角对工业互联网平台理论进行了初步建构，但主要采用成熟理论衍生的方式，并没有形成工业互联网平台理论体系，也没有清晰的理论脉络。研究方法层面仍然以概念分析、学理探讨和案例分析为主，这与工业互联网平台实践处于发展初期相呼应。未来随着工业互联网平台与企业、用户、社会等方面深度融合发展，探索构建工业互联网平台理论体系仍是学术界核心议题。

第四节　工业互联网平台的演化进程、驱动因素与趋势

一　工业互联网平台演化进程

（一）从物联网到工业互联网

由关键词网络图可知，物联网（IoT）的直接指向为产业服务和工业互联网，表明推动阿里、腾讯等消费互联网企业腾飞的物联网技术正在与产业领域融合，形成工业互联网，从华为、海尔等企业的产业实践来看，物联网属于工业互联网技术架构中支撑智能边缘计算的关键技术。从现有研究来看，绝大多数研究的注意力集中在物联网对企业与消费者之间的作用，尚未探讨从物联网到工业互联网的演化规律，这不利于为碎片化、差

异化极大的工业应用场景提供有效的理论指导。

（二）从工业互联网到工业互联网平台

工业互联网从技术论证逻辑走向产业实践逻辑，需要以平台为支撑，目前工业互联网企业正在抢占平台制高点，如海尔 COSMOPlat、浪潮云 In-Cloud 等均是以平台模式对主导企业和连入平台企业提供赋能作用。然而，从关键词网络图来看，现有研究更加关注工业互联网与智能制造、工业 4.0、数字化转型之间的关系，这些研究固然重要，但技术发挥作用还需要相应的管理体系作为支撑，目前鲜有研究探讨主导企业如何实现工业互联平台化发展议题，如需要何种管理模式、存在何种平台化机制，这些问题关系到工业互联网平台的治理及其对自身和连入平台企业的赋能效果。

（三）工业互联网平台从低级向高级演化

产业界将工业互联网平台的发展演化划分为短期和长期两个阶段（O'Halloran、Kvochko，2015）。（1）短期发展阶段，包括运营效率提升和新服务或产品提升两个阶段。第一阶段主要通过采用工业互联网平台来预测维护资产管理，减少设备故障，以及改善工人工作条件等，达到增加收入或节约成本的目的。第二阶段是基于海量数据，借助工业互联网平台来开发新业务，包括数据货币化、产品即服务、软件即服务。（2）长期发展阶段：包括结果经济和智能拉式经济阶段。第三阶段是以工业互联网平台生态系统为支撑，实现按结果收费模式。第四阶段是工业互联网平台发展的终极形态，实现了工业互联网与消费互联网的融合，智能满足个性化需求。

国内学者对工业互联网平台发展有宏观态势和微观主体两种分析视角。一是宏观态势角度。工业互联网平台会沿着“建设起步—功能完备—应用拓展—专业深耕—生态繁荣”的演化路径由低到高逐步动态迭代递进（李君、邱君降，2019）。二是微观主体角度。海尔、徐州工程机械等工业互联网平台组织的成长经历融合共创、成长共生、成熟演化三个阶段，每个阶段均经历不同空间形态、作用载体、成长机制方面的演变（朱国军等，2020）。

总体来看，现有研究一致认为工业互联网平台发展并未达到产业界预期效果，仍然处于初级阶段。可能的原因是高昂的工业互联网平台建设成本，数字化是企业接入工业互联网平台的前提条件，但数字化本身需要巨大的投入；商业秘密保护与跨行业知识壁垒，不同行业知识差异较大，导致工业数据机理建模难度较大，用户企业出于商业秘密保护动机，其接入工业互联网平台的意愿较低（马永开等，2020）。由此，导致工业互联网平台难以呈现规模效应。虽然学术界对工业互联网平台演化提出了预测性路径，但并未指明不同阶段的演化存在哪些驱动条件，主导企业如何伴随着工业互联网平台演化，其组织和治理需要做出何种适应性变革，这些问题的解决对工业互联网平台发展至关重要。

二 工业互联网平台成长的驱动因素

技术—组织—环境（TOE）理论认为影响技术创新采纳和实施的重要因素由技术、组织和环境三方面共同决定。工业互联网作为一种政府倡导，龙头企业主导，多元企业主体接入的新兴技术也在实施和采纳过程受到三类因素的影响，文献分析结果也表明新基建、数据治理、信息基础设施、工业革命、物联网、区块链、数字孪生、云平台、无线传感器等涵盖技术、组织、环境层面因素影响着工业互联网平台发展。为此，本书基于TOE 理论框架对驱动工业互联网平台成长的影响要素展开论述。

（一）技术因素

核心技术已然成为制约工业互联网平台高质量发展的关键要素，主要包括开源技术、基础性技术和平台建设技术。开源技术主要来自开源社区和开源平台，参数技术公司、通用电气、西门子等企业是开源社区建设的主导力量，开源平台则包括海尔 COSMOPlat、ROOTCLOUD、MindSphere等，但中国工业互联网平台在核心技术层面处于国外企业垄断困局中，如开源软件基本采用 OpenShift、CloudFoundry（吕铁，2020）。基础性技术主要涉及工业软件、控制硬件、网络与信息安全技术等。工业软件的垄断性劣势阻碍工业互联网平台生态建设，并导致网络信息安全问题，进而影响用户接入意愿，由此引致应用场景缺乏进一步制约工业互联网平台发展。平台建设技术主要包括边缘计算、大数据分析、工业机理建模、应用开发等，工业机理建模缺乏建模工具和通用方法，用户的个性化需求与微服务难以满足；大数据分析技术缺乏自主研发工具，限制了对工业数据的处理、决策和改进能力；边缘计算层面缺少统一标准的数据互通接口和数据解析协议，由此产生的“数据孤岛”制约工业互联平台的大规模应用（王君泽等，2020）。由关键词分析结果，可知数据治理、物理信息系统、云计算、区块链、无线传感器等均是影响工业互联网平台发展的核心技术因素。现有文献从技术竞争与技术构成角度描述工业互联网平台发展现状，而结合行业、企业、区域、技术特点对影响企业采用或发展技术的因素、条件、机制缺少理论分析，特别是与技术运用相匹配的组织结构、管理模式等均未明晰，对核心企业或连入平台的企业来说，盲目“上马”兼容性和有用性较差的技术可能带来更多破坏性效果。

（二）组织因素

组织层面因素主要集中在宏观和中观层面，宏观层面主要包括国家组织保障体系和人才培养体系，组织保障体系方面，中国、美国、德国等都出台了系列政策来引导和推动工业互联网平台建设，提供扶持、发展方向、标准、技术、资本、法律等支撑（戴亦舒等，2018），对驱动工业互联网平台发展起到了关键性作用。存在的问题主要涉及人才、标准、发展模式、资本相关的配套措施不足，尚未形成契合工业互联网发展需求的人才培养体系。知识结构、培养主体、培养理念、学科设置等均难以满足行业人才需求，制约抽象建模、软件开发、数据分析等平台能力（王一晨，2019；叶春晓等，2018）。评价体系作为破解工业互联网平台在技术体系、发展路径、核心能力、商业模式缺乏共识的关键手段，但目前仍然尚未形成认可度和成熟度较高的参考性框架，少数学者针对这一问题开展了相关研究，如基于成熟度理论模型，设计了包含使用方式、设计原则、应用领域、设计过程方面的评估体系（Menon 等，2016）。德国人工智能研究中心等联合设计的《工业 4.0 成熟度指数》，提出从组织管理、信息化系统、资源和组织文化 4 个方面评估工业 4.0 能力（Schuh 等，2017）。国内学者从平台基础保障、平台关键能力、平台价值效益 3 个维度，构建了 9 个方面的工业互联网平台建设能力评估基本框架（李君等，2018）。

中观层面包括产业联盟、风险资本、企业数字化水平。产业联盟是支撑行业监督、标准制定、成果转化的重要力量，以工业互联网联盟为典型代表的产业联盟是促使美国工业互联网处于领先地位的重要保障，推动标准协作、应用案例、测试床、参考架构的发展和应用落地，已有遍布世界 33 个国家和地区的 200 多个成员（杜传忠、金文翰，2020）。风险资本是保障工业互联网平台长期建设、改造、人才培养等诸多方面的资金保障，如通用电气出售 Digital 资产来缓解工业互联网建设成本压力，也有研究表明风险资本能够缓解电子商业模式和工业互联网移动应用程序之间的价值保留关系（Guo 等，2017）。企业数字化水平是决定企业大规模接入工业互联网平台的条件，设备连接能力和异构化现象严重，难以支撑工业数据的全面采集和优化（王一晨，2019），如中国制造业总体水平处于 2.0 向 3.0 过渡阶段，80% 的设备没有联网，已联网设备存在严重的“语言障碍”（刘晶，2018），为此，数据所有权、合作伙伴战略、技术扩散等组织间关系问题的解决是制造企业用户大规模接入工业互联网平台的前提（Saarikko 等，2017）。

现有研究主要揭示了影响工业互联网平台发展的宏观和中观因素，然而这只是核心企业所嵌入的外部环境要素，它们更多是触发企业构建或接入工业互联网平台的诱导条件，而影响核心企业成功构建工业互联网平台和其他其企业接入愿意的组织制度、管理者个体、内部环境、企业文化等微观因素尚待挖掘。

（三）环境因素

环境因素主要包括国内、国际和企业发展状态三类环境要素。国内环境要素主要为行业发展机遇，如伴随着新发展理念的不断深入，中国 2018 年开始实施“新基建”（新型基础设施建设）计划，包括 5G 基站建设、特高压、城际高速铁路和城市轨道交通、新能源汽车充电桩、大数据中心、人工智能、工业互联网七大领域。工业互联网作为一种生产制造领域的新技术、新要素，将全面塑造生产制造和服务体系（刘艳红等，2020），正是这一国家战略层面的发展机遇将推动工业互联网平台快速成长。国际环境要素则是通过交流合作借鉴国际先进工业互联网企业经验，与工业互联网联盟、国际电信联盟等国际标准化组织合作制定标准，在技术、人才、架构等领域全方位融入世界工业互联网“朋友圈”，如海尔主导和参与了 6 项国际标准（武汉大学工业互联网研究课题组，2020），由此推动海尔工业互联网平台成长。企业发展环境是行业重点企业主导下的工业互联网平台建设，充分运用行业重点企业的技术、基础设施、人才等优势，快速形成以核心技术为重点的突破，驱动工业互联网平台的全面发展。

三　工业互联网平台成长趋势

结合演化进程与驱动因素，本书构建图 9 - 5 所示的工业互联网平台演化成长的驱动因素与趋势理论框架。结合该框架，可知驱动工业互联网平台演化的复杂因素之间可能存在多种组合条件，这意味着工业互联网平台可能走向差异化的成长道路。基于海尔等企业的产业实践和中国政府出台的工业互联网发展政策文件，结合平台的构成属性和功能属性，工业互联网平台可能有以下成长趋势路径：一是政府主导型，政府采用引进方式构建面向地区发展需要的工业互联网平台。二是市场主导型，此种情境是特定区域内已经形成影响力较大的引领型企业，企业结合自身基础条件，构建面向特定区域、行业或技术的工业互联网平台。三是政府与企业共建型，政府与企业共同注入资源方式建设工业互联网平台。依据 O'Halloran 和 Kvochko（2015）、马永开等（2020）学者的观点，工业互联网平台最终将从独立分散的形态向互融、互促、共生的联合生态体方向发展，未来需要从生态化治理、主体间交互赋能、组织平台化机制等方面深度揭示这一演化规律。

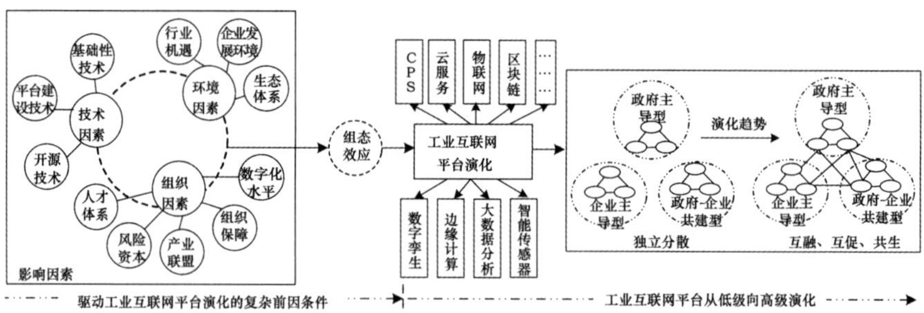

图 9 - 5　工业互联网平台演化成长的驱动因素与趋势

第五节　工业互联网平台赋能机理

一　工业互联网平台赋能

赋能的本质是给予他人正能量，个体或组织对客观环境与条件拥有更强的控制能力来取代无力感的过程（徐梦周，2022）。赋能包含组织和个体赋能两个方面，其中组织赋能包括结构、资源和数据赋能，个体赋能包括心理、顾客和领导赋能。工业互联网平台赋能在相关研究中常被提及，但何为工业互联网平台赋能至今尚无界定。综合来看，工业互联网平台赋能主要体现在三个方面：一是促进平台资源数字化、模型化。工业互联网平台通过传感器、物联网、云计算、大数据等技术将“人、机、料、法、环”等工业资源全面数字化和模型化。二是提升平台资源拼凑、拓扑与耦合能力。平台资源的数字化和模型化，促使平台能够将异质分布的知识、经验、信息、产品等线上、线下资源再次进行整合与重构，这种资源固有属性的打破，可实现高效拼凑。平台开源和数据驱动下的自适应、自组织特性，刺激更多的潜在资源向平台汇聚，推动合作资源拓扑，相应的平台用户异质性需求也在数据交互中实现耦合。三是增强平台治理数字化能力。平台数据治理系统可对资源进行实时动态智能监控、反馈，资源之间可以进行精准地交互匹配和动态协同，进而促使数据业态边界渗透能力不断提升，体现为平台在数据的运营、调度方面的数字化治理能力。

基于此，本书提出工业互联网平台赋能是指以新一代信息技术将工业场景资源全面数字化、模型化，促进异质分布数据资源的深度整合、优化与重构，驱动平台和用户生成个性化数据能力以释放数据价值。

二　工业互联网平台赋能机理

工业互联网平台的赋能机理如图 9－6 所示，一是通过工业互联网平台将工业资源数字化，促使生产过程数据化和生产经验数据化，形成虚拟化的生产过程并将抽象、模糊的企业经验转化为直观、可复制的具象化数据。二是推动工业互联网平台企业和用户企业平台化，以数字化方式对用户企业进行立体化连接形成蜂巢结构，用户企业转换成模块化的平台企业并与其他用户形成松散关系，增强用户企业应对不确定性市场的灵活性。三是以数字化和平台化为基础，整体提升用户均衡个性化制造与大规模生产的能力，实现智能制造和服务产品化。最终，在数字化、平台化、制造业服务化驱动下，企业实现转型升级（蔡呈伟、戚聿东，2021）。这一过程的赋能逻辑可以理解为，工业互联网平台针对特定的应用场景对不同类型的资源进行针对性的数据资源行动，通过对数据资源的再整合、优化与重构驱动平台用户形成数据生产能力，最终推动企业在生产效率、商业模式、高质量发展等方面升级。

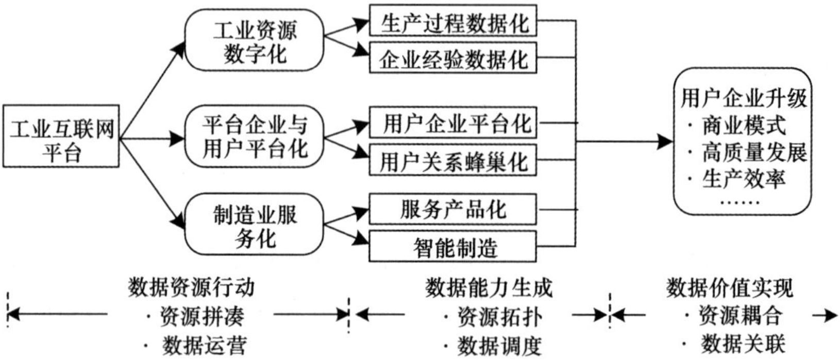

图 9－6　工业互联网平台赋能机理

资料来源：综合蔡呈伟和戚聿东（2021）、孙新波等（2022）绘制。

三　工业互联网平台赋能结果

国内外学者对工业互联网平台赋能结果的观点受到国家战略的影响而有所差异。国内学者基于中国制造 2025 战略背景，将工业互联网平台赋能结果着力在制造业高质量发展、价值共创、制造业服务化方面；德国和美国学者则基于工业 4.0、先进制造业伙伴计划战略背景，聚集在商业模式创新、智能制造、制造业服务化方面。综合图 9－1 和图 9－2 关键词分析结果，以及理论基础和演化驱动因素，可知工业互联网平台的核心赋能结果主要有高质量发展、制造业服务化、价值共创、商业模式创新、智能制造五个方面，具体如下：

（一）赋能高质量发展

产业层面的高质量发展涉及创新驱动转型升级、结构优化、产业规模壮大、质量效益不断提升等；企业层面的高质量发展包括一流竞争力、品牌影响力、质量可靠性与创新、先进质量管理理念与方法等（赵剑波等，2019）。工业互联网平台作为一种新型劳动资料，具有促进新劳动分工、新生产过程和新制度的作用，直接驱动产业和企业层面的高质量发展。对民营企业高质量发展而言，工业互联网平台的赋能过程涉及降低获得价值链、产业链、要素链等信息搜寻成本，降低人工、程序性环节等要素成本，促进互补、竞合的产业协同体系，在数据挖掘和数据驱动中推动智能制造和个性化生产，催生民营企业新业态和新模式创新，最终打破数据孤立状态并赶超先进行业与企业（任力，2020）。目前来看，上述结论主要建立在规范性描述基础上，经验证据缺失，这与企业高质量发展的内涵和测度尚未形成普遍认可的理论有关。部分学者以美的集团等制造企业为案例，发现从大规模制造到智能制造，需要经历数字化补课和智能化创新两大跨越式战略变革，数字化补课促使企业实现从粗放式管理到数字化管理的能力跨越，智能化创新则帮助企业实现从工业化到智能化的体系跨越，工业互联网平台则是实现双跨越战略变革的核心驱动力（肖静华等，2021）。从共享制造的角度看，工业互联网平台带来的网络化和数字化变革改变了制造业生产函数（Jiang、Li，2020），有形资产的数字化实现了数据与资产之间的映射，降低信息不对称性和促进供需匹配，数字化也在激活闲置资产的同时提升资产的流动性、灵活性和高效连接，提升企业生产效率和供应能力精准性（Hamari 等，2016）。由工业互联网平台实现的数字化建模，促使企业可以将生产线进行数字化和模块化改造，制造业得以实现柔性化、个性化、网络化、大规模定制生产，企业间的分工协作能力显著提升（Isaksson 等，2009）。此外，工业互联网平台支撑的数字经济网络效应和边际成本递减效应促使制造企业之间形成共享生态，进一步促使数据成为边际非稀缺资源和网络价值的平方级提升，企业在竞争力等高质量发展维度方面显著增强（Parker 等，2016）。上述基于案例的研究虽然解决了规范性描述所得结论的可靠性问题，但均以少数大型成功企业为案例样本，失败案例和中小型企业样本鲜有涉及，这可能掩盖工业互联网平台的潜在负面效果，无法全景式地展现工业互联网平台与企业高质量发展间的关系。

（二）赋能价值共创

此类研究十分稀缺。价值共创是服务提供者与消费者在直接交互中的联合行动，并形成了服务主导逻辑和客户主导逻辑两个价值共创逻辑基础（Prahalad、Ramaswamy，2004）。相较于消费互联网价值共创模式，制造业领域延伸这一概念出现了共享产能、共享生产设备、工业物流服务平台、生产设备健康服务平台等工业用户价值共创模式，然而流量优势的消解和数字化转型的极大成本劣势导致工业互联网价值共创效应低迷，为此，国内学者结合共同生产和使用价值两个概念提出了“联结”“联动”“联体”的工业互联网“三联”价值共创模式（马永开等，2020），联结模式是在“顺应”交易伙伴提升效率诉求的基础上，以物联网技术将制造商、零售商、顾客、供应商等利益相关方联结，形成初级工业互联网赋能平台。联动模式是以老用户“桥接”新用户来形成新业务开发迭代循环，扩张工业互联网平台赋能效应。联体模式是工业互联网平台形成了自循环、自组织的价值共创联合生态体，为用户提供数据驱动智能“顾问”服务赋能，由此形成了“交易驱动→业务驱动→数据驱动”的三联价值共创赋能机制。此外，围绕制造能力、服务能力和创新能力共享，提出协同型共享、共创型共享、交易中介型共享三类共享制造模式，协同型共享制造是小型制造企业之间形成了共同制造、共同接单、共用车间工人等的简单共享制造形态；共创型共享制造则由共性技术、政企关系、人才资源、科研资源等形成的强大共享制造平台作为支撑，以平台生态圈模式解决大型企业和中小型企业的创新创业难题；交易中介型共享制造以轻资产模式，通过交易撮合、信用保证、降低交易成本、金融支持等功能为产能闲置、生产能力数据化呈现、生产线柔性改造等促进智能制造（向坤、杨庆育，2020），工业互联网平台在共享制造中发挥了关键性的制造能力数字化，制造资源赋能作用。实证研究结果发现，由交流互动、资源共享、共同生产三维度构成的工业互联网平台既能够显著促进包含物质价值和精神价值的价值共创，也中介价值主张对价值共创的影响路径（魏津瑜、李翔，2020）。总体而言，现有研究停留在理论探讨层面，并将消费互联网的价值共创理论延伸至产业互联网，可能存在误解工业互联网平台的真实实践问题，如智能设备之间、工厂之间、人与机器或数据、数据之间均存在一定的价值共创关系，从企业与消费者互动发展而来的理论缺乏解释力。

（三）赋能商业模式创新

工业互联网平台赋能商业模式创新是学术界讨论最为广泛的议题，这与数字经济驱动下的企业转型有关。商业模式是能够降低交易成本，提高交易效率的创造性活动，由价值主张、价值创造和价值获取构成，是允许表达特定商业逻辑的系列元素及关系（Zott、Amit，2007）。从领导认知、演化学习、理性认知、可持续视角来看，商业模式创新是领导认知变化过程，是一种偏外向和强变化的探索性过程，是随时间和环境变化调整原有设计的可持续发展过程（Martins 等，2015）。结合上述定义，现有研究认为工业互联网平台对商业模式创新的赋能路径主要有：一是工业互联网平台将物联网和网络物理系统这两个虚拟和物理世界融入工业流程，深刻改变了价值获取、价值创造、工作设计和服务导向（Dijkman 等，2015），以海尔为案例，发现相比传统商业模式，基于工业互联网平台的商业模式出现了多元化价值主张，特别是客户的个性化价值主张得到满足，实现了批量定制化生产和供应商全面伙伴关系网络建构（朱宗乾等，2019），以柯达破产案为例也发现工业互联网平台的互联特性创造了伙伴关系发展需求，为创造性的解决方案提供基础（Saarikko 等，2017）。表明工业互联网平台实现了工业流程数据与消费互联网数据互通，进而驱动定制化生产，但尚不清楚新出现的价值获取、价值创造、价值主张的模式、路径、类别是什么，对核心企业和关联企业产生了何种新的影响，需要结合价值捕获理论等进行对比研究。二是工业互联网平台本身可以作为一种商业模式，补充现有的产品或服务开发模式（Burmeister 等，2016），如将物理资产服务系统（PASS）作为支持共享方法的新商业模式引入实物资产管理和服务共享，产品服务系统（PSS）也可以增强商业模式（de Senzi Zancul 等，2016）。这一路径表明技术革新也是一种重要的商业模式，但尚未有明确的经验证据和理论体系。三是工业互联网平台驱动智能制造直接改变或扩展商业模式组件或构造块（Abbate 等，2019），由此形成的工艺和产品数字化将改变现有的价值主张、业务流程、客户关系和内部基础设施管理方法，以 76 家德国制造企业工业互联网驱动制造业商业模式变革的研究证实了上述观点（Kiel 等，2017），此种赋能机制的逻辑是创造更好产品是企业商业模式变革的焦点，与路径二具有一定的相似性，区别在于将工业互联网技术嵌入现有商业模式中，但嵌入方式、路径、时机、效果等均有待探究。上述三条工业互联网平台对商业模式创新的赋能路径可以分别概括为改变了与用户的互动模式、颠覆了有形资产和无形资产管理方法、创新生产工艺（Trabucchi、Buganza，2019）。然而，上述研究仍未脱离消费互联网情境下的商业模式分析逻辑，消费者数据只是构成工业互联网平台数据源之一，在面向工业物理界的对象、角色、流程和应用场景的复杂情境中，可能会出现截然不同的新商业模式。

（四）赋能制造业服务化

工业互联网平台赋能制造业服务化是其本质核心，也是制造业数智化升级的关键。制造业服务化是制造与服务的融合，围绕制造企业、服务企业和终端用户之间产品和服务形成的制造服务化（Benedettini 等，2015），本质是制造企业价值链由产品主导逻辑转向服务主导逻辑，提升制造企业对需求端变化的适应能力（胡查平等，2019）。现有研究认为中国制造业仍然面临着低端锁定、价值创造能力弱、跨领域价值共创难的困境，具体表现为个性化定制、专业化服务和综合性解决方案等高附加值服务供给不足，以加工组装为主的低端价值链无法实现价值链延伸和提供整体性集成服务，缺乏完整数据支撑和不一致的数据标准阻碍价值网络体系的跨领域资源协同（李靖华等，2015）。工业互联网平台以新型价值交换逻辑赋能制造业服务模式创新，一是基于制造企业云化服务，可以实现能力交易导向型和集成应用导向型服务化模式，前者以工业互联网平台为基础，将分散闲置的服务化能力和资源贯穿制造业服务价值创造的所有环节；后者依托工业互联网平台的深度数据集成和建模分析能力，提升不同主体、系统之间的高效集成和供需无缝衔接，已有研究运用 Petri 网技术设计了智能制造服务流程纵向集成方案（张卫等，2021）。二是基于工业互联网平台知识库创新跨组织知识协同模式，包括知识交易导向型和知识创新引领型服务化模式，运用工业互联网平台提炼和封装自身工业经验知识来面向价值网络内用户特殊需求（唐国锋、李丹，2020），表明工业互联网平台不仅是技术体系的集成，也是行业经验知识的集成，将难以模仿、复制的行业经验进行系统化后共享，可能会对资源依赖理论形成挑战。基于系统动力学的仿真分析也表明，制造企业在工业互联网平台支撑下，实现了技术适应性赋能和演化适应性赋能，最终实现了产品服务化和用户服务化，且呈现出由低级到高级的演化规律（刘祎，2021）。此外，也有研究专门探讨工业互联网平台赋能制造业服务化的算法技术问题，如提出了改进的人工蜂群算法来解决 LA-MSCO（物流感知的制造服务协作优化）问题（Wang 等，2019）。现有研究聚焦核心企业构建支撑工业互联网平台赋能制造业服务化的算法技术与数据集成能力，以及潜在的应用价值，然而，制造业服务化面向对象是数量庞大的中小微企业，它们对工业互联网平台的采纳意愿关系着制造业服务化应用效果，这需要重点讨论中小微企业所有者、组织方面的特质及其采纳工业互联网平台的阶段性演变路径与相应的机理。

（五）赋能智能制造

智能制造（smart manufacturing）是能够实时响应工厂、供应网络和客户需求变化的全集成协同制造系统（Feeney、Weiss，2014）。云计算、大数据和工业互联网等技术伴随着智能制造需求出现，其目的是通过设备与周围其他资产及其流程的连接来创建协作交互的生产机器（Kang 等，2016）。这意味着工业互联网平台具有智能改造的能力，可驱动制造业从传统制造转向智能制造，智能改造（smart retrofitting）是将新技术和传感器集成到传统系统中，支持向智能制造过渡，以一种可行、省时、投资相对较低的方式延长机械设备的生命周期（Jaspert 等，2021）。现有研究认为智能化改造对制造业，特别是中小企业而言，具有维持竞争力、提升设备效率、增强市场敏捷性、实现智能转型、符合社会规范和可持续发展的作用（Lins、Oliveira，2019）。然而，制造企业却面临资源有限、高度复杂性、多元化需求和文化约束困境，表现为经济、人才和内部专门技术不足；现有设备和系统之间高度异化且没有标准一致的通信协议（Givehchi 等，2017）；较难快速识别、适应和回应客户、业务伙伴和供应商的需求；文化约束则是员工低估数字化的潜在优势（Lucke 等，2019）。作为设置信息资源分离与密度、数字物化、集成与服务系统、模块交易与服务的工业互联网平台可以创建一个连接人、物、数据和流程的全球网络（Ng、Wakenshaw，2017）。为此，现有研究主要从 CPS、云制造、大数据分析、物联网、智能传感器、数字孪生等技术角度分析工业互联网平台赋能智能制造的机理（Kang 等，2016），如融合了云服务、大数据、物联网等技术的 CPS 具有信息数字化、数据增值化、资源调整、资源整合、智能分析五方面能力，能够将工业设备数字化并转到网络空间，再通过边缘计算精准分析数据，结合数据分析结果优化整合价值网络资源，并推动知识资源可视化，智能传感器可以实现工业数据的实时收集和控制（Niggemann 等，2015），基于工业互联网平台的数字孪生促进智能工厂实现虚实融合、交互和闭环迭代优化，提升了大数据学习与分析效果（Wang、Luo，2021）。可知，工业互联网平台赋能智能制造的路径是以特定的智能技术将工业设备数字化，并加速工业数据之间的联动和流动，以精准的数据模型驱动生产制造过程迭代优化，建立起高效的数据“采集—分析—建模—决策”互联体系，实现以数据为核心要素驱动的智能制造体系。但上述研究却忽视了驱动数据生产要素价值最大化相适配的管理体系，如智慧组织的变革机制、组织平台化或生态化机制，相应的理论体系有待构建。

虽然国内外学者以零散的方式探讨了工业互联网平台对五个结果的赋能效应，但尚未阐释它们之间的逻辑关系，本书遵循“数据资源行动—数据能力生成—数据价值实现”逻辑构建工业互联网平台赋能逻辑框架，如图 9－7 所示。首先，工业互联网平台将工业资源数字化和模型化，推动企业制造过程实现虚实融合以及闭环交互迭代优化，实现智能制造。数字化和模型化架构起平台和用户（制造商、供应商、顾客、零售商）之间的数字化泛在连接“桥梁”，推动平台各方主体形成数据化生态体，生态体内的蜂巢关系可帮助各主体实现能力交易、集成应用、用户和产品服务化，实现价值共创、制造业服务化。其次，价值共创、制造业服务化、智能制造驱动用户企业模块化、工业流程虚拟化、自有 App 开发、数据生产要素运用，最终生成数据能力。最后，数据生成能力推动用户企业实

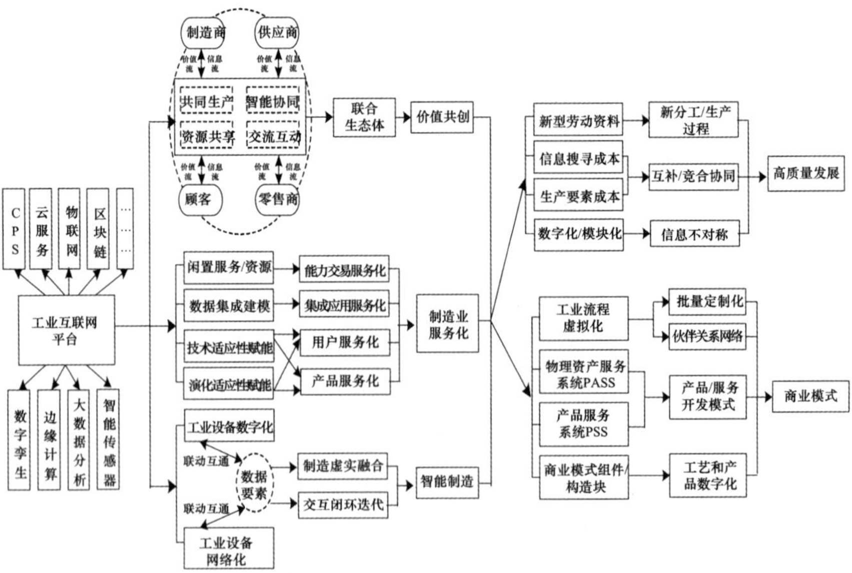

图 9－7　工业互联网平台赋能逻辑框架

现生产过程、产品/服务开发模式、工业和产品数字化方面的创新，并具备个性化定制与大规模制造的平衡能力，企业数据价值的充分激活促进用户企业实现高质量发展或商业模式创新。

第六节　工业互联网平台赋能乡村产业融合发展展望

综上所述，本书得到以下结论：（1）工业互联网平台及其赋能的本质是将工业场景资源全面数字化、模型化，并通过数字化连接物理世界与虚拟世界，促进异质分布数据资源的深度整合、优化与重构，驱动平台和用户生成个性化数据能力以释放数据价值，具有系统性、互动性和个性化特征。（2）工业互联网平台研究的理论视角有组织行为、平台、产业、经济学等，呈现碎片化现象且以成熟理论衍生方式为主。（3）从“IoT→IIoT→IIoT 平台”演化过程受到技术、组织和环境三类因素影响，未来可能分化出政府主导型、市场主导型、政府与企业共建型三条成长路径，并将从独立分散形态向互融、互促、共生的联合生态体方向发展。（4）工业互联网平台驱动高质量发展、制造业服务化、价值共创、商业模式创新和智能制造，遵循“数据资源行动—数据能力生成—数据价值实现”的赋能逻辑，但赋能过程存在差异，高质量发展侧重生产资料变化对生产过程的影响，价值共创关注生态体之间的智能协同，商业模式着眼个性化定制与产品、服务开发模式，制造业服务化聚焦交易、产品、用户层面的服务集成，智能制造注重制造设备的虚实融合。

虽然现阶段研究成果较为丰富，但主要聚焦在以制造业为代表的第二产业和消费互联网为代表的第三产业，鲜有涉及第一产业，而以海尔 COSMOPlat 子平台海优禾为代表的工业互联网平台赋能乡村产业发展的实践开始涌现，那么，工业互联网平台将如何赋能乡村产业融合发展问题仍待探究。为此，本书提出未来研究的几个议题，框架如图 9－8 所示。

一　赋能乡村产业融合发展的工业互联网平台类型研究

由于乡村资源禀赋差异大且各具特色，这意味着农林牧渔构成的第一产业在技术、环境、组织等方面会形成截然不同的产业条件，需要在不同

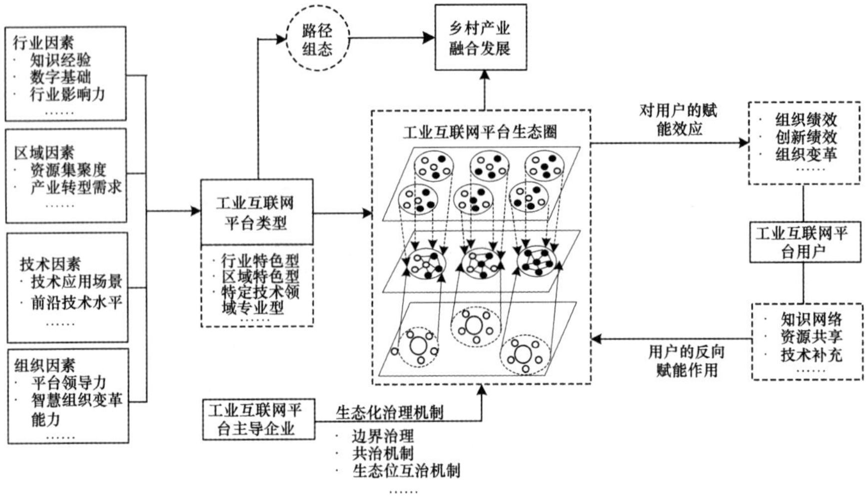

图9－8 工业互联网平台赋能乡村产业融合发展研究框架

类型工业互联网平台支撑下才能更好地与第二、第三产业融合。但现有研究尚未揭示工业互联网平台的具体类型及其相应的演化条件，未来需要结合知识经验、数字基础等行业因素，资源聚集度、产业转型需求等区域因素，技术应用场景、技术水平等技术因素以及企业应对智慧组织需要的变革能力等组织因素，以资源基础理论、平台组织理论、产业融合理论等对契合第一产业与第二、第三产业融合发展的工业互联网平台类型展开分析，综合平台的功能属性和社会属性，可能会呈现出行业特色型（如水产行业、种植行业等），区域特色型（如具有区域特色的富硒农业）、特定技术领域专业型（如需要特定土壤检测技术的智慧农场）的工业互联网平台。这对推动面向乡村产业融合发展所需的工业互联网平台建设和促进乡村产业振兴具有十分重要的作用。

二 工业互联网平台赋能乡村产业融合发展的机理

乡村产业高质量发展是以产品质量好、产业竞争力强、生产效率高、产业收益高、品牌效益强等为典型特征的产业发展。然而，我国乡村产业发展仍然面临环境资源约束趋紧、工农城乡二元分割、科技创新水平低、农业面源污染严重、人地矛盾突出、产业融合浅等难题。三产融合则面临产业链条短、跨产业要素配置低、精深加工技术水平低、小农生产与大市场衔接不畅、品牌效益低等问题。为此，工业互联网平台对乡村产业融合发展的赋能过程必然区别于现有以制造业为核心对象的赋能过程研究，未来需要探讨工业互联网平台赋能乡村产业融合发展的机理，例如，工业互联网平台如何对三产融合进行数字建模，实现乡村产业的智能化生产；工业互联网平台推动乡村三产之间实现资源共享、共同生产、交流互动和智能协同的价值共创机理；工业互联网平台对三产融合的产品数字化改造、批量定制化生产、服务开发模式创新的驱动机理；工业互联网平台降低三产融合信息成本、生产要素成本的作用机理，以此构建工业互联网平台赋能乡村产业融合高质量发展的机理，对破解乡村三产融合发展困境具有重要的理论与现实意义。

三　工业互联网平台赋能乡村产业融合发展的路径组态分析

工业互联网平台赋能乡村产业融合发展过程存在众多要素，包括行业、区域、技术、组织等因素，也包括价值共创、智能生产、商业模式创新、高质量发展等涉及数据流、信息流方面的因素。作为多种条件下的不同组合产生的复杂现象，促进乡村产业融合发展的赋能条件可能不对称，需要从整体视角，采用条件组合方式进行观察。为此，未来需要采用定性比较分析方法，分析上述因素构成的前因条件之间的相互依赖性、组态条件和因果非对称性。可能得到产生高融合的乡村产业融合发展的组态条件，对拓展乡村产业融合理论和提出针对性的管理措施具有重要意义。

四　工业互联网平台与用户之间的交互赋能机制

现有研究聚焦工业互联网平台对高质量发展、价值共创、商业模式、智能制造等方面的单方向赋能，且主要关注算法模型、技术系统和软件应用开发。而要实现“建平台”和“用平台”双轮驱动，一方面要关注龙头企业在核心技术领域的“单兵突破”能力，进一步“壮大”其引领和辐射带动能力，另一方面也要关注中小微企业等平台接入主体在核心技术协同和外围技术领域的组团“齐步走”能力，在“扶小”的过程中拓展工业互联网平台赋能的“天花板”。为此，未来可结合赋能理论、共生理论、融合理论等重点研究工业互联网平台与中小微企业等之间的交互赋能机制，如工业互联网平台产生的“黑洞效应”吸引中小微企业连入智能生态体，形成工业互联网平台生态圈，可对中小微企业的组织、个体、场域、结构方面产生赋能效应，最终对组织绩效、组织变革产生影响。另一方面，中小微企业也可以将自身知识、技术、资源等注入工业互联网平台，实现反向赋能、协同演化和共生发展。此外，交互赋能研究以案例研究为主，国外综述性文献也提出同样的观点，如工业互联网平台与商业模式创新的研究主要以定性研究为主，实证研究欠缺，工业互联网与智能制造主要以单案例或定性为主要方法，具体来看，主要关注海尔、通用电气、美的等龙头企业。故未来需要从实证角度增强工业互联网平台赋能机理理论建构，发展和验证定性研究理论。

五 工业互联网平台赋能乡村产业融合发展的生态化治理机制

未来随着工业互联网平台的发展，接入平台的用户数量（包括小农户、家庭农场、创业园、零售商、消费者等）将呈现爆发式增长，工业互联网平台生态和乡村产业融合生态的可持续发展问题显得越发重要，可能会出现社会责任缺失和异化行为频显问题，如掌握关键技术的企业可能会形成寡头垄断，对产业链上的小农户等产生数据锁定效应，进而抑制工业互联网平台对乡村产业融合发展的赋能作用。为此，揭示工业互联网平台和乡村产业融合的生态化治理机制具有重要意义，可从生态位（扩张生态位、主要生态位、治理角色配置、共治权力与利益等）、治理边界（技术边界、区域边界、行业边界、产业边界、责任边界等）、网络化共治等角度进行理论建构，探讨核心成员、主宰成员和缝隙成员之间互治、互惠和互动关系和模式。

第十章

乡村中小微企业数字化成长与产业融合发展未来议题

长期以来，中小微企业在推动技术创新、促进经济增长、稳定就业、增加税收和完善产业结构等方面一直扮演着非常重要的角色，总体贡献度远大于大型企业（Cataldo 等，2020）。尤其是在当前世界各国争相抢占5G、工业互联网、智能技术、数字技术等创新制高点，构建新发展格局和国际竞争力重塑的背景下，创新型中小微企业再次受到前所未有的关注，被寄予厚望成为我国解决关键核心技术“卡脖子”问题的重要力量。一方面，促进创新型中小微企业成长已被提升到国家战略层面。如中国2020年发布的《“十四五”规划和二〇三五年远景目标的建议》中提出“支持创新型中小微企业成长为创新重要发源地”；财政部和工信部在2021年2月联合发布《关于支持“专精特新”中小企业高质量发展的通知》，明确提出安排100亿元以上奖补资金，重点支持1000余家国家级专精特新“小巨人”企业高质量发展；国务院于2021年3月在政府工作报告中提出“发展工业互联网，促进产业链和创新链融合，搭建更多共性技术研发平台，提升中小微企业创新能力和专业化水平”，同年9月习近平总书记宣布，“我们将继续支持中小企业创新发展，深化新三板改革，设立北京证券交易所，打造服务创新型中小企业主阵地”[①]。另一方面，在特定领域拥有先进技术的创新型中小微企业不断涌现。中国科技部发布的三批共计4922家“小巨人”企业在工业“四基”领域中基本具有自主知识产权的核

---

① 以上内容参见《总书记宣布这项战略部署，支持中小企业创新发展》，求是网，http://www.qstheory.cn/zhuanqu/2021-09/05/c_1127830062.htm，2021年9月5日。

心技术，如广州明珞汽车装备有限公司拥有突破汽车装备行业难以规模化瓶颈的低成本柔性智能定制生产模式核心技术，北京卓立汉光拥有领先的精密光学仪器和精密机械运动与控制技术。独特技术为中小微企业发展带来新机遇，使其能够与大型企业竞争并实现持续成长（Ramdani 等，2021）。

同样，在县、乡区域，中小微企业也占据着绝对的主导力量，特别是在 2017 年中共十九大报告提出乡村振兴战略，以及 2018 年中共中央、国务院《关于实施乡村振兴战略的意见》明确提出实施数字乡村战略以来，农村中小微企业作为全面推进乡村振兴的重要载体，其数字化转型升级将成为推进数字乡村建设和乡村振兴战略的关键。然而，相较于城市，乡村网络基础仍然落后，造成农村中小微企业的数字化转型过程面临诸多困难，例如，多数农村中小微企业对数字化转型的认识不充分，数字化改造升级需要一定成本投入，甚至部分投入产出不确定，农村中小微企业数字化改造意愿较低。从人才角度看，农村中小微企业具备数字化能力和思维的“新农人”十分稀缺。从产业链方面看，供应链不完善，缺乏“小而美、小而精、小而特”的农村标杆企业和典型案例①。

此外，相比大型企业，中小微企业面临着特有的挑战和优势，在知识、技术、资本、市场、国际化方面存在先天竞争劣势，但有着特有的决策结构和快速应对外部环境变化的能力（Sawers 等，2008）。为此，中小微企业成长问题受到学术界长期以来的广泛关注，并形成了中小微企业成长“丛林现象”。特别是随着人工智能、数字技术、物联网、工业互联网、机器学习等信息技术的快速发展，中小微企业正在积极参与全球竞争，在产品、流程、商业模式、国际化等方面的数智化转型逐渐成为影响其成长的新要素（Peón、Martínez-Filgueira，2020）。但总体来看，关于乡村中小微企业数字化成长的机制仍然知之甚少，特别是与乡村产业融合发展的互动机制亟待挖掘。鉴于此，本书拟采用系统文献综述法，结合关键词共现和社会网络分析工具，系统分析中小微企业成长的研究脉络和研究内容，以此为基础，结合乡村独特情境和我国数字乡村战略背景，提出促进乡村中小微企业数字化成长与产业融合发展未来研究议题。

---

① 唐永博：《推动农村中小微企业数字化转型助力乡村振兴》，新华网，http://www.news.cn/info/20220307/fd8b61da3de5457eaa97f627ce9c4e54/c.html，2022 年 3 月 7 日。

第一节　中小微企业及其成长的内涵与文献分析

一　中小微企业及其成长的内涵

（一）中小微企业的内涵

目前学术界尚未形成统一的中小微企业定义，当前以各国政府结合本国国情通过政策形式划分和界定中小微企业。中华人民共和国成立以来，依据生产经营能力、销售收入、资产总额、固定资产价值、员工数量、行业特点等指标先后进行了 8 次企业类型划分。现行标准是根据工业和信息化部、国家统计局、发展改革委、财政部发布的《中小企业划型标准规定》，将中小企业划分为中型、小型、微型三种类型。美国在《微型企业自力更生法》《微型企业援助法》中规定微型企业是指由贫困人口拥有与经营、员工不超过 10 人（包括不支薪的家庭成员）的公司。学术界对中小微企业划分标准主要根据雇员和销售等指标进行划分，通常将雇员人数在 100—500 的企业认定为中小企业（Ayyagari 等，2007）；凡在 7 人及以下的注册企业和没有在工商管理部门登记注册、脱离政府管理的非正规劳动组织均是微型企业（莫荣，2001）。创新型中小微企业属于中小微企业中的一个特殊类别，是以追求创新为核心，主要从事高新技术研究、开发、生产、销售和服务的智力密集型企业（章卫民等，2008）。

（二）中小微企业成长的内涵

学术界对企业成长概念尚未达成共识，由于企业成长类别的多样性，学者提出了 9 种企业成长类别，包括历史增长、企业潜力、企业期望或成长抱负、积极寻求帮助、营业额、就业和盈利增长（Gibb，2000），使得准确定义这一概念更加困难。既有研究认为企业成长是一个复杂多变的动态过程，是创业者对自己或所创企业行为结果的某种预期性认知，也是一个在外部环境的影响和干预下，不断挖掘、整合、利用内部资源，进而提升企业能力，最后实现成长的过程（霍国庆等，2011）。创新型中小微企业成长是一个量变和质变同时进行的过程，成长过程中体现出高额的研究与开发费用、高增长率、高技术附加值和知识密集、高风险的特点（章卫民等，2008）。

（三）中小微企业数字化成长的内涵

因应数字技术的发展，本书衍生出这一概念，并将其界定为中小微企业基于大数据、人工智能等新一代信息技术，将生产资料和生产过程全面数字化和模型化，以此构建数据生产能力来促进企业成长的过程。

二 文献选取与文献分析

（一）文献选取

为保证文献的全面性和权威性，本书以“中小微企业、中小企业、中型企业、小微企业、专精特新”和“成长、科技型、创新型”为标题、主题、关键词，检索运算逻辑为且，在中国知网（检索时间截至 2021 年 10 月，含网络首发论文）CSSCI 核心库期刊文献中进行探索性检索，获得 211 篇中小微企业、53 篇中小企业和 10 篇专精特新文献，合计 274 篇。分别以 TI = 标题、TS = 主题、AB = 摘要，按照 TI = high-tech SMEs and TI = growth、TI = “high-tech small and medium enterprises” and TI = growth、TI = SMEs sector and TI = growth、TI = innovative SMEs and TI = growth、TI = innovative sector and TI = growth、TI = “innovative small and medium enterprises” and TI = growth、TI/TS/AB = SMEs and TI/TS/AB = growth 为检索运算逻辑，在 Web of Science、Taylor & Francis、Elsevier、SAGE、EBSCO 等英文数据库（时间范围不限）开展探索性检索，获得 279 篇文献，并特别关注 Journal of Business Venturing、Journal of Small Business Management、Small Business Economics、Journal of Small Business and Enterprise Development 等中小微企业管理专门刊物。针对搜集的文献，对其标题、摘要、关键词展开阅读，剔除与创新型中小微企业成长主题无关文献、重复文献、书评以及社论，针对扩大检索范围后的英文文献聚焦 Technology、High-Tech、Innovation、Digital Transformation 等与创新较为明显的关键词作为文献筛选条件之一，最终获得 143 篇中文文献和 89 篇英文文献用于梳理和分析。

（二）关键词共现分析

关键词共现分析是通过单词或短语共同出现的频次来探寻所研究主题之间的联系，本书采用 Ochiia 系数（$I_{ij} = C_{ij}/\sqrt{C_I * C_J}$，$I_{ij}$表示共现系数，$C_{ij}$表示关键词 i 和关键词 j 同时出现的次数）研究不同关键词之间的关系。首先，将格式化后的关键词导入 Bibexcel 软件，计算出现 3 次阈值及以上的关键词之间的共现关系，得到共现矩阵。其次，运用 Ochiia 系数处理共现矩阵，获得关键词共现系数表，如表 10－1 所示。最后，结合关键词共现系数结果，分析创新型中小微企业成长研究主题的概况和不同主题之间的内在关联。

根据共现分析结果，发现中文文献中的企业成长、成长、成长环境、成长机制、成长性、技术创新、结构方程模型 7 个关键词的共现系数累计值在 1.5—2.0，可见，“成长”是学界针对中小微企业讨论的重点话题，且多以结构方程模型研究方法为主。银企关系、知识资本、融资约束、网络化成长、科技创新、科技型小微企业、科技型中小企业、科技型中小微企业等 13 个关键词的共现系数累计值在 1.0—1.5，表明围绕“企业成长”问题，相关研究主要从融资、知识管理、技术创新角度探究影响中小微企业成长的因素、路径等问题。英文文献中 SME、SMEs、Digital Transformation、Finland、Firm Growth、Growth、Innovation、Small and Medium-Sized Enterprises、Sustainability 9 个关键词的共现系数累计值在 1.5—2.0，可知国外发表的文献关注中小微企业成长、创新、数字化转型、可持续发展之间的核心问题。Access to Finance、Business Growth、Entrepreneurial Orientation、Entrepreneurship、Internationalization、Networks 等 9 个关键词的共现系数累计值在 1.0—1.5，表明围绕核心问题，相关研究主要从网络、国际化、融资、企业家导向、企业家精神角度来拓展核心问题。

（三）社会网络分析

兼具工具功能和关系论思维的社会网络分析可以帮助研究者更加直观地刻画、测量行动者之间的关系，以便深入阐释管理学和社会学领域相关问题。将通过 Bibexcel 软件计算得出的共现矩阵先后导入 Ucinet 6.0 软件、NetDraw 软件，得到关键词社会网络分析图，分别如图 10－1 和图 10－2 所示。由图 10－1 可知，中文文献主要以“企业成长”“成长机制”为核心，研究技术创新、融资约束、产业集群、知识资本、银企关系对中小微企业成长的作用过程，及其对成长绩效、成长环境、成长阶段、科技创新方面的作用机制。图 10－2 显示英文文献则聚焦“创新”“成长”两个核心，研究数字化转型、可持续发展、企业家精神、网络、融资、国际化与中小微企业成长和创新之间的作用机制。

综合关键词分析结果，可知中小微企业成长的研究聚焦在成长机制、创新两个研究热点，探究技术创新、融资约束、银企关系、产业集群、知识资本、数字化转型、企业家精神、网络、国际化对其成长的作用机制，总体可以归纳为内部环境驱动力和外部环境驱动力两大类，本书围绕上述研究热点来梳理分析中小微企业的成长机制，并展望未来研究议题。

表 10 - 1　　关键词共现系数

序号	关键词	共现系数	序号	关键词	共现系数	序号	关键词	共现系数
1	产业集群	1.00	15	科技型中小微企业	1.00	29	Entrepreneurship	1.48
2	成长	1.67	16	企业成长	2.25	30	Finland	1.76
3	成长环境	1.64	17	融资约束	1.23	31	Firm Growth	1.56
4	成长机制	1.87	18	网络化成长	1.35	32	Growth	1.61
5	成长绩效	1.32	19	小微企业	1.20	33	Innovation	1.66
6	成长阶段	1.29	20	银企关系	1.10	34	Internationalization	1.18
7	成长性	1.79	21	知识资本	1.35	35	Networks	1.30
8	创新	1.22	22	中小企业	1.45	36	Small and Medium-Sized Enterprises	1.69
9	创新型中小企业	1.00	23	中小微企业	1.15	37	Small and Medium-Sized Enterprises (SMEs)	1.38
10	技术创新	1.85	24	Access to Finance	1.49	38	SME	2.02
11	结构方程模型	1.67	25	Business Growth	1.29	39	SMEs	2.21
12	科技创新	1.35	26	Developing Countries	1.40	40	Sustainability	1.79
13	科技型小微企业	1.06	27	Digital Transformation	1.83	41	Sustainable Growth	1.20
14	科技型中小企业	1.34	28	Entrepreneurial Orientation	1.26	—	—	—

注：本表中的中文和英文关键词共现系数结果是分开计算得到。

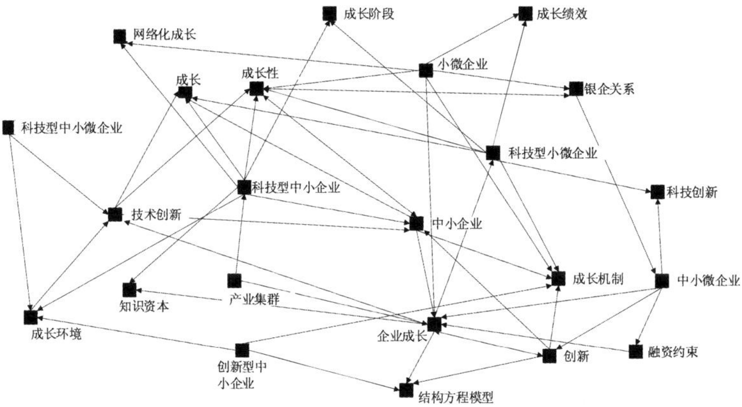

图 10-1　基于中文文献的关键词社会网络分析

资料来源：由 NetDraw 软件导出。

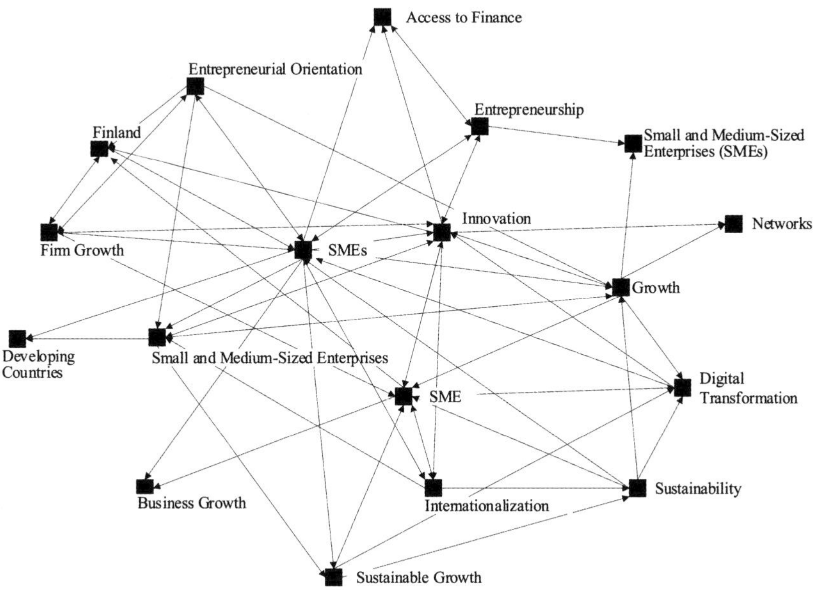

图 10-2　基于英文文献的关键词社会网络分析

资料来源：由 NetDraw 软件导出。

第二节 中小微企业成长的驱动机制

一 中小微企业成长的内驱力

(一) 技术创新

技术创新对中小微企业获得主导地位和高速成长至关重要。技术创新能够显著改善中小微企业的市场地位、凸显竞争优势和卓越绩效，更是应对内部和外部动荡环境变化的重要战略手段，特别是对制造企业的作用更为显著（Dalgıç、Fazlıoğlu，2021）。作为创造新颖和有价值产品或知识潜力的创新能力，存在过程导向和结果导向两类研究倾向，过程导向的研究分为两个流派：一是将技术创新能力视为单一维度现象，认为创新能力是将知识和想法不断转化为新产品、新流程和新系统的过程，可以显著促进企业成长（Castela 等，2018）。二是多维度视角，提出领导力、组织文化、外部知识利用、能力管理和员工创造力是促进创新能力提升的协同要素（Oura 等，2016），创新能力的维度则出现了学习能力、创业能力、营销能力、网络能力、资源开发能力；感知、捕捉和转化能力（Fitz Koch、Nordqvist，2017）；同化、收购、部署和转换能力（Branzei、Vertinsky，2006）等类型划分。结果导向的研究将创新能力定义为产生不同类型创新的能力，如产品创新、过程创新或组织创新，而在小微企业的研究中，只划分出探索式、利用式、渐进式和激进式创新（Kittilaksanawong、Ren，2013）。总体来看，绝大多数研究表明创新能力对中小微企业成长具有积极作用，如对新产品绩效、品牌绩效、总体绩效均具有正向作用，不同的创新类型对出口绩效、竞争优势等企业成长指标影响显著。少数研究发现产品和工艺创新能力并不能确保销售增长或市场份额。

近年来，随着 ICT、物联网、工业 4.0、人工智能等数字技术的发展，中小微企业数字化创新成为学术界研究的新热点。虽然数字技术对中小微企业获得技能和人才、更大程度地进入市场、更广泛地获得融资、更好地沟通和合作、更广泛地获得技术和应用、更广泛地开发产品，以及使他们能够更快地成长方面提供了新机遇（World Bank，2019），但中小企业参与数字创新的意愿偏低或未能从新技术中获益（Ramdani 等，2021），如罗马尼亚IT行业中的中小企业集成物联网解决方案的企业数量相对较少（Tudor等，2021）。综合来看，中小微企业数字化创新的研究聚焦在采用数字技术的决定因素、数字技术的采用以及与采用相关的结果三个方面，其中又以研究影响数字技术采用因素居多，包括个体、技术、组织和环境特征，个体因素主要来自CEO、所有者、管理者特质对中小企业数字化创新的影响，涉及知识和经验、教育、态度、动机、年龄、性别和创业取向七类（Ntwoku等，2017；Yunis等，2017），如针对沙特阿拉伯中小企业采用信息通信技术的研究发现，管理者的创新能力和ICT知识与ICT采用正相关（AlBar、Hoque，2019）；技术因素主要包括感知有用性、感知易用性、感知兼容性、安全性和隐私性以及可试验性（Kim等，2017），能够影响企业数字创新水平，如研究发现技术兼容性、员工IT/IS知识等是影响社会化CRM采用的最重要因素（Ahani等，2017）；组织因素主要影响中小企业参与数字创新的决策，涉及高层管理支持、组织准备和组织文化（AlBar、Hoque，2019），如基于102家英格兰中小企业数据分析发现人力、技术、财务等组织准备情况会显著影响中小企业采用应用软件的意愿（Ramdani等，2013）；环境因素包括竞争压力、合作伙伴网络、政府支持、客户需求、供应商支持和市场范围，均是影响中小企数字化创新的外部环境（Caniëls等，2015）。中小微企业数字技术采用过程的研究中，绝大多数数字化创新过程的研究重点聚焦在采用阶段，少量研究关注了意图、实施和使用过程中的数字化创新问题，鲜有研究涉及多个数字化创新阶段，尤其是针对特定数字技术在不同阶段的研究尚待探究。数字技术采用结果的研究中，发现数字创新对中小微企业带来的结果主要包括成本降低、盈利能力、客户满意度、国际化、竞争力和商业模式创新。此外，也有部分研究关注影响数字化创新对中小微成长作用路径的“黑箱”条件，如感知有用性、企业规模、地理位置、数字化基础设施、组织能力（公司治理、吸收能力等）等（Tajvidi、Karami，2021）。

（二）知识资本

知识作为企业核心资本之一，已被广泛证实是中小微企业成长的关键动力，知识管理导向对中小微企业的技术和管理能力具有显著的放大作用。既有研究表明知识管理对中小微企业的经济和财务绩效（销售增长、收入增长、成本降低等）、市场绩效（市场份额、服务质量、市场灵活性、声誉等）、技术绩效（创新、产品质量等）、人力绩效（创造力、创业成长等）、组织绩效（外部关系、创意扩散等）和网络绩效均具有积极的促进作用（Cerchione 等，2016），如基于意大利 60 家制造型中小企业样本的研究，发现知识管理和战略配置一致性对中小企业创新和组织绩效有显著影响（de Souza Bermejo 等，2016），以韩国 27 家 IT 领域的中小企业为样本，结果表明创新型中小企业的最高成长极限取决于知识战略和商业模式的开放式创新（Yun 等，2015）。此外，也有部分研究关注中小微企业所采用的知识管理工具和知识管理实践对其成长的影响，关键机制是知识工具和知识管理实践会影响企业知识的创造和分享过程，这一过程中关键知识的学习可以有效降低复杂性和风险的危害，特别是新知识地转移和创造能够增强发现新思想的能力（de Souza Bermejo 等，2016），进而对企业成长产生影响。

（三）企业网络

网络化成长已然成为复杂商业环境下企业寻求成长的重要策略之一，对中小微企业而言，网络可以提高组织的学习能力和竞争力，增强组织灵活性、主动性和应对市场变化的响应能力，特别是能够给企业带来新信息、建议和新观点的弱关系，能够显著提升中小微企业的增长潜力（Gherhes 等，2016）。现有研究表明，网络与中小微企业雇员和利润增长正相关，特别是当网络延伸到企业所在区域以外、国家和国际地区，这一作用更为明显（Robson、Bennett，2000），如基于芬兰五个工业部门的 119 家国际经营中小企业为样本的研究，发现网络能力的发展可以帮助中小企业利用有利的制度环境来提升国际化成长（Torkkeli 等，2019）。企业网络具有促进中小企业创新的激活功能，基于 1600 家中小企业的研究表明高增长型的中小企业对创新和引进新产品或新技术具有更高的倾向（Foreman-Peck 等，2006）。然而，小微企业却极少从事网络构建活动，可能原因是网络对小微企业产生的价值有限，它们通常也缺乏充足的时间从事网络活动。

（四）企业家精神

反映企业家建立组织和经营管理企业综合才能的企业家精神深刻地影

响着企业成长，企业家精神是一个多维度构念，包括创新、精益求精、渴望成功、勇于突破、洞察力、冒险、梦想等（李兰等，2019；孙黎等，2019）。整体维度和单一维度均发现企业家精神是驱动中小微企业成长的重要动力，从整体维度来看，基于330份中小企业问卷调查发现，企业家精神透过资源拼凑正向影响中小企业绩效（张怀英等，2021），企业家精神与中小企业成长之间存在相互强化机制、适应机制、分化机制和先导机制（田虹、崔悦，2017）。从单一维度来看，大部分学者基本认同，企业家缺乏成长抱负是阻碍中小微企业成长的关键约束力，特别是对小微企业而言，对成功的渴望等同于企业成长，已然成为不可或缺的核心驱动力（Perren，1999），企业家的高成长抱负会带来更为激进的创新形式。如有研究者以伊朗创新型中小企业为对象，发现企业家对成功的渴望越高，其成长行为越明显，业务增长水平也越高（Hanifzadeh 等，2018）。然而，研究发现绝大多数小微企业属于生活方式型企业，极少具有将业务发展到超出个人目标收入水平的成功抱负，这是因为小微企业家的非经济目标往往是一个人的老板、增加独立性和灵活性、工作满意度、产品或服务质量、客户和工作满意度（Greenbank，2001）。中小企业也只有少数企业家有扩大规模的抱负，保持独立、增加闲暇时间、更好的生活标准、个人和工作满意度、灵活的生活方式仍然是中小企业追求的非经济目标（Douglas，2013），特别是随着企业规模的扩大，成长抱负反而降低（Poutziouris，2003）。对失败的恐惧、风险规避、负增长预期以及对非经济目标的关注，进一步降低了企业家的成长抱负，也制约着中小微企业成长。

二 中小微企业成长的外驱力

（一）数字化转型

数字化转型是随着国家创新战略导向、技术、消费场景、企业瓶颈等因素叠加产生的驱动企业做出转型决策的社会经济发展环境。由 ICT、IT、IoT 等数字技术激起的数字化创新，被认为是新颖的，需要采用者做出一些重大改变，并由 IT 实现的产品、过程或商业模式（Fichman 等，2014）。数字技术为中小微企业提供了重新思考产品、流程、业务模型和客户体验的机会，以满足不断变化的社会需求（Müller 等，2018）。目前，数字化转型对中小微企业成长的研究聚焦在数字化促进企业与用户、其他组织之间的协作机制，如物联网技术可以增强与其他企业之间的协作，提升企业产品的定制化、协同开发和创新能力，以 1254 家中小企业为样本的研究发现，ICT 技术可以更好地引导中小企业整合利用内外部知识资源来改进创新过程，推动产品和服务创新（Scuotto 等，2017），也能够帮助中小微企业嵌入特定的生态系统，并利用生态系统中政府、企业、大学、科研机构等成员的资源来构建竞争优势（De Bernardi、Azucar，2020）。数字化促使中小微企业通过利用大数据更好地实施开放式创新战略，以此更有效地应对挑战，研究发现数字技术促进了商业模式创新、组织流程变革、资产与二级市场分离，由此为维持开放式创新战略提供了三条新路径（Del Vecchio 等，2018）。基于韩国 6 个行业的 205 位 CEO 的问卷调查数据，发现在引入数字化转型时，管理、技术、营销和创新方面的技术能力对中小企业成长影响显著（Kim，2021）。此外，以丹麦 24 家中小微企业的研究发现数字化可以增强服务提供的创新性，但数字化并不是激活服务创新的充分条件，必须在有效调动内部资源和价值体系内其他外部资源相协作的条件下，才能充分发挥数字化对服务创新的作用（Del Vecchio 等，2018）。这也证明了数字技术本身无法创造价值，数字化转型需要与企业战略愿景、组织结构、文化和能力相互整合才能创造新价值，最终驱动中小微企业成长。

（二）融资约束与银企关系

融资约束与银企关系一直是困扰中小微企业成长的关键性因素，因受制度环境和中小微企业信任、风险、资本不足等先天劣势的影响，其较难从金融机构获得充足的资金支持，它们往往会寻求多元融资渠道。基于欧洲中央银行/企业融资情况调查数据，2009—2015 年欧元区 11 个最大国家的中小企业成长均受到融资约束，并且感知的融资约束对中小企业成长的影响更大，而不是实际的融资约束（Moscalu 等，2020）。一项来自中国、印度和巴基斯坦三个新兴经济体的 1443 家中小企业的对比研究发现，在中国，获得外部融资与中小企业的成长无关，而在印度和巴基斯坦，获得外部融资对中小企业的成长有积极的影响（Bilal 等，2016）。在以葡萄牙中小企业为样本的研究中，发现与研发强度较低的中小企业相比，研发强度较高的中小企业更依赖于内部融资和短期债务作为资金增长的来源

（Nunes 等，2013），与非高科技中小企业相比，融资限制对高科技中小企业成长的影响更强（Brink，2018）。基于中国本土的研究也有类似的发现，发展普惠金融能够缓解中小微企业融资约束和提升融资可得性（邹伟、凌江怀，2018），特别是在新冠疫情期间，中小微企业能否获得信贷融资成为企业存活的关键（朱武祥等，2020）。此外，也有部分研究关注管理者特质、政府制度环境对融资约束与中小微企业成长关系的影响机制，现有研究认为管理者的金融知识对发展中国家中小企业获得融资和企业成长之间的关系具有积极和显著的调节作用（Bongomin 等，2017），管理者对银行的信任度越高，小微企业获得贷款的可能性越高，两者成正相关关系，管理者对金融扶持政策的认知度与感知度也会影响其获得金融支持的可得性（陈畴镛、童阳，2019）。

（三）产业集群

以科技园区为典型的特定领域相互联系的企业地理位置上的集中所形成的产业集群，对中小微企业成长具有促进作用。总体来看，中国学者对产业集群与中小微企业成长关系的研究较多，主要关注产业集群对企业成长的作用机制、中小微企业对产业集群的选择两个方面。现有研究认为产业集群可以在网络结构、知识溢出效应、创新资源可得性、创新氛围等方面促进企业成长（盛世豪、王立军，2004），而在当前数字经济快速发展的竞争情境中，产业集群可以在创新激励、产业竞争参与、知识产权战略引导、协同创新方面助力科技型中小企业成长（张向阳，2021）。一项以秘鲁兰巴耶克地区的 90 家中小企业为样本的研究，发现集群能够显著地促进业务增长（Nomura 等，2021）。中小微企业对产业集群的选择研究方面，相对于技术落后企业，技术领先企业更倾向于选择集群（郭政等，2008），基于信任的关系治理和信息共享的学习机制能够有效地促进中小企业嵌入外生型集群网络。

（四）国际化

企业国际化成长现象研究通常以大型企业为对象，这与中小微企业在资源、能力、政治影响力等方面的先天劣势有关，但近年来随着数字技术的发展，中小微企业国际化成长逐渐受到学者重视，并建立了一系列理论模型。中小微企业国际化成长现象研究主要包括前因、国际化模式和国际化结果三个方面：影响国际化成长的前因方面涉及个体、组织和环境三类影响因素，个体层面因素涉及社会网络、国际化倾向、国际化机会认知、国际化经验、知识领域，如以203家具有进入波罗的海国家、波兰、俄罗斯或中国市场经验的中小企业为样本，发现针对市场和客户的知识类型有利于新兴市场业务网络地拓展，而一般的国际化知识没有显著影响（Sandberg，2014）。组织层面因素包括组织结构、能力、国际化导向、国际化机会认知、知识领域，如基于瑞典9家中小企业的案例，发现国际经验越丰富，网络越紧密的中小企业搜寻到国际化机会的可能性越大（Hilmersson、Papaioannou，2015）。环境因素则来源于母国不确定性，当中小企业在国内市场开始受到竞争对手威胁时，他们通常会决定向海外扩张（Martineau、Pastoriza，2016）。体现中小微企业为实现国际化成长而开展的活动模式方面，现有研究提出了缓慢递增模式、快速国际化模式和波动模式三类，采用缓慢递增模式的中小企业主要采用出口方式进入与母国相似的国家，快速国际化模式则进入与母国文化距离较远的国家，并且海外营业额占比较高，采用波动模式的中小企业缺乏国际参与的连续性，通常选择永久或暂时退出某些市场（Vissak、Masso，2015）。绝大多数研究聚焦在影响中小微企业国际化进程的因素层面，包括网络、机会识别、管理者主动性、过程创新、组织结构等。中小微企业国际化成长的结果方面，主要讨论个体、组织、环境对组织结构创新、产品创新、国际化成长绩效、国际新创企业绩效的影响。

此外，关键词分析结果并没有聚类出政策制度这一驱动力要素，但政策制度对中小微企业成长的影响是不言而喻的，如日本的中小微企业为能够从各种中小企业政策中受益，宁愿通过不增加资本存量来保留作为中小企业的地位，相关法律反而阻碍了中小企业的发展（Tsuruta，2020）。从驱动中小微企业成长的内驱力和外区力的研究来看，政府的制度安排通常作为关键变量产生特殊影响，深刻地影响着中小微企业的国际化、网络、技术创新、数字化、企业家导向等。综上所述，本书构建图10－3所示的驱动中小微企业成长的机制理论框架。

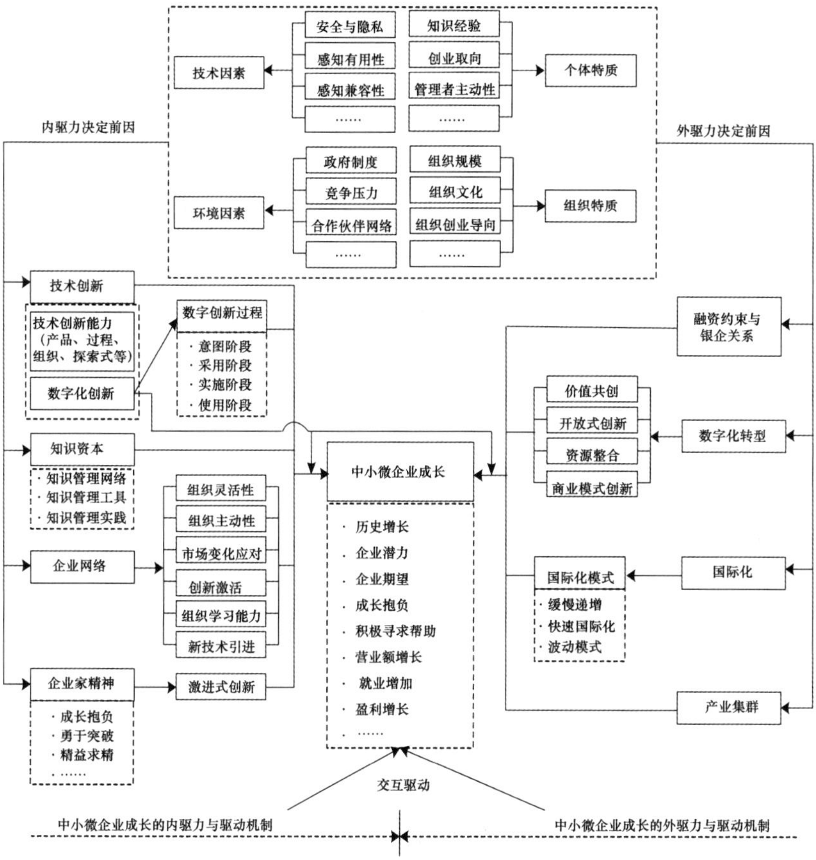

图 10－3　驱动中小微企业成长的机制理论框架

资料来源：作者绘制。

第三节　乡村中小微企业数字化成长与产业融合发展展望

一　研究结论

本书综合系统文献分析和关键词分析，重点梳理了中小微企业成长的驱动机制，较为全面地展示了中小微企业成长现象研究的前沿进展，并特别阐述了数字技术与数字化转型研究前沿。整合现有研究成果，得到如下管理启示：（1）驱动中小微企业成长的动力系统是多元要素组合下产生的复杂现象，是“个体—技术—组织—环境”相互交织的结果，为此，企业在通向成长的道路上，应敏锐地结合个体、组织、技术特质，主动从不确定性环境中寻找机会。(2) 作为中小微企业的“掌门人”，其企业家导向和企业家精神与企业成长相生相克，企业家应主动培育契合时代发展的企业家精神，并将其融入技术创新管理和企业管理实践中，以此弥补企业先天劣势和增强基础优势，推动企业持续成长。(3) 中小微企业应重视与特定技术相适应的管理能力开发，如知识管理与网络管理，作为以技术创新为核心导向的企业，“量身定制”的管理与技术的融合才能促使技术创新不断实现价值增值。

二 未来研究议题

中小微企业成长现象受到学者广泛关注，以下问题仍然有待拓展，主要表现在：(1) 现有研究发现了影响中小微企业成长的复杂驱动力系统及驱动力前因，但交错繁杂的前因要素在何种条件下，以何种组合形态成为驱动力和企业成长的“触发器”尚无证据，解决这一问题可进一步丰富“前因—驱动力—成长”路径理论，并为产业实践提供更加鲜活的经验。(2) 由于中小微企业在组织管理等方面的先天劣势，致使现有研究聚焦产品创新，而忽视了他们在组织、流程、市场等方面创新能力形成与演化规律地挖掘，进而无法知晓中小微企业是如何理解、贯彻、维持创新的问题，阻碍了从技术创新角度构建中小微企业成长理论。(3) 强化知识和网络管理对中小微企业成长的重要性已然达成共识，然而，学界对这一问题的探讨仅仅停留在网络化、知识管理与企业成长绩效之间的关系层面。中小微企业极少从事网络建构活动和采用知识管理工具的“反常”现象未受到重视，特别是在数字化时代，回答这一问题显得尤为迫切，甚至可能发现截然不同的理论洞见。(4) 企业家精神对企业成长的促进作用已得到广泛证实，企业家精神的内涵和结构探究受到学界重视且成果丰硕，然而，现实层面的现象则是大量的中小微企业所有者极少发展出企业家精神，学界尚未给出他们的企业家精神是如何形成的答案。(5) 数字技术为中小微企业国际化成长带来新机遇，现有研究聚焦在前因、国际化模式和国际化结果方面，然而，相较于大型企业，跨文化挑战对中小微企业国际化成长的影响更大，这与管理者特质、企业导向和核心技术存在天然的联系，目前鲜有研究从跨文化角度拓展中小微企业国际化成长理论。

相较而言，学术界对乡村中小微企业成长的关注度不足，它们虽然也面临上述尚未解决的成长问题，但乡村环境的独特性将对乡村中小微企业成长产生区别于城市环境中的中小微企业成长特质。特别是近年来，随着数字乡村、乡村振兴、农业农村现代化等系列乡村发展战略实施，乡村中小微企业数字化成长与乡村产业融合发展议题将成为引领乡村振兴，走向共同富裕的关键引擎。为此，本书从乡村中小微企业数字化成长的过程及其驱动乡村产业融合发展作用机理两个方面提出以下未来研究议题。

（一）驱动乡村中小微企业数字化成长的复杂因果机理、触发条件与桥接结构

现有研究主要关注了数字化转型对中小微企业的作用，以及中小微企业采用数字技术的决定因素、过程和结果等，总体来看当前研究较为碎片化且针对性成果仍然较少，还不足以展现数字化创新和转型与中小微企业成长关系的全貌。因此，未来可从以下几个方面进行拓展：（1）决定不同数字技术采用条件的复杂因果机制研究。虽然关注中小微企业数字创新前因的研究较多，但多停留在总括性层面，决定不同数字技术采用的前因组合仍未澄清，特别是在数字创新过程的哪个阶段（意图、采用、实施和使用）需要哪些前因组合问题模糊不清，未来需要通过 QCA 及其他实证研究方法揭示相关复杂因果机制，为乡村中小微企业经历数字创新过程的特定阶段或多个阶段所需的前因提供经验证据。（2）以“分类方式”检验特定数字技术的前因、过程和结果的触发条件。中小微企业新兴数字技术的研究仍然稀缺，特别是针对某类数字技术的前因、过程和结果的研究鲜见，未来需要结合特定数字技术，发现与现有研究证据相比较的可能结果。此外，相关变量在文献中很少受到关注，目前仍然不清楚特定数字技术可以为中小微企业带来何种数字创新成果，未来有必要考察数字创新“过程—结果”关系以及中介或调节变量在这一关系中的干预作用。（3）基于集成视角的数字创新过程桥接结构关系研究。现有数字化创新过程的研究提供了碎片化见解，且主要集中在数字技术采纳阶段，其他阶段，特别是多阶段研究成果十分欠缺，也因此切断了数字化创新阶段之间的联系，未来需要通过定性和纵向追踪研究建立起不同数字化创新阶段之间的联系，特别是关键阶段之间的桥接关系，以此为乡村中小微企业通过

数字技术实现产品、流程和商业模式创新提供见解。

（二）乡村中小微企业数字化创新能力的形成与演化

关于技术创新能力与中小微企业成长的研究主要以实证研究为主，且绝大多数研究聚焦在产品创新层面，其他类型的创新（过程、组织、市场、可持续创新能力等）鲜有涉及，同时在探索创新能力与企业成长关系时，只关注了探索式、利用式、激进式和渐进式创新对企业成长的影响。因此，未来需要采用纵向案例追踪、民族志等质性研究方法，挖掘乡村中小微企业数字化创新能力的形成与演化规律，揭示其他潜在的创新类别并提供其与企业成长之间的经验证据。这有助于我们更加深入地洞察乡村中小微企业是如何理解数字创新能力并贯彻执行的，并对比各种类别的创新能力，特别是数字创新能力驱动企业成长的差异。可以帮助解答乡村中小微企业数字化转型认识和数字化改造积极性不高的问题，促进乡村中小微企业数字化成长。

（三）乡村中小微企业知识管理与数字网络构建的权变化机制

中小微企业参与网络构建，到底是“弊多利少”还是“利多弊少”，从实践来看，中小微企业所有者、管理者的网络建构行为并不活跃，鲜有研究探究其背后的原因，针对网络知识管理的文献也寥寥无几。但随着数字技术的发展，企业网络与网络知识的管理变得日益频繁且十分重要。因此，揭示影响中小微企业所有者、管理者积极参与网络建构与网络知识管理的因素，及其特殊的激活边界条件，对拓展乡村中小微企业知识管理与网络化成长理论，促进中小微企业网络数字化成长提供理论依据和管理策略。

（四）诱发乡村中小微企业所有者形成企业家精神的前因

现有研究重点聚焦在企业家精神的结构维度及其对中小微企业成长的影响机制层面，然而，尚不清楚为何会形成成长抱负等企业家精神，也不利于较为完整地了解企业家认知，这就需要进一步挖掘哪些因素可能成为塑造企业家成长抱负的动力，特别身处当前企业数字化转型阶段，面临更加激烈地全球化竞争和高技术动荡性环境，却涌现出大量的“专精特新”中小微企业，这些企业家的成长抱负如何形成。特别是扎根乡村的企业家，他们独有的家乡情怀、回报桑梓等新乡贤式的企业家精神如何形成。回答上述议题，能够为更深入地理解决定企业成长方向和抱负提供理论洞见。因此，未来需要采用案例追踪等方法，构建促成乡村中小微企业所有者具备企业家精神的理论，可从动机角度对乡村中小微企业数字化成长提供新见解。

（五）乡村中小微企业数字化成长驱动产业融合发展的作用机理

乡村中小微企业数字化包括生产资料数字化、生产过程数字化，企业逐步平台化并实现智能生产，这一转变将加速形成三产融合的数字化链接能力与进程，如智慧农场，可将生产过程和农场产品的信息转变为数据流，第二产业根据一产数据流进行精深加工，形成第一、第二产业融合数据流，并进一步向第三产业用户端延伸，构成完整的、可追溯的三产融合数据流，促使乡村产业融合实现高质量发展。为此，未来需要探究第一、第二、第三产业中的乡村中小微企业如何通过数字化实现共同生产、资源共享、智能协同、交流互动的机理，并通过数字化改造实现产品、用户、能力交易、集成应用等方面的生产过程服务化和商业模式创新，最终形成乡村产业融合发展的联合生态体。

第十一章

数字化赋能乡村产业融合发展的实现路径

综合前述研究，本书从政策、技术和教育三个层面提出促进数字化赋能乡村产业融合发展的实现路径。

第一节　促进数字化赋能乡村产业融合发展的政策路径

中共十九大报告明确提出要完善农业支持保护制度，由此表明政策制度对推动农业农村发展的重要性，结合本书研究成果，提出以下促进数字化赋能乡村产业融合发展的政策路径。

一　通过优化农业法律体系确立农业与工业的同等地位

从世界发达农业国家乡村产业发展经验来看，以立法的方式赋予农业与工业同等地位，对支持农业发展，引导农业发展方向，改变社会对农业农村的认知，吸引社会资本走向农村等具有十分重要的作用。虽然我国政府一直高度重视农业农村建设，自 1921 年以来，颁布和实施了系列推动农业农村发展的政策，农业农村发生了翻天覆地的变化，并于 2020 年实现全面脱贫。

但从产业实践来看，相对于我国工业发展进程，当前农村仍然存在产业基础薄弱、内生动力和自我发展能力不足、科技水平低、农村空心化、农村精神文化缺失、农村人口老龄化、农业污染突出、城乡融合难、农业农村落后的社会认知尚未彻底改变等发展难题。解决上述难题，可进一步通过完善和优化农业农村法律体系，赋予农业与工业同等地位的政策路径进行改善。具体而言，农业法律体系应给予农民平等的产业发展地位，在税收、财政、补贴、教育、人才发展等方面给予与工业同等地位，以此推进农业与工业的深层次融合。

二　以完善的法律体系塑造新时代农民主体地位

农民始终是根植于乡村的主人，更是促进农业农村发展的根本力量。坚持农民主体地位，能够充分调动农民的积极性、主动性和创造性，进而盘活和释放乡村人力资本要素活力，也能够进一步盘活乡村闲置资源。云南昆明河湾村“稻田画”、上海崇明乡村振兴示范区“美丽庭院”等均是通过发挥农民主体地位促进农业农村发展的生动体现。

从产业实践来看，农民主体地位的能动作用需要国家法律体系来保障，特别是塑造新时代数字乡村建设所需的数字人才、数字职业农民，国外主要通过层级化的职业学历教育制度和职业培训资格认证制度的方式来保障农民主体地位，并提供对应等级的国家优惠政策。我国农村涌现出一批“田秀才”“土专家”“农能人”种植能手、合作社负责人、手工品传承人、致富带头人、返乡创业者等本土人才，但从总量上看，仍无法满足农业农村发展人才需求。为此，我国可通过完善法律体系来塑造新时代农民主体地位，具体而言，一是以立法方式推进农民资格认证体系，对乡土人才进行“靶向培训”并提供职业资格认证，根据不同层次职业资格获得相应等级的政府政策支持。二是以立法方式推进阶梯式职业农民教育学历认证体系，农民可自由选择从小学到大学的学历教育，并获得相应的学历资格认证，使其成为真正意义上的职业农民。通过以上措施培育乡村产业数字化发展所需的人才。

三　以完善的法律体系引导全社会参与数字乡村建设

数字乡村建设是一项复杂的系统工程，涉及领域和业务范围非常大，需要调动不同区域、不同层级、不同部门之间通过协同合作才能形成推动数字乡村建设的良好格局。单靠政府部门的自身力量无法满足数字乡村建设需求，政府部门的投入主要集中在数字基础设施建设、政务服务平台建设、基层组织建设方面，而乡村产业数字化、农产品数字加工、数字物流等其他方面则有赖于市场力量的广泛参与。综合本书研究结论来看，政府通过与社会资本的广泛合作，在农业生产数字化、农产品加工流通数字化、乡村市场与城市市场衔接数字化、数字人才培育等方面发展迅速，乡村数字化改造和数字化生产能力显著提升。但是，社会的参与力量仍然主要局限在海尔、腾讯、阿里等少数大型企业主体，其他中小微企业主体参与力量薄弱，核心原因之一在于农村营商环境、基础设施方面的吸引力不足。为此，政府部门仍然需要通过健全和优化全社会参与数字乡村建设的法律体系来引导和激活各类主体投身乡村建设，具体而言，一是以立法方式确立各类主体多方协同联合协作规范和标准，保障各类参与数字乡村建设主体的地位、权益和行为标准，为促成各类推动农业农村发展的组织创建提供法律依据。二是以立法方式确立各类主体之间的利益分配机制，以此保障农户、村集体、参与主体各自的利益，进而为推进数字乡村建设增添多元化主体动力。

第二节　促进数字化赋能乡村产业融合发展的技术路径

发达国家乡村发展经验表明强大的农业科技支持体系是其成为世界农业强国的核心驱动力，我国农业科技进步贡献率也已经超过57%（习近平，2019）。为此，持续提升数字化赋能乡村产业融合发展效益需要强大的技术支撑体系为根本保障。

一　构建促进数字化赋能乡村产业融合发展的多元技术投入体系

扎根理论和案例研究结果表明，驱动乡村产业融合发展的数字技术包括无人机、遥感卫星、摄像头、传感器、监测站等各类硬件和大数据、云计算、IT 大脑等各类软件平台，此外还需要 5G 基站、大数据中心、政务服务中心等新型基础设施。上述支撑数字技术发展的硬件、软件、新型基础设施均需要庞大的资金、人力投入才能日臻完善并发挥最大效益，但任何单一的主体均难以承担数字技术建设与开发所需的巨额人力与资本。为此，形成多元技术投入体系成为解决上述问题的关键。一是形成政府主导，市场参与的数字技术发展投入体系，主要涉及新型基础设施建设、政府服务中心、技术交易平台等乡村公共基础设施。二是形成政府协同，市场主导的数字技术发展投入体系，主要涉及特定领域数字技术的硬件与软件的设计、开发、创新和应用等。三是形成政府与市场均衡的数字技术发展投入体系，主要涉及具体的农业生产、加工流通等单一主体难以主导完成的数字技术应用与推广领域，如某个乡村特定产业的数字化，需要政府全面统筹协调，企业进行技术投入、农户广泛参与才能顺利推进的领域。

二　完善促进数字化赋能乡村产业融合发展的技术生态体系

本书研究结果表明，数字化赋能乡村产业融合发展过程涉及农业生产过程数字化（需要对空气、水分、土壤、植物、动物、温度等生产环境进行实时监测与数据采集的技术体系）、农产品加工流通数字化（需要对品质、机器、仓储、包装、产量、管理等各类要素信息进行实时监测与数据采集的技术体系）、产业链主体互动数字化（农户与企业之间的数字互动、消费者与农产品间的数字交易和数字溯源）等。可见，数字化赋能乡村产业融合发展过程由多个相互独立但又可互联互通的技术支撑体系构成，形成了围绕乡村产业融合发展的可交互赋能的数字技术生态系统。但是，从产业发展实践来看，2019 年我国农业生产数字化水平仅为 23.8%，乡村产业融合发展的技术支撑体系仍然十分薄弱，且连接紧密度不高，数字化技术水平处于初级阶段。为此，未来需要联合多元社会主体（既包括海尔、腾讯、华为等技术头部企业，也应包括“专精特新”等中小微企业）协同构建连接紧密、技术水平领先的数字化赋能乡村产业融合发展的技术生态体系。

三　优化促进数字化赋能乡村产业融合发展的技术治理体系

扎根理论结果表明乡村产业融合主体之间会形成蜂巢化关系，同时工业互联网平台赋能乡村产业融合发展的结果也表明产业链主体之间会形成不同的生态位，进而可能产生寡头垄断、数据锁定等阻碍数字化赋能效应的技术治理难题。为此，良好的蜂巢化关系和互补的生态位需要规范的技术治理体系来维持。一方面，政府部门可通过政策制度方式规范数字化赋能乡村产业融合发展的技术治理体系的标准，所有参与主体均参照同一标准框架进行技术协作开发。另一方面，组建以农业协作组织为代表的技术治理组织，由技术治理组织统一规范所有成员的行为并为成员提供标准化服务，以此防止“内卷化”的恶性或同质化竞争。

第三节　促进数字化赋能乡村产业融合发展的教育路径

发达国家乡村发展经验表明，职业农民教育体系在农业农村现代化发展过程中发挥着重要的作用，特别是随着信息技术水平的提升，掌握先进生产技术的职业农民成为十分重要的人力资本，本书研究结论也表明农民的数据价值创造能力对乡村产业数字化融合发展至关重要，这意味着需要构建适应数字化赋能乡村产业融合发展所需的农民职业教育体系。

一　开发培育农村居民数字素养的阶梯式数字教育体系

数字素养是数字环境下居民生活、学习和工作所需的生存技能，居民能够合理地使用数字设备、工具、数字资源等（Eshet，2004）。当前，我国乡村居民的整体数字素养水平较低，数字化人才匮乏，制约着数字技术对乡村三产融合发展的赋能效应（温涛、陈一明，2020）。本书研究结果指出基于数字技术的产业融合发展需要农民等参与主体具备数据关联能力和数据生产能力。为此，我国可以在借鉴世界发达农业国家职业农民教育体系基础上开发培育农民数字素养的阶梯式数字教育体系，具体而言，可依托小学、中学、高中、大专院校、职业院校、大学等层级化学校建立阶梯式的数字教育体系，以此满足不同层次农村居民接受数字教育的需求，达到多层次培育农村居民数字素养的目标，为数字化赋能乡村产业融合发展储备丰富的高数字素养人才和数字发展环境。

二　构建提升农村居民群体数字生产能力的立体式培训体系

本书提出数据生产能力是产业主体采用数字技术对生产全过程、生产模式创新、智能化技术创新等建立起数字化管理能力，并能够基于数据需求安排生产活动的能力。表明农村居民群体数字生产能力对促进数字化赋能乡村产业融合发展具有重要作用，但是随着我国持续推进乡村信息基础设施建设，农村先前接入机会差距的数字鸿沟已然转化为现阶段的使用程度差距（苏岚岚、彭艳玲，2021）。为此，通过构建数字生产能力的立体式培训体系可以逐步缩小使用程度差距方面的数字鸿沟。具体而言，政府可通过引导支持行业协会、各级学校、社会教育培训组织等各类力量参与农村居民群体数字生产能力培训，也可通过建立网络化教育平台为农村居民提供自主学习培训，例如数字电商培训、数字农业培训、数字创意培训、数字生产培训、数字管理培训等，形成差异化、立体式的数字教育培训体系，促使农村居民群体掌握产业数字化环境中所需具备的数字生产能力。

三　建设增强农村居民适应数字生活的数字场景教育认知环境

农村居民对数字环境的认知水平对缩小数字技术使用差距鸿沟具有重要作用，据农业农村部信息中心发布的《2019 全国县域数字农业农村发展水平评价报告》，可知我国农村居民乡村生活数字化整体处于起步发展阶段，为此，政府应通过建设乡村生活数字场景教育认知环境来增强农村居民对数字环境的适应水平。具体而言，可围绕构建数字化社交场景、数字化创意场景、数字化安全场景、数字化通用场景，在乡村推行智慧医疗、智慧教育、智慧出行、智慧交通、智慧旅游、数字消费场景，创建使用微信、支付宝、京东、天猫、抖音等各类电商平台和社交平台场景逐步引导农村居民认识和适应数字环境，进而为推动数字化赋能乡村产业融合发展营造良好的生产、互动、加工、流通、消费等全场景数字生产生活环境。

参考文献

习近平:《把乡村振兴战略作为新时代“三农”工作总抓手》,《求是》2019 年第 11 期。

习近平:《扎实推动共同富裕》,《求是》2021 年第 20 期。

安晓明:《新时代乡村产业振兴的战略取向、实践问题与应对》,《西部论坛》2020 年第 6 期。

蔡呈伟、戚聿东:《工业互联网对中国制造业的赋能路径研究》,《当代经济管理》2021 年第 12 期。

陈长:《数字化赋能新时代金融供给侧结构性改革:逻辑、特征与路径》,《西安财经大学学报》2022 年第 2 期。

陈畴镛、童阳:《中小微企业金融扶持政策的感知效应研究——以浙江省为例》,《治理研究》2019 年第 4 期。

陈俊侠:《法国生态旅游如何玩转“农业 +”》,《农村新技术》2018 年第 7 期。

陈琳琳、徐金海、李勇坚:《数字技术赋能旅游业高质量发展的理论机理与路径探索》,《改革》2022 年第 2 期。

陈仁安:《英美农村区域规划经验及对中国乡村振兴的启示》,《世界农业》2018 年第 6 期。

陈武、陈建安、李燕萍:《工业互联网平台:内涵、演化与赋能》,《经济管理》2022 年第 5 期。

陈武、李燕萍:《嵌入性视角下的平台组织竞争力培育——基于众创空间的多案例研究》,《经济管理》2018 年第 3 期。

陈武、李燕萍:《众创空间平台组织模式研究》,《科学学研究》2018 年第

4 期。

陈潇:《美国农业现代化发展的经验及启示》,《经济体制改革》2019 年第 6 期。

戴亦舒、叶丽莎、董小英等:《CPS 与未来制造业的发展:中德美政策与能力构建的比较研究》,《中国软科学》2018 年第 2 期。

党文毅:《发挥农民主体作用推动县域乡村振兴的路径探究》,《南方农业》2022 年第 6 期。

迪静:《乡村振兴背景下的乡村景观规划设计研究》,硕士学位论文,浙江大学,2020 年。

董翀:《产业兴旺:乡村振兴的核心动力》,《华南师范大学学报》(社会科学版)2021 年第 5 期。

董国民:《内蒙古中部欠发达地区农村信息服务研究》,硕士学位论文,河北大学,2014 年。

杜传忠、金文翰:《美国工业互联网发展经验及其对中国的借鉴》,《太平洋学报》2020 年第 7 期。

段金萍:《法国特色小镇建设的经验与借鉴》,《世界农业》2018 年第 8 期。

方莹馨:《多元化公共服务提升乡村生活吸引力》,《人民日报》2021 年 6 月 11 日。

冯楠、任彬彬、黄梓宸等:《数字经济下工业互联网平台信息共享激励机制研究》,《北京交通大学学报》(社会科学版)2022 年第 2 期。

冯文丽、林宝清:《美日两国农业保险模式的比较及我国的选择》,《中国金融》2002 年第 12 期。

傅娟、杨道玲:《我国冷链物流发展的现状、困境与政策建议》,《中国经贸导刊》2021 年第 9 期。

高帆:《乡村振兴战略中的产业兴旺:提出逻辑与政策选择》,《南京社会科学》2019 年第 2 期。

郭俊华、卢京宇:《产业兴旺推动乡村振兴的模式选择与路径》,《西北大学学报》(哲学社会科学版)2021 年第 6 期。

郭王骁潇、田淑敏、邓蓉:《发达国家农村区域规划的经验与启示》,《经济师》2017 年第 2 期。

郭政、雷如桥、陈继祥:《高科技企业集聚定位决策研究》,《研究与发展管理》2008 年第 2 期。
何龙斌:《脱贫地区从产业扶贫到产业兴旺：现实难点与实现机制》,《青海社会科学》2020 年第 4 期。
何宇鹏、武舜臣:《连接就是赋能：小农户与现代农业衔接的实践与思考》,《中国农村经济》2019 年第 6 期。
洪继东:《种田 App“上了线”农户可以“不下田”》,《成都日报》2022 年 3 月 21 日。
胡查平、汪涛、胡琴芳:《制造业服务化战略生成逻辑与作用机制——基于制造业的多案例研究》,《科研管理》2019 年第 8 期。
胡海、庄天慧:《共生理论视域下农村产业融合发展：共生机制、现实困境与推进策略》,《农业经济问题》2020 年第 8 期。
胡强、谢家平、张广思:《电商平台与竞争性商家数据赋能策略研究》,《中国管理科学》2021 年第 1 期。
胡一玮:《西班牙乡村旅游发展经验对中国的启示》,《四川经济日报》2020 年 8 月 19 日。
胡永佳:《产业融合的经济学分析》,博士学位论文，中共中央党校，2007 年。
胡月、田志宏:《如何实现乡村的振兴？——基于美国乡村发展政策演变的经验借鉴》,《中国农村经济》2019 年第 3 期。
黄璜、谢思娴、姚清晨等:《数字化赋能治理协同：数字政府建设的“下一步行动”》,《电子政务》2022 年第 4 期。
黄季焜:《以数字技术引领农业农村创新发展》,《农村工作通讯》2021 年第 5 期。
黄旭丹:《实现乡村振兴必须充分发挥农民的主体作用》,《中国科技投资》2019 年第 3 期。
霍国庆、刘丽红、杜智涛等:《科技型中小企业成长研究现状综述》,《科技进步与对策》2011 年第 22 期。
江泽林:《农村一二三产业融合发展再探索》,《农业经济问题》2021 年第 6 期。
姜波:《西班牙促进旅游市场复苏》,《人民日报》2022 年 2 月 22 日。
姜长云:《科学理解推进乡村振兴的重大战略导向》,《管理世界》2018 年第 4 期。

姜长云:《推进农村一二三产业融合发展　新题应有新解法》,《中国发展观察》2015 年第 2 期。

姜天龙、舒坤良:《农村“三产融合”的模式、困境及对策》,《税务与经济》2020 年第 5 期。

蒋璐闻、梅燕:《典型发达国家智慧农业发展模式对我国的启示》,《经济体制改革》2018 年第 5 期。

金玉姬、丛之华、崔振东:《韩国农业 6 次产业化战略》,《延边大学农学学报》2013 年第 4 期。

赖作莲:《韩国农民教育特征及启示》,《安徽农学通报(上半月刊)》2012 年第 11 期。

蓝海涛、周振:《我国“互联网 + 农村经济”发展现状与政策建议》,《宏观经济管理》2018 年第 7 期。

雷明、于莎莎、陆铭:《多维理论视域下的全面乡村振兴》,《广西社会科学》2022 年第 2 期。

李东峰:《乡村产业振兴问题与对策研究》,硕士学位论文,西华师范大学,2020 年。

李广乾:《工业互联网平台,制造业下一个主攻方向》,《中国信息化》2016 年第 12 期。

李海舰、李燕:《企业组织形态演进研究——从工业经济时代到智能经济时代》,《经济管理》2019 年第 10 期。

李虹、张龙天、刘逸:《赋能授权研究前沿综述》,《人类工效学》2018 年第 1 期。

李晋国、金瑛:《韩国建设新乡村运动的成功经验》,《当代韩国》2006 年第 2 期。

李靖华、马丽亚、黄秋波:《我国制造企业“服务化困境”的实证分析》,《科学学与科学技术管理》2015 年第 6 期。

李君、邱君降、窦克勤:《工业互联网平台参考架构、核心功能与应用价值研究》,《制造业自动化》2018 年第 6 期。

李君、邱君降:《工业互联网平台的演进路径、核心能力建设及应用推广》,《科技管理研究》2019 年第 13 期。

李君、邱君降、柳杨等:《工业互联网平台评价指标体系构建与应用研究》,《中国科技论坛》2018 年第 12 期。

李兰、仲为国、彭泗清等:《当代企业家精神: 特征、影响因素与对策建议——2019 中国企业家成长与发展专题调查报告》,《南开管理评论》2019 年第 5 期。

李相万:《“新村运动”巩固韩国减贫成果》,《中国社会科学报》2022 年 1 月 24 日。

李小练:《连平县合约型农业经营模式存在的问题与对策研究》, 硕士学位论文, 仲恺农业工程学院, 2018 年。

李燕:《工业互联网平台发展的制约因素与推进策略》,《改革》2019 年第 10 期。

李美云:《国外产业融合研究新进展》, 《外国经济与管理》2005 年第 12 期。

李震:《数字经济赋能新发展格局: 理论基础、挑战和应对》, 《社会科学》2022 年第 3 期。

李治、王东阳:《交易成本视角下农村一二三产业融合发展问题研究》,《中州学刊》2017 年第 9 期。

李中斌、涂满章、张启明等:《人工智能时代人才赋能系统构建理论与应用探析》,《中国劳动关系学院学报》2019 年第 4 期。

梁立华:《农村地区第一、二、三产业融合的动力机制、发展模式及实施策略》,《改革与战略》2016 年第 8 期。

廖菁、邹宝玲:《国外乡村产业发展经验及对中国乡村产业振兴的启示》,《世界农业》2022 年第 5 期。

刘晨、霍翠平、陈嘉茜:《西班牙乡村旅游对中国乡村旅游发展的启示——以中国舟山为例》,《文化创新比较研究》2019 年第 29 期。

刘晶:《5G 赋能工业互联网》,《中国电子报》2018 年 11 月 13 日。

刘明月、冯晓龙、冷淦潇等:《从产业扶贫到产业兴旺: 制约因素与模式选择》,《农业经济问题》2021 年第 10 期。

刘明月、汪三贵:《产业扶贫与产业兴旺的有机衔接: 逻辑关系、面临困境及实现路径》,《西北师大学报》(社会科学版) 2020 年第 4 期。

刘宁、彭飞凡、于梦鑫:《数字化赋能研究述评及未来展望》, 《开发研究》2021 年第 6 期。

刘启雷、张媛、雷雨嫣等:《数字化赋能企业创新的过程、逻辑及机制研究》,《科学学研究》2022 年第 1 期。

刘艳红、黄雪涛、石博涵:《中国“新基建”:概念、现状与问题》,《北京工业大学学报》(社会科学版)2020 年第 6 期。

刘祎:《工业互联网平台情境下制造业企业服务化的适应性机制——基于系统动力学的仿真》,《当代经济管理》2021 年第 9 期。

路征:《第六产业:日本实践及其借鉴意义》,《现代日本经济》2016 年第 4 期。

吕铁、韩娜:《智能制造:全球趋势与中国战略》,《人民论坛·学术前沿》2015 年第 11 期。

吕铁:《我国工业互联网产业的变革路径探究——从平台系统架构视角出发》,《人民论坛·学术前沿》2020 年第 13 期。

罗千峰、赵奇锋、张利庠:《数字技术赋能农业高质量发展的理论框架、增效机制与实现路径》,《当代经济管理》2022 年第 5 期。

罗志慧、王宁:《国内外乡村旅游产业数字化发展现状与发展对策》,《农村经济与科技》2020 年第 23 期。

骆高远:《国外乡村旅游典型案例》,《乡村振兴》2021 年第 3 期。

马红珍:《党建引领乡村产业振兴的现实困境与路径探索——以秀山县为例》,《智慧农业导刊》2022 年第 5 期。

马健:《产业融合论》,南京大学出版社 2006 年版。

马晓河:《推进农村一二三产业融合发展的几点思考》,《农村经营管理》2016 年第 3 期。

马永开、李仕明、潘景铭:《工业互联网之价值共创模式》,《管理世界》2020 年第 8 期。

梅燕、鹿雨慧、毛丹灵:《典型发达国家数字乡村发展模式总结与比较分析》,《经济社会体制比较》2021 年第 3 期。

梅燕、鹿雨慧、毛丹灵:《典型发达国家数字乡村发展模式总结与比较分析》,《经济社会体制比较》2021 年第 3 期。

莫荣:《发展小企业促进中国就业》,《管理世界》2001 年第 5 期。

年猛:《国内外农村经济发展的典型模式及对我国乡村振兴战略实施的启

示》,《当代经济管理》2022 年第 5 期。
秦秋霞、郭红东、曾亿武:《乡村振兴中的数字赋能及实现途径》,《江苏大学学报》(社会科学版)2021 年第 5 期。
邱超奕、韩鑫:《为高质量发展贡献品牌力量》,《人民日报》2021 年 11 月 30 日。
曲文俏、陈磊:《日本的造村运动及其对中国新农村建设的启示》,《世界农业》2006 年第 7 期。
权锡鉴、史晓洁、宋晓缤等:《资本配置结构优化的企业混合所有制:工业互联网平台的赋能机理与本质》,《会计研究》2020 年第 12 期。
任力:《以工业互联网推进民营企业高质量发展》,《人民论坛·学术前沿》2020 年第 13 期。
任丽涛、钟淑萍:《数字时代高校创新生态中的信息共享策略探究》,《教育理论与实践》2022 年第 6 期。
沈费伟:《乡村技术赋能:实现乡村有效治理的策略选择》,《南京农业大学学报》(社会科学版)2020 年第 2 期。
沈权平:《韩国乡村振兴社会政策的起源、演进及政策路向》,《中国农业大学学报》(社会科学版)2021 年第 5 期。
沈世伟、许静娜、黄晓岑:《法国葡萄酒旅游发展的经验与启示》,《宁波大学学报》(人文科学版)2016 年第 3 期。
盛世豪、王立军:《产业集群促进科技型中小企业成长的机制研究》,《科学学与科学技术管理》2004 年第 8 期。
苏岚岚、彭艳玲:《数字化教育、数字素养与农民数字生活》,《华南农业大学学报》(社会科学版)2021 年第 3 期。
苏毅清、游玉婷、王志刚:《农村一二三产业融合发展:理论探讨、现状分析与对策建议》,《中国软科学》2016 年第 8 期。
隋映辉:《新科技变革:科技产业转型与协调发展》,《福建论坛》(人文社会科学版)2018 年第 7 期。
孙黎、朱蓉、张玉利:《企业家精神:基于制度和历史的比较视角》,《外国经济与管理》2019 年第 9 期。
孙瑞玲:《现代农业建设的路径与模式研究》,中国时代经济出版社 2008 年版。

孙新波、张大鹏、张浩等:《自发性对称破缺下的“反管理”研究》,《管理学报》2017 年第 7 期。

孙新波、张明超、王永霞:《工业互联网平台赋能促进数据化商业生态系统构建机理案例研究》,《管理评论》2022 年第 1 期。

谭明交、向从武、王凤羽:《中国农业产业在乡村振兴中的转型升级路径》,《区域经济评论》2018 年第 4 期。

唐国锋、李丹:《工业互联网背景下制造业服务化价值创造体系重构研究》,《经济纵横》2020 年第 8 期。

陶飞、刘蔚然、刘检华等:《数字孪生及其应用探索》,《计算机集成制造系统》2018 年第 1 期。

陶涛、樊凯欣、朱子阳:《数字乡村建设与县域产业结构升级——基于电子商务进农村综合示范政策的准自然实验》,《中国流通经济》2022 年第 5 期。

田虹、崔悦:《企业家精神与中小企业成长的影响机制研究》,《南通大学学报》(社会科学版)2017 年第 6 期。

田秀娟、李睿:《数字技术赋能实体经济转型发展——基于熊彼特内生增长理论的分析框架》,《管理世界》2022 年第 5 期。

完世伟、汤凯:《数字经济促进乡村产业振兴的机制与路径研究》,《中州学刊》2022 年第 3 期。

汪明煜、周应恒:《法国乡村发展经验及对中国乡村振兴的启示》,《世界农业》2021 年第 4 期。

王丹、刘祖云:《乡村“技术赋能”:内涵、动力及其边界》,《华中农业大学学报》(社会科学版)2020 年第 3 期。

王峰:《工业互联网平台分类研究》,《电信技术》2017 年第 10 期。

王洁琼、李瑾、冯献:《国外乡村治理数字化战略、实践及启示》,《图书馆》2021 年第 11 期。

王君泽、宋小炯、杜洪涛:《基于解释结构模型的我国工业互联网实施影响因素研究》,《中国软科学》2020 年第 6 期。

王岚、高华兴:《地理标志助力乡村振兴促进共同富裕》,《宁波日报》2022 年 4 月 22 日。

王丽娟、黄祖辉、顾益康等:《典型国家(地区)农地流转的案例及其启示》，《中国农业资源与区划》2012 年第 4 期。

王启：《我国休闲农业旅游发展的国际经验借鉴研究》，《农业经济》2016 年第 10 期。

王如玉、梁琦、李广乾：《虚拟集聚：新一代信息技术与实体经济深度融合的空间组织新形态》，《管理世界》2018 年第 2 期。

王瑞峰、李爽：《涉农电商平台助力乡村产业数字化转型的实践逻辑》，《现代经济探讨》2022 年第 5 期。

王玮、杜书升、曹溪：《工业互联网引发的“颠覆式”管理变革》，《清华管理评论》2019 年第 3 期。

王昕坤：《产业融合——农业产业化的新内涵》，《农业现代化研究》2007 年第 3 期。

王兴国：《推进农村一二三产业融合发展的思路与政策研究》，《东岳论丛》2016 年第 2 期。

王彦苏、范志刚、孙绘景：《平台经济背景下的赋能理论演化：文献综述与展望》，《时代经贸》2021 年第 12 期。

王耀德、马玲兵：《新时代农村集体经济“第二次飞跃”的价值意蕴和实践路径》，《南昌大学学报》（人文社会科学版）2021 年第 4 期。

王一晨：《运用工业互联网推动中国制造业转型升级》，《中州学刊》2019 年第 4 期。

王易、邱国栋：《新工业革命背景下多元智能组织研究——以 GE 和海尔为案例》，《经济管理》2020 年第 2 期。

魏津瑜、李翔：《基于工业互联网平台的装备制造企业价值共创机理研究》，《科学管理研究》2020 年第 1 期。

温淑萍、郭淑敏、王秀琴等：《农村一二三产业融合发展模式探析》，《宁夏农林科技》2017 年第 12 期。

温涛、陈一明：《数字经济与农业农村经济融合发展：实践模式、现实障碍与突破路径》，《农业经济问题》2020 年第 7 期。

文礼章：《西班牙的生态农业》，《世界农业》2004 年第 9 期。

文晓：《海尔 COSMOPlat：工业互联网平台助力疫情防控》，《自动化博览》2020 年第 3 期。

吴春来：《产业扶贫与产业振兴有效衔接初探》，《西南民族大学学报》

（人文社会科学版）2021 年第 12 期。
吴海峰:《乡村产业兴旺的基本特征与实现路径研究》,《中州学刊》2018 年第 12 期。
吴晓曦:《数字经济与乡村产业融合发展研究》,《西南金融》2021 年第 10 期。
吴旭红、何瑞、吴朵:《双向赋能：数字化转型背景下“银发鸿沟”的破解之道——基于南京市 J 区“智慧养老”实践案例的研究》,《电子政务》2022 年第 5 期。
武汉大学工业互联网研究课题组:《“十四五”时期工业互联网高质量发展的战略思考》,《中国软科学》2020 年第 5 期。
夏金梅:《“三农”强富美：美国乡村振兴的实践及其经验借鉴》,《世界农业》2019 年第 5 期。
向坤、杨庆育:《共享制造的驱动要素、制约因素和推动策略研究》,《宏观经济研究》2020 年第 11 期。
肖静华、吴小龙、谢康等:《信息技术驱动中国制造转型升级——美的智能制造跨越式战略变革纵向案例研究》,《管理世界》2021 年第 3 期。
肖若晨:《大数据助推乡村振兴的内在机理与实践策略》,《中州学刊》2019 年第 12 期。
谢靖翔、朱海冰:《“大区小镇”模式下乡村旅游发展研究——以保亭县什进村为例》,《现代商业》2020 年第 35 期。
谢卫红、骆建彬、郭海珍等:《工业互联网平台研究知识结构与拓展方向》,《科技进步与对策》2021 年第 22 期。
邢成举:《政策衔接、扶贫转型与相对贫困长效治理机制的政策方向》,《南京农业大学学报》（社会科学版）2020 年第 4 期。
熊爱华、张涵:《农村一二三产业融合：发展模式、条件分析及政策建议》,《理论学刊》2019 年第 1 期。
熊诚诚、徐国洪、向斌:《乡村振兴引领新时代农业农村发展——江西樟树实施“双十”工程创建示范村镇》,《老区建设》2020 年第 1 期。
熊春林:《农村农业信息化服务能力建设研究》，博士学位论文，湖南农业大学，2013 年。
熊红芳、邓小红:《美国日本农地流转制度对我国的启示》,《农业经济》

2004 年第 11 期。
徐梦周:《数字赋能：内在逻辑、支撑条件与实践取向》，《浙江社会科学》2022 年第 1 期。
徐向梅:《数字化赋能乡村振兴》,《经济日报》2022 年 3 月 2 日。
徐哲根:《日本农户增收的产业路径及其启示》,《现代日本经济》2011 年第 3 期。
薛楠、韩天明、朱传言:《数字经济赋能乡村农业振兴：农业平台生态系统的架构和实现机制》,《西南金融》2022 年第 3 期。
严瑾:《日本的六次产业发展及其对我国乡村振兴的启示》，《华中农业大学学报》（社会科学版）2021 年第 5 期。
杨江华、刘亚辉:《数字乡村建设激活乡村产业振兴的路径机制研究》,《福建论坛》（人文社会科学版）2022 年第 2 期。
杨柳、杨帆、蒙生儒:《美国新型职业农民培育经验与启示》，《农业经济问题》2019 年第 6 期。
杨秀玉、刘平方、韩笑:《日本“农业承担主体”的变迁与农业经营的新展开》,《农业经济》2014 年第 10 期。
杨艺:《浅谈日本农业信息化的发展及启示》,《现代日本经济》2005 年第 6 期。
杨志萍:《数字赋能乡村产业振兴的内在逻辑与现实选择》，《湖北经济学院学报》（人文社会科学版）2022 年第 3 期。
姚俊:《四川省大邑县——“数字农业”亮相“无人农场”》，《解放军报》2022 年 6 月 23 日。
叶春晓、朱正伟、李茂国:《融合创新范式下的工业互联网人才培养研究》,《高等工程教育研究》2018 年第 5 期。
叶敬忠:《乡村振兴战略：历史沿循、总体布局与路径省思》，《华南师范大学学报》（社会科学版）2018 年第 2 期。
殷梅英:《以组织振兴为基础推进乡村全面振兴》，《中国党政干部论坛》2018 年第 5 期。
尹成杰:《农业多功能性与推进现代农业建设》,《中国农村经济》2007 年第 7 期。
郁建兴、陈韶晖:《从技术赋能到系统重塑：数字时代的应急管理体制机制创新》,《浙江社会科学》2022 年第 5 期。
苑文华:《韩国新村运动对我国乡村振兴的启示》,《中国市场》2018 年第 28 期。
张宏略、李新艳:《农民社会心理变迁与农村改革的政策选》,《人民论坛》2015 年第 35 期。
张华建、贾昌平、牛运生等:《赴美加农业及技术推广情况的考察报告》,《安徽农学通报》2003 年第 1 期。
张怀英、李璐、蒋辉:《正式关系网络、企业家精神对中小企业绩效的影响机制研究》,《管理学报》2021 年第 3 期。
张士云、江激宇、栾敬东等:《美国和日本农业规模化经营进程分析及启示》,《农业经济问题》2014 年第 1 期。
张卫、朱信忠、顾新建等:《工业互联网环境下的智能制造服务流程纵向集成》,《系统工程理论与实践》2021 年第 7 期。
张向阳:《构建基于产业链集群的开放式创新平台,促进科技型中小企业创新发展》,《中国科技论坛》2021 年第 6 期。
张在一、毛学峰:《“互联网 +”重塑中国农业:表征、机制与本质》,《改革》2020 年第 7 期。
章卫民、劳剑东、李湛:《科技型中小企业成长阶段分析及划分标准》,《科学学与科学技术管理》2008 年第 5 期。
赵长保、李伟毅:《美国农业保险政策新动向及其启示》,《农业经济问题》2014 年第 6 期。
赵剑波、史丹、邓洲:《高质量发展的内涵研究》,《经济与管理研究》2019 年第 11 期。
赵凌云、胡中波:《数字化:为智能时代教师队伍建设赋能》,《教育研究》2022 年第 4 期。
赵霞、韩一军、姜楠:《农村三产融合:内涵界定、现实意义及驱动因素分析》,《农业经济问题》2017 年第 4 期。
浙江省地方统计调查队课题组:《乡村产业融合发展加速深度融合仍需提档加力——浙江省乡村产业融合和乡村数字化调查报告》,《统计科学与实践》2021 年第 12 期。
郑军南、刘亚辉:《数字技术赋能乡村产业振兴——基于临安区山核桃产业数字化转型案例的研究》,《上海商学院学报》2021 年第 2 期。
郑磊:《美日智慧农业发展对我国的启示》,《农业与技术》2021 年第 3 期。
植草益:《信息通讯业的产业融合》,《中国工业经济》2001 年第 2 期。
中国农业银行“三农”政策与业务创新部课题组:《发达国家推动乡村发展的经验借鉴》,《宏观经济管理》2018 年第 9 期。
周克清、何平均、朱沙等:《新时代乡村振兴战略与财政金融政策协同》,《公共经济与政策研究》2019 年第 2 期。
周立、李彦岩、罗建章:《合纵连横:乡村产业振兴的价值增值路径——基于一二三产业融合的多案例分析》,《新疆师范大学学报》(哲学社会科学版)2020 年第 1 期。
周新德、周杨:《数字经济赋能乡村产业振兴的机理、障碍与路径研究》,《粮食科技与经济》2021 年第 5 期。
周颖、蔡颖萍:《乡村振兴背景下乡村品牌化经营策略探析——以安吉县鲁家村为例》,《湖州师范学院学报》2022 年第 1 期。
周颖昳:《大邑打造四川数字化农业“标杆”》,《四川农村日报》2022 年 6 月 14 日。
周振华:《产业融合:产业发展及经济增长的新动力》,《中国工业经济》2003 年第 4 期。
朱国军、王修齐、孙军:《工业互联网平台企业成长演化机理——交互赋能视域下双案例研究》,《科技进步与对策》2020 年第 24 期。
朱武祥、张平、李鹏飞等:《疫情冲击下中小微企业困境与政策效率提升——基于两次全国问卷调查的分析》,《管理世界》2020 年第 4 期。
朱宗乾、尚晏莹、张若晨:《基于工业互联网的制造企业商业模式:如何从无到有?——以海尔为例》,《科技管理研究》2019 年第 10 期。
邹伟、凌江怀:《普惠金融与中小微企业融资约束——来自中国中小微企业的经验证据》,《财经论丛》2018 年第 6 期。
左文明、丘心心:《工业互联网产业集群生态系统构建——基于文本挖掘的质性研究》,《科技进步与对策》2022 年第 5 期。
Greenstein, S. and Khanna, T., 1997, "*What does Industry Convergence Mean? In Competing in the Age of Digital Convergence*", Yoffie D. (ed) Harvard

Business School Press, Boston, MA.

Lind, J., 2005, "Ubiquitous Convergence: market redefinitions generated by technological change and the Industry Life Cycle", *DRUID Academy Winter 2005 Conference*, Aalborg, Denmark, January 27 – 29.

Menon, K., Kärkkäinen, H. and Lasrado, L., "Towards a Maturity Modeling Approach for the implementation of industrial Internet", *Proceeding of the 20th Pacific Asia Conference on Information Systems (PACIS 2016)*, Association for Information Systems AIS, Chiayi, Taiwan, June 27 – July 1, 2016.

Niggemann, O., Biswas, G. and Kinnebrew, J. S., et al., 2015, "Data – Driven Monitoring of Cyber – Physical Systems Leveraging on Big Data and the Internet – of – Things for Diagnosis and Control", *Proceedings of the 26th International Workshop on Principles of Diagnosis*, Paris, France, August 31 – September 3.

Corbin, J. and Strauss, A., 2008, "*Basics of Qualitative Research: Techniques and Procedures for Developing Grounded Theory (3rd ed.)*". Sage Publications, London.

De Bernardi, P. and Azucar, D., 2020, "*Innovation and Entrepreneurial Ecosystems: Structure, Boundaries, and Dynamics. in: Innovation in Food Ecosystems. Contributions to Management Science*", Springer Cham, Switzerland.

Evans, P. C. and Annunziata, M., 2012, *Industrial Internet: Pushing the Boundaries of Minds and Machines*, General Electric Company, Boston.

Freeman, C., 2013, *Economics of Industrial Iinnovation*, Routledge, London.

Miles, M. B., Huberman, A. M. and Saldana, J., 2014, "*Qualitative Data Analysis: A Methods Sourcebook (3rd ed)*". Sage Publications, California.

Parker, G. G., Van Alstyne, M. W. and Choudary, S. P., 2016, *Platform Revolution: How Networked Markets are Transforming the Economy and How to Make Them Work for You*, W. W. Norton & Company, New York.

Yin, R. K., 1994, *Case Study Research: Design and Methods*, Sage Publications Inc, California.

Abbate, T., Cesaroni, F. and Cinici, M. C., et al., 2019, "Business Models for Developing Smart Cities. A fuzzy Set Qualitative Comparative Analysis of an IoT Platform", *Technological Forecasting and Social Change*, Vol. 142, No. 5.

Ahani, A., Rahim, N. Z. A. and Nilashi, M., 2017, "Forecasting Social CRM Adoption in SMEs: A Combined SEM-Neural Network Method", *Computers in Human Behavior*, Vol. 75, No. 10.

AlBar, A. M. and Hoque, M. R., 2019, "Factors Affecting the Adoption of Information and Communication Technology in Small and Medium Enterprises: A Perspective from Rural Saudi Arabia", *Information Technology for Development*, Vol. 25, No. 4.

Armbrust, M., Fox, A. and Griffith, R., et al., 2010, "A View of Cloud Computing", *Communications of the Acm*, Vol. 53, No. 4.

Atzori, L., Iera, A. and Morabito, G., 2010, "The Internet of Things: A Survey", *Computer Networks*, Vol. 54, No. 15.

Ayyagari, M., Beck, T. and Demirguc-Kunt, A., 2007, "Small and Medium Enterprises Across the Globe", *Small Business Economics*, Vol. 29, No. 4.

Benedettini, O., Neely, A. and Swink, M., 2015, "Why do Servitized Firms Fail? A Risk-Based Explanation", *International Journal of Operations & Production Management*, Vol. 35, No. 6.

Bilal, A. R., Khan, A. A. and Akoorie, M. E. M., 2016, "Constraints to Growth: A Cross Country Analysis of Chinese, Indian and Pakistani SMEs", *Chinese Management Studies*, Vol. 10, No. 2.

Bongomin, G. O. C., Ntayi, J. M. and Munene, J. C., et al., 2017, "The Relationship Between Access to Finance and Growth of SMEs in Developing Economies: Financial Literacy as a Moderator", *Review of International Business and Strategy*, Vol. 27, No. 4.

Branzei, O. and Vertinsky, I., 2006, "Strategic Pathways to Product Innovation Capabilities in SMEs", *Journal of Business Venturing*, Vol. 21, No. 1.

Brink, T., 2018, "Organising of Dynamic Proximities Enables Robustness, Innovation and Growth: The Longitudinal Case of Small and Medium-Sized

Enterprises (SMEs) in Food Producing Firm Networks", *Industrial Marketing Management*, Vol. 75, No. 11.

Burmeister, C., Lüttgens, D. and Piller, F. T., 2016, "Business Model Innovation for Industrie 4.0: Why the 'Industrial Internet' Mandates a New Perspective on Innovation", *Die Unternehmung*, Vol. 70, No. 2.

Caniëls, M. C., Lenaerts, H. K. and Gelderman, C. J., 2015, "Explaining the Internet Usage of SMEs: The Impact of Market Orientation, Behavioural Norms, Motivation and Technology Acceptance", *Internet Research*, Vol. 25, No. 3.

Castela, B. M., Ferreira, F. A. and Ferreira, J. J., et al., 2018, "Assessing the Innovation Capability of Small and Medium-Sized Enterprises Using a Non-Parametric and Integrative Approach", *Management Decision*, Vol. 56, No. 6.

Cataldo, A., Pino, G. and McQueen, R. J., 2020, "Size Matters: The Impact of Combinations of ICT Assets on the Performance of Chilean Micro, Small and Medium Enterprises", *Information Technology for Development*, Vol. 26, No. 2.

Cerchione, R., Esposito, E. and Spadaro, M. R., 2016, "A Literature Review on Knowledge Management in SMEs", *Knowledge Management Research & Practice*, Vol. 14, No. 2.

Cusumano, M. A. and Gawer, A., 2003, "The Elements of Platform Leadership", *Engineering Management Review*, *IEEE*, Vol. 31, No. 1.

Dalgıç, B. and Fazlıoğlu, B., 2021, "Innovation and Firm Growth: Turkish Manufacturing and Services SMEs", *Eurasian Business Review*, Vol. 11, No. 3.

De Senzi Zancul, E., Takey, S. M. and Barquet, A. P. B., et al., 2016, "Business Process Support for IoT Based Product-Service Systems (PSS)", *Business Process Management Journal*, Vol. 22, No. 2.

De Souza Bermejo, P. H., Tonelli, A. O. and Galliers, R. D., et al., 2016, "Conceptualizing Organizational Innovation: The Case of the Brazilian Software Industry", *Information & Management*, Vol. 53, No. 4.

Del Vecchio, P., Di Minin, A. and Petruzzelli, A. M., et al., 2018, "Big

Data for Open Innovation in SMEs and Large Corporations: Trends, Opportunities, and Challenges", *Creativity and Innovation Management*, Vol. 27, No. 1.

Dijkman, R. M., Sprenkels, B. and Peeters, T., et al., 2015, "Business Models for the Internet of Things", *International Journal of Information Management*, Vol. 35, No. 6.

Douglas, E. J., 2013, "Reconstructing Entrepreneurial Intentions to Identify Predisposition for Growth", *Journal of Business Venturing*, Vol. 28, No. 5.

Eshet, Y., 2004, "Digital Literacy: A Conceptual Framework for Survival Skills in the Digital Era", *Journal of Educational Multimedia and Hypermedia*, Vol. 13, No. 1.

Eylon D., 1998, "Understanding Empowerment and Resolving its Paradox: Lessons from Mary Parker Follett", *Journal of Management History*, Vol. 4, No. 1.

Fichman, R. G., Dos Santos, B. L. and Zheng, Z., 2014, "Digital Innovation as a Fundamental and Powerful Concept in the Information Systems Curriculum", *Mis Quarterly*, Vol. 38, No. 2.

Fitz Koch, S. and Nordqvist, M., 2017, "The Reciprocal Relationship of Innovation Capabilities and Socioemotional Wealth in a Family Firm", *Journal of Small Business Management*, Vol. 55, No. 4.

Foreman-Peck, J., Makepeace, G. and Morgan, B., 2006, "Growth and Profitability of Small and Medium-Sized Enterprises: Some Welsh Evidence", *Regional Studies*, Vol. 40, No. 4.

Gherhes, C., Williams, N. and Vorley, T., et al., 2016, "Distinguishing Micro-Businesses from SMEs: A Systematic Review of Growth Constraints", *Journal of Small Business and Enterprise Development*, Vol. 23, No. 4.

Gibb, A. A., 2000, "SME Policy, Academic Research and the Growth of Ignorance, Mythical Concepts, Myths, Assumptions, Rituals and Confusions", *International Small Business Journal*, Vol. 18, No. 3.

Givehchi, O., Landsdorf, K. and Simoens, P., et al., 2017, "Interoperability for Industrial Cyber-Physical Systems: An Approach for Legacy Sys-

tems", *Ieee Transactions On Industrial Informatics*, Vol. 13, No. 6.

Greenbank, P., 2001, "Objective Setting in the Micro-Business", *International Journal of Entrepreneurial Behavior & Research*, Vol. 7, No. 3.

Guo, L., Wei, Y. S. and Sharma, R., et al., 2017, "Investigating E-Business Models' Value Retention for Start-Ups: The Moderating Role of Venture Capital Investment Intensity", *International Journal of Production Economics*, Vol. 186, No. 4.

Hamari, J., Sjöklint, M. and Ukkonen, A., 2016, "The Sharing Economy: Why People Participate in Collaborative Consumption", *Journal of the Association for Information Science and Technology*, Vol. 67, No. 9.

Hanifzadeh, F., Talebi, K. and Sajadi, S. M., 2018, "The Analysis of Effect of Aspiration to Growth of Managers for SMEs Growth Case Study: Exporting Manufacturing SMEs in Iran", *Journal of Entrepreneurship in Emerging Economies*, Vol. 10, No. 2.

Hilmersson, M. and Papaioannou, S., 2015, "SME International Opportunity Scouting—Empirical Insights on Its Determinants and Outcomes", *Journal of International Entrepreneurship*, Vol. 13, No. 3.

Isaksson, O., Larsson, T. C. and Rönnbäck, A. Ö., 2009, "Development of Product-Service Systems: Challenges and Opportunities for the Manufacturing Firm", *Journal of Engineering Design*, Vol. 20, No. 4.

Iyengar V, Pillai S, Pednekar J, et al., 2017, "Enablers for Digital Empowerment in Technology Using Interpretive Structural Modeling (ISM) and MICMAC Analysis", *International Journal of Applied Business and Economic Research*, Vol. 15, No. 2.

Jaspert, D., Ebel, M. and Eckhardt, A., et al., 2021, "Smart Retrofitting in Manufacturing: A Systematic Review", *Journal of Cleaner Production*, Vol. 312, No. 2.

Jiang, P. and Li, P., 2020, "A New Production Node for Social Manufacturing in the Context of Sharing Economy", *Proceedings of the Institution of Mechanical Engineers, Part B: Journal of Engineering Manufacture*, Vol. 234, No. 1 - 2.

Kang, H. S., Lee, J. Y. and Choi, S. S., et al., 2016, "Smart Manufacturing: Past Research, Present Findings, and Future Directions", *International Journal of Precision Engineering and Manufacturing-Green Technology*, Vol. 3, No. 1.

Kiel, D., Arnold, C. and Voigt, K., 2017, "The Influence of the Industrial Internet of Things on Business Models of Established Manufacturing Companies-A Business Level Perspective", *Technovation*, Vol. 68, No. 12.

Kim, S. H., Jang, S. Y. and Yang, K. H., 2017, "Analysis of the Determinants of Software-as-a-Service Adoption in Small Businesses: Risks, Benefits, and Organizational and Environmental Factors", *Journal of Small Business Management*, Vol. 55, No. 2.

Kim, S., 2021, "Sustainable Growth Variables by Industry Sectors and Their Influence on Changes in Business Models of SMEs in the Era of Digital Transformation", *Sustainability*, Vol. 13, No. 13.

Kittilaksanawong, W. and Ren, Z., 2013, "Innovation Capability Building through Intermediary Organizations: Cases of Manufacturing Small-and Medium-Sized Enterprises from China's Zhejiang Province", *Asian Journal of Technology Innovation*, Vol. 21, No. 2.

Lenka S., Parida V. and Wincent J., 2017, "Digitalization Capabilities as Enablers of Value Co-Creation in Servitizing Firms", *Psychology and Marketing*, Vol. 34, No. 1.

Li, B., Zhang, L. and Wang, S., et al., 2010, "Cloud Manufacturing: a New Service-Oriented Networked Manufacturing Model", *Computer Integrated Manufacturing Systems*, Vol. 16, No. 1.

Lins, T. S. and Oliveira, R., 2019, "Cyber-Physical Production Systems Retrofitting in Context of Industry 4.0", *Computers & Industrial Engineering*, Vol. 139, No. 1.

Lucke, D., Einberger, P. and Schel, D., et al., 2019, "Implementation of the MIALinx Integration Concept for Future Manufacturing Environments to Enable Retrofitting of Machines", *Procedia Cirp*, Vol. 79, No. 2.

Mainiero LA., 1986, "Coping with Powerlessness: The Relationship of Gender and Job Dependency to Empowerment-Strategy Usage", *Administrative Science Quarterly*, Vol. 31, No. 4.

Makinen M., 2006, "Digital Empowerment as a Process for Enhancing Citizens' Participation", *E-learning and Digital Media*, Vol3, No. 3.

Martineau, C. and Pastoriza, D., 2016, "International Involvement of established SMEs: A Systematic Review of Antecedents, Outcomes and Moderators", *International Business Review*, Vol. 25, No. 2.

Martins, L. L., Rindova, V. P. and Greenbaum, B. E., 2015, "Unlocking the Hidden Value of Concepts: A Cognitive Approach to Business Model Innovation", *Strategic Entrepreneurship Journal*, Vol. 9, No. 1.

Mayer, S., Hodges, J. and Yu, D., et al., 2017, "An Open Semantic Framework for the Industrial Internet of Things", *Ieee Intelligent Systems*, Vol. 32, No. 1.

Moscalu, M., Girardone, C. and Calabrese, R., 2020, "SMEs' Growth under Financing Constraints and Banking Markets Integration in the Euro Area", *Journal of Small Business Management*, Vol. 58, No. 4.

Müller, J. M., Buliga, O. and Voigt, K., 2018, "Fortune Favors the Prepared: How SMEs Approach Business Model Innovations in Industry 4.0", *Technological Forecasting and Social Change*, Vol. 132, No. 7.

Ng, I. C. L. and Wakenshaw, S. Y. L., 2017, "The Internet-of-Things: Review and Research Directions", *International Journal of Research in Marketing*, Vol. 34, No. 1.

Ngai, E., Moon, K. K. and Riggins, F. J., et al., 2008, "RFID Research: An Academic Literature Review (1995 – 2005) and Future Research Directions", *International Journal of Production Economics*, Vol. 112, No. 2.

Nomura, H., Benites, C. and Montoya, E., et al., 2021, "Motivation as an Agent in the Formation of a Gastronomic Cluster of SMEs and Their Business Growth", *Revista De La Universidad Del Zulia*, Vol. 33, No. 12.

Ntwoku, H., Negash, S. and Meso, P., 2017, "ICT Adoption in Cameroon SME: Application of Bass Diffusion Model", *Information Technology for De-*

velopment, Vol. 23, No. 2.

Nunes, P. M., Serrasqueiro, Z. and Leitão, J., 2013, "Assessing the Non-linear Nature of the Effects of R&D Intensity on Growth of SMEs: A Dynamic Panel Data Approach", *Journal of Evolutionary Economics*, Vol. 23, No. 1.

O'Halloran, D. and Kvochko, E., 2015, "*Industrial Internet of Things: Unleashing the Potential of Connected Products and Services*", Davos-Klosters, Switzerland, pp. 8 – 9.

Oura, M. M., Zilber, S. N. and Lopes, E. L., 2016, "Innovation Capacity, Iinternational Experience and Export Performance of SMEs in Brazil", *International Business Review*, Vol. 25, No. 4.

Papadopoulos, G. Z., Theoleyre, F. and Vilajosana, X., 2020, "Industrial Internet of Things: Specifities and Challenges", *Internet Technology Letters*, Vol. 3, No. 4.

Paul A. David and Gavin Wrigh, 1999, "General Purpose Technologies and Surges in Productivity: Historical Reflections on the Future of The ICT Revolution", *Oxford University Economic & Social History*, Vol. 31, No. 4.

Peón, D. and Martínez-Filgueira, X., 2020, "Determinants of Investing in Innovative Activities by Agri-Food and KIBS Firms in Rural Areas: An Exploratory Analysis", *Journal of Small Business Management*, Vol. 58, No. 6.

Perren, L., 1999, "Factors in the Growth of Micro-Enterprises (Part 1): Developing a Framework", *Journal of Small Business and Enterprise Development*, Vol. 6, No. 4.

Porter, M. E. and Heppelmann, J. E., 2014, "How Smart, Connected Products are Transforming Competition", *Harvard Business Review*, Vol. 92, No. 11.

Poutziouris, P., 2003, "The Strategic Orientation of Owner-Managers of Small Ventures: Evidence from the UK Small Business Economy", *International Journal of Entrepreneurial Behavior & Research*, Vol. 9, No. 5.

Prahalad, C. K. and Ramaswamy, V., 2004, "Co-Creating Unique Value with Customers", *Strategy & Leadership*, Vol. 32, No. 3.

Ramdani, B., Chevers, D. and Williams, D. A., 2013, "SMEs' Adoption of Enterprise Applications: A Technology-Organisation-Environment Model", *Journal of Small Business and Enterprise Development*, Vol. 20, No. 4.

Ramdani, B., Raja, S. and Kayumova, M., 2022, "Digital Innovation in SMEs: A Systematic Review, Synthesis and Research Agenda", *Information Technology for Development*, Vol. 28, No. 1.

Robson, P. J. and Bennett, R. J., 2000, "SME Growth: The Relationship with Business Advice and External Collaboration", *Small Business Economics*, Vol. 15, No. 3.

Rosenberg, N., 1963, "Technological Change in the Machine Tool Industry, 1840 – 1910", *The Journal of Economic History*, Vol. 23, No. 4.

Saarikko, T., Westergren, U. H. and Blomquist, T., 2017, "The Internet of Things: Are you Ready for What's Coming?", *Business Horizons*, Vol. 60, No. 5.

Sandberg, S., 2014, "Experiential Knowledge Antecedents of the SME Network Node Configuration in Emerging Market Business Networks", *International Business Review*, Vol. 23, No. 1.

Sawers, J. L., Pretorius, M. W. and Oerlemans, L. A., 2008, "Safeguarding SMEs Dynamic Capabilities in Technology Innovative SME-Large Company Partnerships in South Africa", *Technovation*, Vol. 28, No. 4.

Schuh, G., Anderl, R. and Gausemeier, J., et al., 2017, "*Industry* 4.0 *Maturity Index. Managing the Digital Transformation of Companies*", Herbert Utz, Munich.

Scuotto, V., Caputo, F. and Villasalero, M., et al., 2017, "A Multiple Buyer-Supplier Relationship in the Context of SMEs' Digital Supply Chain Management", *Production Planning & Control*, Vol. 28, No. 16.

Spreitzer G., 2007, "Giving Peace a Chance: Organizational Leadership, Empowerment, and Peace", *Journal of Organizational Behavior*, Vol. 28, No. 8.

Tajvidi, R. and Karami, A., 2021, "The Effect of Social Media on Firm Performance", *Computers in Human Behavior*, Vol. 115, No. 2.

Torkkeli, L., Kuivalainen, O. and Saarenketo, S., et al., 2019, "Institutional Environment and Network Competence in Successful SME Internationalisation", *International Marketing Review*, Vol. 36, No. 1.

Trabucchi, D. and Buganza, T., 2019, "Data-Driven Innovation: Switching the Perspective on Big Data", *European Journal of Innovation Management*, Vol. 22, No. 1.

Tsuruta, D., 2020, "SME Policies as a Barrier to Growth of SMEs", *Small Business Economics*, Vol. 54, No. 4.

Tudor, A. I. M., Chiṭu, I. B. and Dovleac, L., et al., 2021, "IoT Technologies as Instruments for SMEs' Innovation and Sustainable Growth", *Sustainability*, Vol. 13, No. 11.

Vissak, T. and Masso, J., 2015, "Export Patterns: Typology Development and Application to Estonian Data", *International Business Review*, Vol. 24, No. 4.

Wang, J., Xu, C. and Zhang, J., et al., 2020, "A Collaborative Architecture of the Industrial Internet Platform for Manufacturing Systems", *Robotics and Computer-Integrated Manufacturing*, Vol. 61, No. 2.

Wang, P. and Luo, M., 2021, "A Digital Twin-Based Big Data Virtual and Real Fusion Learning Reference Framework Supported by Industrial Internet Towards Smart Manufacturing", *Journal of Manufacturing Systems*, Vol. 58, No. 1.

Wang, Y., Zhang, Y. and Tao, F., et al., 2019, "Logistics-Aware Manufacturing Service Collaboration Optimisation Towards Industrial Internet Platform", *International Journal of Production Research*, Vol. 57, No. 12.

Whitmore, A., Agarwal, A. and Xu, L. D., 2015, "The Internet of Things—A Survey of Topics and Trends", *Information Systems Frontiers*, Vol. 17, No. 2.

Wollschlaeger, M., Sauter, T. and Jasperneite, J., 2017, "The Future of Industrial Communication: Automation Networks in the Era of the Internet of Things and Industry 4.0", *Ieee Industrial Electronics Magazine*, Vol. 11, No. 1.

World Bank., 2019, "*The Changing Nature of Work, World Development Report*", The World Bank Group, Washington, DC, pp. 35 –48.

Xu, L. D., Xu, E. L. and Li, L., 2018, "Industry 4.0: State of the Art and Future Trends", *International Journal of Production Research*, Vol. 56, No. 8.

Xu, X., 2012, "From Cloud Computing to Cloud Manufacturing", *Robotics and Computer-Integrated Manufacturing*, Vol. 28, No. 1.

Yun, J. J., Jung, W. and Yang, J., 2015, "Knowledge Strategy and Business Model Conditions for Sustainable Growth of SMEs", *Journal of Science & Technology Policy Management*, Vol. 6, No. 3.

Yunis, M., El-Kassar, A. and Tarhini, A., 2017, "Impact of ICT-Based Innovations on Organizational Performance: The Role of Corporate Entrepreneurship", *Journal of Enterprise Information Management*, Vol. 30, No. 1.

Zimmerman M. A., 1990, "Taking Aim on Empowerment Research: On the Distinction between Psychological and Individual Conceptions", *American Journal of Community Psychology*, Vol. 18, No. 1.

Zott, C. and Amit, R., 2007, "Business Model Design and the Performance of Entrepreneurial Firms", *Organization Science*, Vol. 18, No. 2.

Feeney, A. B. and Weiss, B., 2014, *Smart Manufacturing Operations Planning and Control Program*, https://www.nist.gov/programs-projects/smart-manufacturingoperations-planning-and-control-program.